Wüstenrot Stiftung (Hrsg.)

LAND UND LEUTE

Unsere Zukunft in kleinen Gemeinden
Gemeinschaftlich | Innovativ | Wertvoll und Wertschöpfend

Stefan Krämer
Dieter Kreuz
Sabine Wenng
Anja Preuß

Wüstenrot Stiftung
Ludwigsburg

IMPRESSUM

Herausgeber

Wüstenrot Stiftung
Hohenzollernstraße 45
71630 Ludwigsburg
info@wuestenrot-stiftung.de
www.wuestenrot-stiftung.de

Gestaltung

Kreativ plus GmbH, Stuttgart
www.kreativplus.com

Druck und Bindung

Krautheimer Werkstätten
für Menschen mit Behinderung gem. GmbH

Die Abbildungen erscheinen mit freundlicher Genehmigung der Rechteinhaber.
Wo diese nicht ermittelt werden konnten, werden berechtigte Ansprüche im
Rahmen des Üblichen abgegolten.

© 2016 Wüstenrot Stiftung, Ludwigsburg
Alle Rechte vorbehalten. All rights reserved.
Printed in Germany
ISBN 978-3-933249-97-5

INHALT

Vorwort der Wüstenrot Stiftung	Seite	5
I. Die Zukunft von kleinen Gemeinden	Seite	7
Die Herausforderung	Seite	12
Potenzial und Ressourcen	Seite	15
Die Wettbewerbe	Seite	22
Unsere Zukunft in kleinen Gemeinden	Seite	23
II. Initiativen und Projekte in kleinen Gemeinden	Seite	25
Wertschöpfung	Seite	26
Verbesserung der Attraktivität und Qualität des Alltags und des Lebens	Seite	31
Kooperative und solitäre Strategien	Seite	34
Neue Interpretation von Dorfgemeinschaft	Seite	38
Neuinterpretation des bürgerschaftlichen Engagements	Seite	40
III. Zehn Thesen zu Chancen und Perspektiven kleiner Gemeinden	Seite	43
IV. Der Wettbewerb der Wüstenrot Stiftung	Seite	47
Übersicht der Einsendungen	Seite	49
Die bundesweite Auslobung	Seite	54
Die Juryentscheidung	Seite	58
Preisverleihung	Seite	79
V. Projektdokumentation	Seite	83
Anhang	Seite	207
Liste der Wettbewerbsbeiträge	Seite	208
Autoren, Abbildunghinweise	Seite	252

Vorwort der Wüstenrot Stiftung

Die Zukunftsperspektiven der kleinen Gemeinden in Deutschland scheinen ungewiss zu sein. Auswirkungen des demografischen Wandels, wirtschaftsstrukturelle Veränderungen und ein anhaltender Trend zur Urbanisierung führen dazu, dass sowohl in der öffentlichen wie auch in der fachlichen Wahrnehmung die Zukunftsperspektiven kleiner Gemeinden pauschal als geringer eingestuft werden als die Aussichten der Städte.

Viele Menschen in kleinen Gemeinden akzeptieren diese Einschätzung nicht und beschreiten stattdessen eigene Wege zwischen Tradition und Zukunft, die ihnen und ihren Dorfgemeinschaften neue Chancen und Optionen eröffnen. Als Grundlage hierfür suchen sie häufig nach neuen, besseren Formen der Kooperation, sowohl in der Organisation des beruflichen Alltags als auch bei individuellen Bedürfnissen und Neigungen. Eigene, neu geschaffene Netzwerke helfen ihnen bei der Verwirklichung gemeinsamer Interessen und der Sicherung privater Lebensqualität. Die daraus entstehenden Bindungen unterstützen die Bewahrung einer gemeinsamen Identität und tragen zugleich zur weiteren Entwicklung des ganzen Ortes bei. Auch wenn die Rahmenbedingungen in vielen kleinen Gemeinden schwierig sind, so gelingt es durch die Initiativen und den Ideenreichtum der Bevölkerung dennoch, aus kreativen Projekten heraus kleine Drehscheiben für bürgerschaftliches Engagement, für impulsgebende Eigeninitiative und für gemeinsame Aktivitäten und Verständigung einzurichten.

Die Wüstenrot Stiftung suchte mit einem bundesweiten Wettbewerb nach beispielhaften Konzepten und Modellen für eine Verbindung von Kooperation, Tradition und Innovation in kleinen Gemeinden. Sie möchte damit das breite Spektrum von Angeboten und Konzepten öffentlich machen und auf die vielfältigen Chancen hinweisen, die daraus für die zukünftige Entwicklung von kleinen Gemeinden entstehen.

Aus 240 Einsendungen ist ein umfassender Überblick entstanden. In der Bewertung der aus ganz Deutschland stammenden Einsendungen wurde die Wüstenrot Stiftung von einem fachübergreifenden, unabhängigen Preisgericht unter dem Vorsitz von Prof. Dr. Annette Spellerberg unterstützt. Die Organisation des Wettbewerbes und die Vorprüfung der Einsendungen hatte die Arbeitsgruppe für Sozialplanung und Altersforschung (AfA, München) übernommen.

Die Wüstenrot Stiftung dankt allen Mitwirkenden in Preisgericht und Vorprüfung herzlich für ihre engagierte und kompetente Arbeit. Nicht minder herzlicher Dank gilt allen Teilnehmern am Wettbewerb für ihre Einsendungen und für die Bereitschaft, die eigenen Erfahrungen, Erfolge und

Konzepte offen zu legen. Es ist mehr als beeindruckend, welche Vielfalt es bundesweit an unterschiedlichen Initiativen und Projekten gibt und mit welchem Engagement sich so viele Menschen um die Entwicklung in ihren Gemeinden und um die mit diesen Angeboten für ihre Mitbürger verbundene Lebensqualität verdient machen.

Aus Sicht des Preisgerichts ragen unter dem besonderen Blickwinkel der Kriterien dieses Wettbewerbs die prämierten Projekte sowie die Einsendungen der Engeren Wahl heraus. Sie wurden nach einer ersten Sitzungsrunde des Preisgerichts vor Ort besucht, um weitere Informationen zu erhalten und um im Gespräch mit den Initiatoren und Verantwortlichen einen direkten Eindruck zu gewinnen. Einmal mehr hat sich dabei bestätigt, dass es in erster Linie die Menschen sind, die mit ihrem Engagement und mit ihrer Bereitschaft zur Übernahme von Verantwortung einen wesentlichen, nicht ersetzbaren Anteil an der Gestaltung der Zukunft haben.

Die prämierten Einsendungen und die Projekte aus der Engeren Wahl des Preisgerichtes werden in dieser Dokumentation und in einer Wanderausstellung mit Begleitbroschüre der interessierten Öffentlichkeit vorgestellt. Die Wüstenrot Stiftung will damit einen Beitrag leisten, die Information über die Bedeutung von solchen Angeboten für die Gestaltung der Zukunft von kleinen Gemeinden und für die Lebensqualität der Menschen weiter zu verbreiten.

I. DIE ZUKUNFT VON KLEINEN GEMEINDEN

II. INITIATIVEN UND PROJEKTE

III. THESEN

IV. DER WETTBEWERB

V. PROJEKTDOKUMENTATION

ANHANG

Die Zukunft von kleinen Gemeinden

Der Alltag und das Leben in kleinen Gemeinden verändern sich in Deutschland. Die Auswirkungen des demografischen Wandels werden hier oft mit besonderer Dynamik wirksam. Veränderungen, die ansonsten eher allgemein oder nur anhand statistischer Kennwerte beschrieben werden können, nehmen in kleinen Gemeinden früher als in den Städten eine konkrete, auch im Alltag erfahrbare Gestalt an.

Sowohl die fachliche wie auch die öffentliche Aufmerksamkeit sind in der Regel stärker auf die Entwicklungen und Aufgaben in den Städten gerichtet. Übersehen wird dabei, dass kleine Gemeinden eine eigenständige räumliche Ebene der demografischen Prozesse bilden. Dies bedeutet allerdings nicht, dass die Veränderung der Bevölkerungszahl in allen kleinen Gemeinden synchron verläuft. Aus Abbildung 1 (siehe Seite 9) ist leicht erkennbar, dass es in Deutschland weiterhin eine sehr differenzierte Bevölkerungsentwicklung gibt, die schon länger keinem starren Ost-West- oder Nord-Süd-Muster mehr entspricht.

Dennoch bleiben die ländlichen Regionen auf der Karte zum Bevölkerungswachstum erkennbar; überwiegend weisen sie einen weiteren Bevölkerungsrückgang auf, obwohl sie in der Regel bereits in den Jahren zuvor geschrumpft sind. Hier werden der anhaltende Trend zu Urbanisierung und die auch bei Familien wieder gestiegene Attraktivität des Wohnens in der Stadt wirksam.

Außerhalb der Agglomerationsräume zeigen sich die Veränderungen noch deutlicher, wenn sich dort demografische und wirtschaftsstrukturelle Veränderungen überschneiden und gegenseitig verstärken. So gibt es in strukturschwachen Regionen häufig nicht nur einen deutlichen Rückgang der Bevölkerungszahlen, sondern zugleich ist der Anteil der Älteren überdurchschnittlich hoch (siehe Abbildung 2, Seite 10), weil viele Jüngere anlässlich ihrer Ausbildung oder für ihren Start ins Berufsleben in die größeren Städte ziehen und anschließend dort bleiben.

Bevölkerungswachstum nach Gemeinden, 2011 - 2013
Abbildung 1

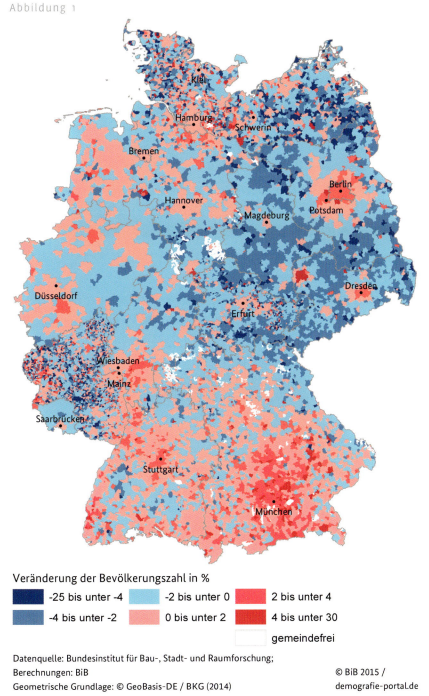

Anteil der Bevölkerungsgruppe ab 65 Jahren für Deutschland
Abbildung 2

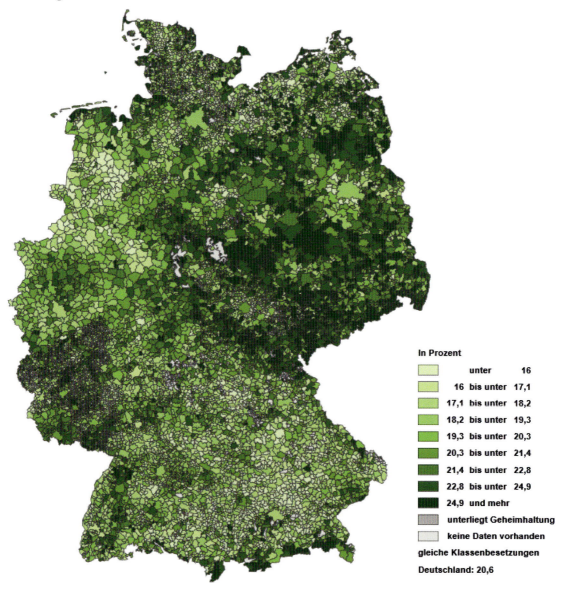

10 DIE ZUKUNFT VON KLEINEN GEMEINDEN

Einen anderen Zusatzeffekt gibt es bei kleinen Gemeinden im Umland größerer Städte. Hier kann eine überdurchschnittliche Dynamik entstehen, die auf die Folgen der vor allem in Westdeutschland in den 1960er bis 1980er Jahren weit verbreiteten Suburbanisierung zurückzuführen ist. Sie wirkt sich bis heute in Form sogenannter Kohorteneffekte aus, die das gemeinsame Altern der ehemals jungen Haushalte beschreiben, die in ihrer Familiengründungsphase in die damals neu ausgewiesenen Baugebiete der Umlandgemeinden zogen. In der Regel sind sie dort auch nach dem Auszug der Kinder wohnen geblieben; zunächst als Haushalte in der als nachelterliche Gefährtenschaft bezeichneten Lebensphase und immer häufiger inzwischen auch als hochbetagte Einpersonen-Haushalte. Dieses Verhalten bildet sich auch in der altersbezogenen Wanderungsbilanz ab; die Binnenwanderungen steigen erst wieder an, wenn aufgrund altersbedingter Einschränkungen oder einem wachsenden Bedarf an Hilfe und Unterstützung noch einmal ein Umzug erforderlich wird (siehe Abbildung 3, unten).

Parallel dazu, aber nicht unabhängig von diesen Entwicklungen, verschlechtert sich seit einigen Jahren in vielen kleinen Gemeinden die Versorgungsinfrastruktur, vor allem, was die Güter des täglichen Bedarfs betrifft. Gründe dafür sind die nachlassende Konsumstärke älterer und kleinerer Haushalte, die häufigen Nachfolgeprobleme in kleinen Betrieben und die allgemeinen, starken Kumulationsprozesse im Einzelhandel. In zahlreichen Ortskernen nimmt als Folge davon der Anteil an leer stehender Gebäudesubstanz zu; darunter befinden sich oft auch ortsbildprägende Gebäude wie Kirchen, aufgegebene Gasthäuser oder ehemalige Schulen, die keine neue Nutzung mehr erhalten. Die Attraktivität als Wohnort sinkt dann nicht nur für jüngere Menschen. Auch Familien mit Kindern ziehen nur noch selten in kleine Gemeinden, wenn ein Mangel an örtlichen Angeboten von allen Familienmitgliedern eine hohe Mobilität fordert.

Abbildung 3 **Wanderungen nach Alter und Geschlecht, 2013**

Zuzüge über Gemeindegrenzen je 1.000 Einwohner gleichen Alters und Geschlechts

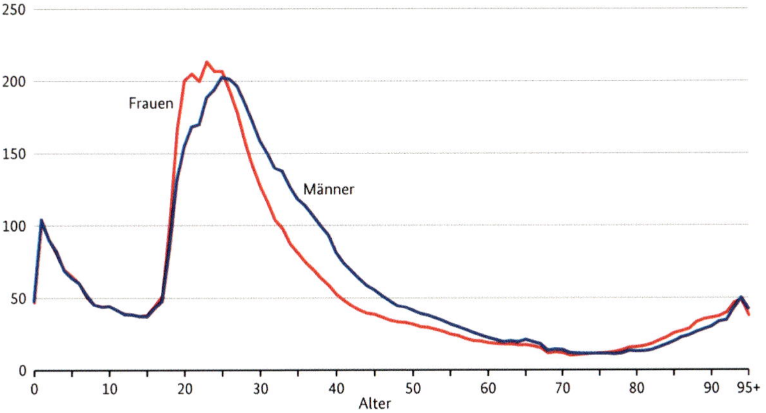

Datenquelle: Statistisches Bundesamt; Berechnungen: BiB © BiB 2015 / demografie-portal.de

DIE HERAUSFORDERUNG: DIE ZUKUNFT MIT EIGENEN ENTWICKLUNGSPERSPEKTIVEN GESTALTEN

Auf den ersten Blick scheinen es nahezu ausschließlich Risiken zu sein, die aus dem demografischen und wirtschaftsstrukturellen Wandel für kleine Gemeinden entstehen. Sollte dies zutreffen, so muss die Prognose der zukünftigen Entwicklungen düster ausfallen. Das Modell eines Arbeitens und Wohnens in kleinen Gemeinden hat dann bald nur noch eine marginale Bedeutung und wird in absehbarer Zukunft ganz im Verschwinden begriffen sein. Kleine Gemeinden sind nur als Schlafstätten für Pendler überlebensfähig, denen es zugleich aufgrund wachsender Pendeldistanzen immer schwerer fällt, am Leben und an der Gemeinschaft in den kleinen Gemeinden teilzunehmen. Parallel dazu lösen sich die traditionellen dörflichen Gemeinschaften mangels Nachwuchs immer mehr auf, auch weil es ihnen an echten Zukunftsperspektiven und geeigneten Modellen für eine Anpassung ihrer Strukturen an veränderte Lebensentwürfe und für eine Integration individueller Bedürfnisse fehlt.

Sind die Lage und die demografischen Prognosen tatsächlich so dramatisch?
Blickt man auf die Wanderungsbilanzen, so gibt es aktuell keine Anzeichen für eine grundlegende Veränderung im Wanderungsverhalten der verschiedenen Bevölkerungsgruppen. Allerdings zeigt sich immer wieder, dass Wanderungen nur sehr unzuverlässig prognostiziert werden können. Die natürliche Bevölkerungsveränderung ist im Verhältnis dazu wesentlich träger und deshalb deutlich einfacher vorhersehbar. Als ein wichtiger und aussagekräftiger Indikator für die demografisch bedingten Zukunftsperspektiven gilt der Anteil der Frauen im gebärfähigen Alter. Dieser Anteil ist bundesweit unterschiedlich verteilt, wie aus Abbildung 4 (siehe Seite 13) erkennbar ist. Neben den überdurchschnittlichen Anteilen in den größeren Städten und Agglomerationsräumen wird deutlich, dass es auch zwischen den ländlichen und peripheren Regionen in Deutschland beachtliche Unterschiede gibt. Den überwiegend geringen Anteilen in den östlichen Bundesländern stehen die überwiegend höheren Anteile in anderen ländlichen Gebieten gegenüber, z. B. in Teilen von Bayern, Niedersachsen oder Schleswig-Holstein. Ausgehend von diesem Indikator lässt sich also ein eher differenziertes Bild der zukünftigen Entwicklung gewinnen.

Die geringe Korrelation zwischen den Anteilen der weiblichen Bevölkerung im Alter von 15 bis 49 Jahren und der durchschnittlichen Bevölkerungsdichte in Deutschland wird auch im Vergleich mit Abbildung 5 (siehe Seite 14) ersichtlich. Die jeweils breite Streuung und der fragmentierte Zusammenhang zwischen beiden Merkmalen verdeutlichen, dass es auch zwischen Regionen mit einer vergleichbaren, geringen Bevölkerungsdichte noch signifikante Unterschiede gibt. Es ist für die kommenden Jahre zu erwarten, dass diese Unterschiede sogar noch zunehmen werden, denn sie sind sowohl Ursache wie auch bereits Folge der unterschiedlichen Entwicklungsperspektiven kleiner Gemeinden in Deutschland. Oder anders ausgedrückt: Es ist zu erwarten, dass die Schere zwischen stabilen oder wachsenden kleinen Gemeinden einerseits und schrumpfenden, alternden kleinen Gemeinden eher weiter auseinander geht als dass sie sich schließen wird.

Anteil der weiblichen Bevölkerungsgruppe im Alter von 15-49 Jahren für Deutschland
Abbildung 4

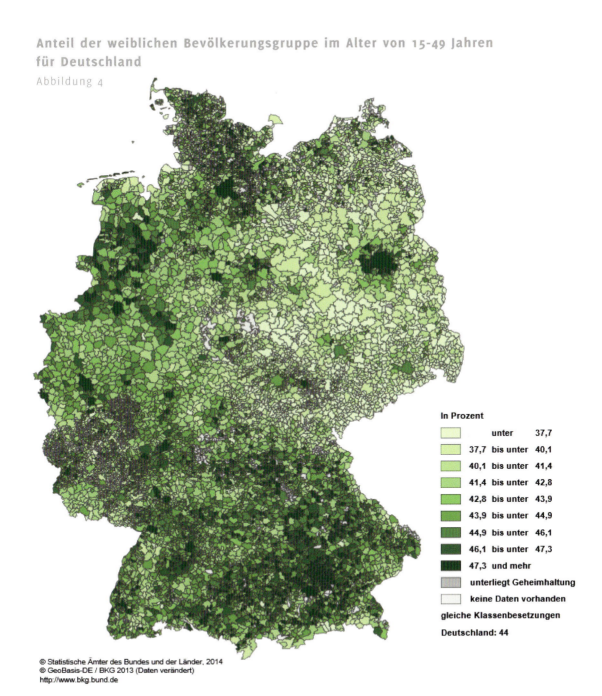

Bevölkerungsdichte für Deutschland
Abbildung 5

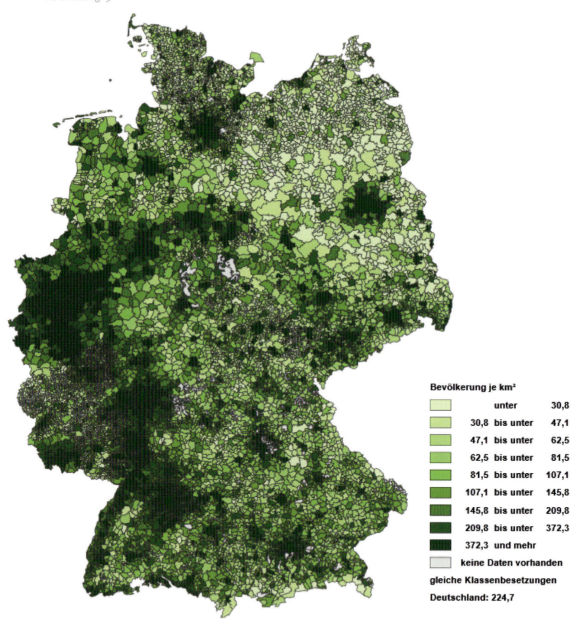

Dennoch: Zwar kann der allgemeine Trend zur Urbanisierung und die parallele Entleerung kleiner Gemeinden vor allem in den ländlichen, peripheren Regionen nach Einschätzung vieler Fachleute weder substanziell eingeschränkt noch gar aufgehalten werden; es gibt jedoch viele Menschen in kleinen Gemeinden, die diese Einschätzung für ihr eigenes Umfeld und für ihre eigene Gemeinde nicht gelten lassen. Auch unter den auf übergeordneter Ebene eher negativ zu deutenden Vorzeichen finden sie immer wieder Möglichkeiten, nicht nur auf wachsende Probleme zu reagieren, sondern eigenständige Entwicklungsperspektiven zu entwickeln und einen eigenen Weg zwischen Tradition und Zukunft zu gehen.

Grundlage für diesen Weg sind häufig neue Formen einer lokalen Kooperation, sowohl in der Organisation des beruflichen Alltags als auch für eine Orientierung an individuellen Bedürfnissen und Neigungen. Neu geschaffene Netzwerke helfen, gemeinsame Interessen zu verwirklichen und wichtige Facetten privater Lebensqualität zu sichern. Diese Netzwerke unterstützen die Erhaltung einer gemeinsamen Identität und tragen auf diese Weise zur weiteren Entwicklung des ganzen Ortes bei.

POTENZIAL UND RESSOURCEN

Das wichtigste Potenzial kleiner Gemeinden und die entscheidende Ressource für eine Gestaltung ihrer eigenen Zukunft sind die Menschen vor Ort. In vielen Dorfgemeinschaften ist eine große Bereitschaft vorhanden, mit neuen Formen bürgerschaftlichen Engagements auf die Veränderungen in den alltäglichen Lebenswelten zu reagieren. Dieses Engagement erschließt vielfältige Chancen, öffnet bestehende oder neue soziale Kontakte und Netzwerke, erhält gefährdete Infrastruktur, schafft wichtige Dienstleistungsangebote und transferiert dabei die traditionellen Errungenschaften und Qualitäten des Lebens in kleinen Gemeinden in neue Strukturen einer lebendigen Gemeinschaft.

Damit dies gelingen kann, müssen allerdings häufig recht hohe Hürden überwunden werden. Es ist nicht immer einfach, die weit reichenden Folgen des technischen Fortschritts sowie des wirtschaftlichen Strukturwandels einschließlich des Endes der bisherigen Erwerbsformen in der Landwirtschaft als Chance für einen Neubeginn zu nutzen; nicht zuletzt, weil auch in kleinen Gemeinden die veränderten Erwartungen, Präferenzen und Lebensentwürfe der jüngeren Generationen sichtbar und wirksam werden.

Als ein technischer Schlüsselfaktor wird in diesem Zusammenhang oft die Versorgung der Haushalte mit einem leistungsfähigen Breitbandanschluss genannt. Sie ist in vielen Regionen trotz steigender Anstrengungen von Politik und Wirtschaft weiterhin deutlich geringer als in den Städten und Verdichtungsräumen. Schlüsselfaktor deshalb, weil nicht nur der Aspekt der privaten Kommunikation und Nutzung digitaler Angebote eine Rolle spielt, sondern weil die Breitbandversorgung für alle Arten von Unternehmen von Bedeutung ist. Gerade die wichtigen Chancen für eine Vereinbarkeit des Arbeitens und Lebens in lokalen und regionalen Netzwerken, für Kleinunternehmen und Handwerker oder in allen Formen neuer Selbständigkeit sind in hohem Maß von der Qualität der Breitbandversorgung abhängig (siehe Abbildung 6, Seite 17).

Für kleine Gemeinden geht es beim Schaffen neuer Perspektiven und Chancen aber nicht nur darum, auf eine drohende Erosion wichtiger Kernelemente der Lebensqualität zu reagieren und sich auf wachsende Defizite in der sozialen Infrastruktur und im Dienstleistungsangebot zu konzentrieren. Die existenzielle Aufgabe des Gestaltens einer eigenständigen Zukunft ist nur zu meistern, wenn es gelingt, endogene Entwicklungspotenziale zu entdecken und zu nutzen.

Erforderlich sind dafür maßgeschneiderte, ökonomisch tragfähige Lösungen, die den komplexen Veränderungsprozessen der dörflichen oder kleinstädtischen Lebenswelten für alle Bevölkerungsgruppen gerecht werden. Erst solche Lösungen ermöglichen es, dass in kleinen Gemeinden attraktive Qualitätsprofile für ein Leben außerhalb der Städte entstehen, und dass sich eine Mehrheit der Gemeinschaft mit den dazu gehörenden Entwicklungszielen identifiziert.

Der Weg dahin ist für viele kleine Gemeinden noch weit, denn sie sind aktuell vor allem damit beschäftigt, adäquate Reaktionen auf die dringendsten Herausforderungen zu entwickeln, denen sie sich gegenüber sehen. Diese Herausforderungen binden häufig alle Kräfte und Ressourcen, denn sie bestehen meist in mehr als nur einem Handlungsfeld. Abbildung 7 (siehe Seite 18) fasst zwei zentrale Handlungsfelder – „Sicherung der Daseinsvorsorge" und „Stärkung der Wirtschaftskraft" – zusammen, um die Kumulation der Aufgaben in vielen Regionen (Kreisen) zu verdeutlichen. Das Muster ist dabei eindeutig: In Ostdeutschland besteht in nahezu allen Regionen auf beiden Gebieten dringender Handlungsbedarf; in Westdeutschland steht bis auf einige Regionen in Bayern, Niedersachsen, Schleswig-Holstein und Rheinland-Pfalz/Saarland die Sicherung der Daseinsvorsorge im Vordergrund.

Aus dieser Situation heraus den Übergang von einer reinen Problemlösung zur Umsetzung eigenständiger, auf mehreren Bausteinen basierenden Entwicklungsperspektiven zu gestalten, ist für kleine Gemeinden herausfordernd, neu und komplex. Gelingen kann ihnen das nur, wenn bestehende Merkmale des Lebens in kleinen und überschaubaren Gemeinschaften weiterentwickelt, der oft noch vorhandene Zusammenhalt in neue Formen überführt und für zukünftige Entwicklungen gerüstet werden kann.

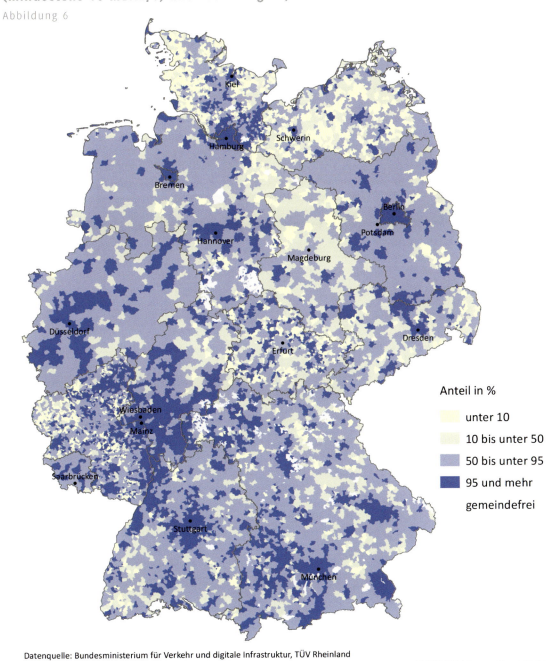

Potenzial und Ressourcen 17

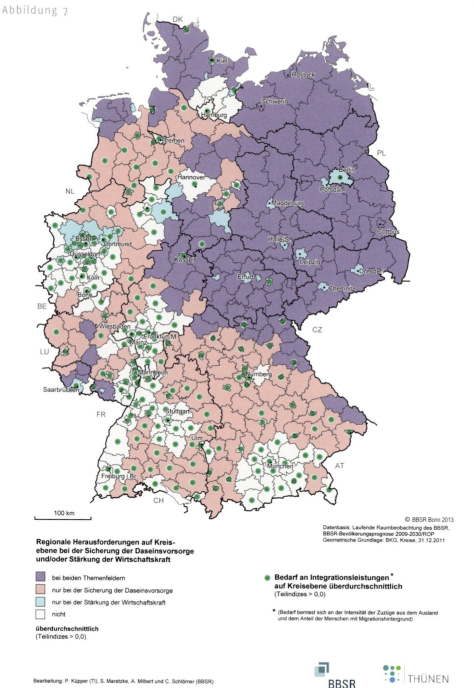

Regionen im demografischen Wandel – Kumulation der Herausforderungen
Abbildung 7

Eine Schlüsselrolle für die Zukunftsperspektiven von kleinen Gemeinden nehmen lokale und regionale Wertschöpfungsketten ein. Sie sind eine Voraussetzung für dringend benötigte Arbeitsplätze vor Ort, aus denen sich wirtschaftlich abgesicherte Formen des Lebens und Arbeitens in kleinen Gemeinden entwickeln lassen. Solche Konzepte können auch dem Erhalt von Infrastruktur und der täglichen Nahversorgung dienen, beispielsweise in Form neuer Genossenschaften; oder sie steigern durch lokale Kooperationen die Attraktivität der kleinen Gemeinden, beispielsweise in den Bereichen Mobilität und Tourismus. Stets zählen die mit einer lokalen und/oder regionalen Wertschöpfung verbundenen Chancen jedoch zu den zentralen Voraussetzungen einer nachhaltigen Entwicklung in kleinen Gemeinden, weil sie nicht nur die Attraktivität des Dorfes als Wohn- und Arbeitsstandort erhöhen, sondern zugleich auch ein größeres Maß an Unabhängigkeit gegenüber unflexiblen Förderprogrammen ermöglichen und außerdem die soziale Gemeinschaft sowie den gegenseitigen Zusammenhalt insgesamt stärken.

Diese Unabhängigkeit einer bewusst erlebten Gemeinschaft wird auch deshalb immer wichtiger, weil in Deutschland als Folge des demografischen Wandels die Konkurrenz zwischen Gemeinden, Städten, Regionen und Agglomerationsräumen um Arbeitsplätze, Bevölkerung und die damit verbundenen Zukunftsperspektiven noch weiter zunehmen wird. Kleine Gemeinden stehen dabei nicht nur im Wettbewerb mit großen Städten oder Klein- und Mittelstädten mit Zentrumsfunktion, sondern auch mit anderen kleinen Gemeinden in ihrer Nachbarschaft. Wollen sie in diesem Wettbewerb bestehen und eigene Zukunftschancen behalten, so sind sie darauf angewiesen, substanzielle oder dauerhafte Einschränkungen in der Lebensqualität zu verhindern oder sie auf anderen Gebieten kompensieren zu können.

Gerade im zunehmenden Wettbewerb mit den Städten um Familien mit Kindern und um die jüngere, gut ausgebildete Bevölkerung besteht eine große Herausforderung darin, den individuellen Wahlmöglichkeiten während verschiedener Lebensphasen – wie sie in Städten in der Regel leichter verfügbar sind – eine eigenständige, hohe Lebensqualität entgegen zu stellen. Für die Älteren geht es in erster Linie um die Absicherung einer selbstständigen Lebensführung und um die Chancen auf Teilhabe am sozialen und gesellschaftlichen Leben mit allen Aspekten, die dazu gehören, wie Infrastruktur, Dienstleistungen, Wohnen, Kultur, Mobilität und Unterstützung im Alltag. Für die Jüngeren bedeutet es vor allem, keine Einschränkungen bei den Chancen auf Bildung, Ausbildung und Erwerbstätigkeit befürchten zu müssen. In weiteren Lebensphasen kommen die Möglichkeiten zur Verwirklichung individueller Lebensentwürfe und gegebenenfalls auch die Anforderungen an ein familiengerechtes Angebot und Umfeld hinzu. Wichtig ist für alle Altersgruppen, dass diese Aspekte nicht gleichgesetzt werden können mit einem Anspruch auf eine 1:1-Äquivalenz zu den Rahmenbedingungen in den Städten oder gar in den Agglomerationsräumen. Entscheidend ist stattdessen, ob und wieweit substanzielle und dauerhafte Einschränkungen verhindert werden können und in welchen Profilen ihrer Attraktivität kleine Gemeinden eigene, komparative Vorteile in diesem Wettbewerb generieren können.

Die Komplexität der Herausforderungen, denen sich kleine Gemeinden stellen müssen, zeigt Abbildung 8 (siehe Seite 21), die sechs Handlungsfelder zusammenfasst:

- Sicherung kinder- und jugendspezifischer Infrastruktur
- Ausbau seniorenspezifischer Infrastruktur
- Sicherung altersübergreifender und technischer Infrastruktur
- Stärkung der Wirtschaftskraft
- Integrationsbedarf
- Anpassung an Bevölkerungswachstum.

Ebenso komplex wie unterschiedlich stellt sich die Kumulation der Bereiche dar, in denen ein überdurchschnittlicher Handlungsbedarf besteht. Da sich die Handlungsfelder nur teilweise komplementär zueinander zeigen, besteht in vielen Regionen gleichzeitiger Handlungsbedarf „nur" in drei oder vier davon. Lösungen für diese Komplexität, die aus der unterschiedlichen Dringlichkeit paralleler Aufgaben und Handlungsfelder resultiert, können nicht auf der Grundlage von Standardmustern entstehen; dies gilt auch deshalb, weil bei benachbarten Regionen gleichgerichtete Strategien an Wirkung verlieren oder sich gegenseitig aufheben können. Stattdessen geht es um die bereits genannten, maßstabsgerechten und oft spezifischen Handlungsansätze, die eine Verwurzelung in den lokal verfügbaren Ressourcen und endogenen Potenzialen erfordern.

Eine große Chance für die Gestaltung der zukünftigen Entwicklung sind die in immer mehr Gemeinden aus bürgerschaftlichem Engagement entstehenden Initiativen und die von ihnen gelebten Formen gemeinschaftlicher Verantwortung. Sie erstrecken sich auf viele Bereiche des Lebens und der Lebensqualität, und keineswegs beschränken sie sich auf die Kompensation wegbrechender öffentlicher oder privater Strukturen, sondern gehen sehr häufig mit neuen Angeboten und Inhalten weit darüber hinaus.

Regionen im demografischen Wandel – regionale Betroffenheit und Handlungsbedarf

Abbildung 8

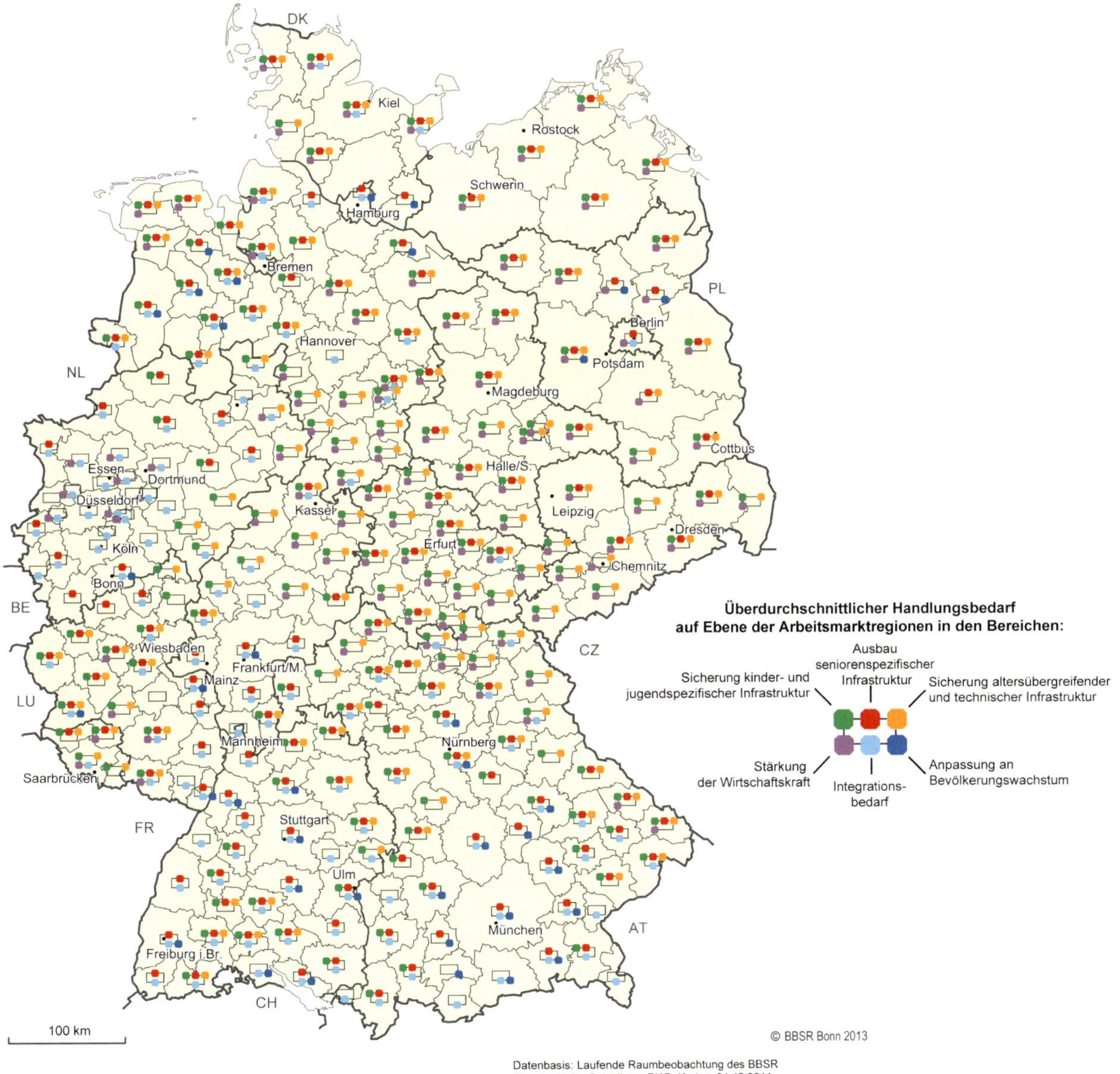

Überdurchschnittlicher Handlungsbedarf auf Ebene der Arbeitsmarktregionen in den Bereichen:

- Sicherung kinder- und jugendspezifischer Infrastruktur
- Ausbau seniorenspezifischer Infrastruktur
- Sicherung altersübergreifender und technischer Infrastruktur
- Stärkung der Wirtschaftskraft
- Integrationsbedarf
- Anpassung an Bevölkerungswachstum

© BBSR Bonn 2013

Datenbasis: Laufende Raumbeobachtung des BBSR
Geometrische Grundlage: BKG, Kreise, 31.12.2011

Bearbeitung: P. Küpper (TI), S. Maretzke, A. Milbert, C. Schlömer (BBSR)

BBSR · THÜNEN

Potenzial und Ressourcen

DIE WETTBEWERBE „LAND UND LEUTE" DER WÜSTENROT STIFTUNG

Die Wüstenrot Stiftung hat 2009 und 2012 bereits zwei bundesweite Wettbewerbe unter dem Titel „Land und Leute" durchgeführt, um neue Ideen und Modelle zu finden, die von den Menschen in kleinen Gemeinden als Antworten auf die komplexe Aufgabe einer Gestaltung der eigenen Zukunftsperspektiven gefunden wurden.[1] Diese Ideen und Modelle werden nicht als Standardlösungen verstanden, die auf andere Gemeinden übertragbar sind; sie können aber als wichtige Impulse und anschauliche Beispiele dienen, weil sie die große Reichweite solchen Engagements verdeutlichen, insbesondere, wenn dieses von kommunaler Seite aus unterstützt wird.

Im Fokus beider Wettbewerbe standen Aufgabenbereiche, in denen kleine Gemeinden und ihre Bewohner gefordert sind, mit eigenen, auf ihre spezifische Situation ausgerichteten Konzepten ihre Zukunft zu gestalten. Dazu gehörten:

- Die Sicherung der Lebensqualität für alle Bevölkerungsgruppen.
- Die Erhaltung oder die Neuschaffung von lokaler Infrastruktur, z. B. in Form von Genossenschaften, Kooperationen, Netzwerken oder Bündnissen.
- Der Ausbau und die Weiterentwicklung der Unterstützung des wachsenden Anteils älterer Alleinstehender.
- Die Einbindung von jüngeren Menschen oder neu Zugezogenen in neuen Vereins- und Begegnungsstrukturen für alle Generationen.
- Die Weiterentwicklung der traditionellen Dorfgemeinschaft und der örtlichen Identität in einer Form, die zu veränderten Lebensentwürfen passt.
- Die Stabilisierung des Dorfzentrums, zu der in der Regel neue, wirtschaftlich beherrschbare Nutzungen von alter, identitätsstiftender Bausubstanz gehören.

In beiden Wettbewerben wurde deutlich, dass außerdem auch die Erschließung von neuen Formen und Potenzialen einer lokalen oder regionalen Wertschöpfungskette eine wichtige Option darstellen, um endogenes, zusätzliches Potenzial für eine unabhängige Gestaltung der eigenen Zukunftsperspektiven generieren zu können.

UNSERE ZUKUNFT IN KLEINEN GEMEINDEN – GEMEINSCHAFTLICH, INNOVATIV, WERTVOLL UND WERTSCHÖPFEND

Der dritte Wettbewerb in der Reihe Land und Leute, dessen Inhalt und Ergebnisse in dieser Publikation ausführlich dokumentiert werden, erhielt deshalb den Titel *Unsere Zukunft in kleinen Gemeinden – Gemeinschaftlich, innovativ, wertvoll und wertschöpfend*. Dieser Titel ist programmatisch gedacht und weist auf zentrale Aspekte in der Einschätzung und im Umgang mit der zukünftigen Entwicklung von kleinen Gemeinden hin. Gesucht wurde nach Konzepten und Modellen, die im Sinne des Wettbewerbsthemas aus einer Verbindung von Kooperation, Tradition und Innovation beispielhaft für die Entwicklung in kleinen Gemeinden stehen können.

Gemeinschaftlich
Die Bereitschaft, gemeinsam die Zukunft zu gestalten, ist eine der wesentlichen Stärken in den kleinen Gemeinden. Sie ist ebenso ein endogenes Potenzial wie ein komparativer Vorteil im intensiver werdenden Wettbewerb mit den Städten und mit anderen kleinen Gemeinden. Egal, um was es geht und egal, welche Konzepte zur Anwendung kommen – es sind immer die Menschen, die im Mittelpunkt stehen und die es gemeinsam schaffen, neue Lösungen zu finden.

Innovativ
Die Fähigkeit zur Innovation in kleinen Gemeinden wird allzu oft unterschätzt und viel zu wenig gewürdigt, sowohl unter Fachleuten als auch in der allgemeinen öffentlichen Wahrnehmung. Die Menschen in kleinen Gemeinden sind sehr innovativ und bereit, neue Wege zu gehen. In ihrem Engagement und in ihren Projekten wurzeln viele überzeugende Ansätze dafür, die eigene Lebenswelt und Zukunft zu gestalten.

Wertvoll
Der Trend zur Urbanisierung, zum Leben in den Städten, ist deutschlandweit, europaweit und weltweit zu beobachten und in den statistischen Daten nachweisbar. In seiner Dynamik scheint er unaufhaltsam, weil er auf einem grundlegenden, nachdrücklichen Wandel in den Lebensentwürfen, Präferenzen, Arbeitsformen und Freizeitaktivitäten beruht. Umso wichtiger ist es angesichts dieser Dominanz, die in kleinen Gemeinden traditionell vorhandene, wertvolle Gemeinschaft in neue Formen einer gemeinsamer Identität und sozialen Nachbarschaft zu überführen und zu erhalten.

Wertschöpfend
Neue Chancen und Formen lokaler oder regionaler Wertschöpfung sind wichtige Bausteine für die zukünftige Attraktivität des Arbeitens, Lebens und Wohnens in kleinen Gemeinden. Dazu kann der Erhalt von Infrastruktur und Nahversorgung gehören, beispielsweise in neuen Genossenschaften,

oder lokale Kooperationen zur Entwicklung und Stärkung der örtlichen Attraktivität, beispielsweise in den Bereichen Mobilität und Tourismus. Oder neue Angebote und Dienstleistungen zur Stärkung der Lebensqualität in kleinen Gemeinden, beispielsweise auf den Gebieten von Bildung, Kunst und Kultur. Lokale Wertschöpfung zählt zu den zentralen Voraussetzungen für eine nachhaltige Entwicklung in kleinen Gemeinden.

Die wichtigsten Erkenntnisse und Schlussfolgerungen aus den Einsendungen zum Wettbewerb werden in den folgenden Kapiteln dargestellt und anhand der eingesandten Projekte erläutert. Dabei können nicht alle Fragen beantwortet werden, auch, weil die Einsendungen ähnlich differenziert sind wie die Rahmenbedingungen und Perspektiven in den kleinen Gemeinden.

Eine der grundsätzlichen Entscheidungen, die in vielen Ansätzen und Projekten gleich zu Beginn zu treffen ist, ist die Wahl zwischen Kooperation oder Wettbewerb. Beide Strategien sind möglich und für beide Orientierungen gibt es unter den Einsendungen jeweils Beispiele, die als erfolgreiche Handlungsoption betrachtet werden können. Ausschlaggebend sind in der Regel die vorhandenen Potenziale und – wie immer – die Menschen und ihre Erfahrungen im Umgang miteinander.

Ähnlich grundsätzlich lassen sich manche Projekte auch danach unterscheiden, ob ihr Weg in die zukünftige Entwicklung eher einer Evolution oder einer Revolution zuzuordnen ist. Auch für diese beiden Ausrichtungen gibt es jeweils erfolgreiche Beispiele und die erneute Erkenntnis: Es kommt auf die Menschen an und nur sie alleine können entscheiden, welche Strategie und welches Konzept ihren eigenen Ressourcen und Zielen entspricht.

[1] Wüstenrot Stiftung (Hrsg.), Land und Leute | Kleine Gemeinden gestalten ihre Zukunft im demografischen Wandel! Ludwigsburg 2009.
Wüstenrot Stiftung (Hrsg.), Land und Leute | Bildung, Kunst und Kultur in kleinen Gemeinden – Schlüsselfaktoren für die zukünftige Entwicklung! Ludwigsburg 2012.

I. DIE ZUKUNFT VON KLEINEN GEMEINDEN

II. INITIATIVEN UND PROJEKTE

III. THESEN

IV. DER WETTBEWERB

V. PROJEKTDOKUMENTATION

ANHANG

Initiativen und Projekte in kleinen Gemeinden

WERTSCHÖPFUNG

Eine der Ausgangsfragen in diesem Wettbewerb war, in welcher Form und in welchem Ausmaß kleine Gemeinden für sich neue Formen und Potenziale einer lokalen und/oder regionalen Wertschöpfung erschließen können. Für kleine Gemeinden gewinnt dies zunehmend an Bedeutung, da die Sicherung der ökonomischen Grundlage gerade auch im Zusammenhang mit der demografischen Entwicklung eine zentrale Zukunftsfrage ist.

Die Generierung von Wertschöpfung kann dabei sowohl aus dem Ort selbst erfolgen, also aus endogen vorhandenem Potenzial entstehen, oder als exogene Wertschöpfung, die wesentlich von außerhalb stammt und in der Gemeinde nutzbar gemacht wird. Ein Beispiel für endogene Potenziale können Dorfläden sein, während Tourismusprojekte in der Regel auf eine exogene Wertschöpfung zielen. Zwischen diesen beiden „Polen" gibt es viele graduelle Abstufungen, die sich auch in den Wettbewerbsbeiträgen wiederfinden. Endogene Wertschöpfung kann dazu beitragen, dass diese Gemeinden im Vergleich zu ihren umliegenden Gemeinden einen Vorteil gewinnen, besonders dann, wenn sie mit ihren Angeboten und Projekten entsprechende Potenziale der benachbarten Orte abziehen. Ähnliches gilt auch für Gemeindeverbünde, wie einige Beispiele belegen.

Zu den Beispielen für ein Konzept endogener Wertschöpfung gehören folgende Einsendungen:
Der Dorfladen in Brunow trägt zur lokalen Wertschöpfung bei und bietet ergänzend noch ein Café bzw. einen Mittagstisch an. So wurden Arbeitsplätze im Ort geschaffen, regionale Produkte in das Angebot aufgenommen und durch die Kooperation mit Erzeugern/Produzenten aus dem Ort und der Region einen Beitrag zur regionalen Wertschöpfung geleistet.

In Harsdorf konnte nach vielen Jahren die Wiederansiedelung eines Arztes begleitet werden. Die Gemeinde wandelte mit viel Engagement der Bevölkerung zusammen mit dem Arzt den leerstehenden Bahnhof in einen „Gesundheitsbahnhof". Der Arzt hat nun im Erdgeschoss seine Praxis, in den Obergeschossen befinden sich eine Physiotherapiepraxis und zwei barrierefreie Wohnungen. Der Einzugsbereich der beiden Praxen geht weit über die Gemeindegrenzen hinaus. Der Wartebereich der Arztpraxis soll zukünftig zusätzlich für kulturelle Veranstaltungen und Informationsveranstaltungen zu Themen aus dem Bereich der Gesundheit genutzt werden.

Beispiele für eine eher exogene Wertschöpfung sind:
In Dechow wurde im Dorfgemeinschaftshaus eine Übernachtungsstätte mit 40 Betten eingerichtet. Sie steht vor allem für Schüler und Jugendgruppen offen und damit für einen überörtlichen Einzugsbereich. Die Übernachtungsstätte wird derzeit noch durch den Förderverein auf ehrenamtlicher Basis betreut. Zusätzlich richtet der Verein die überregional bekannten „Kulturtage Dechow" aus, deren Einnahmen lokalen Kulturinitiativen sowie dem Dorfgemeinschaftshaus zu Gute kommen.

Ein Beispiel für eine Wertschöpfung aus dem pflegerischen Bereich findet sich in der Gemeinde Langenfeld, die eine Tagespflege initiiert und deren Aufbau unterstützt hat. Sowohl Personal als auch Gäste kommen aus den umliegenden Gemeinden. Das Mehrgenerationenwohnen, welches sich im gleichen Gebäude befindet, bietet Mietwohnraum für Menschen aller Generationen, sowohl aus Langenfeld als aus den umliegenden Gemeinden.

Es gibt jedoch nicht nur Angebote, Projekte oder Konzepte einzelner Gemeinden mit dem Ziel, eine Wertschöpfung vor Ort zu generieren. Auch in einem größeren Kontext wie im Gemeindeverbund, kann durch Kooperation und Vernetzung eine lokale Wertschöpfung im eigenen Ort gesteigert werden.

Dorfladen in Brunow

Übernachtungsstätte im Dorfgemeinschaftshaus in Dechow

Die Stiftung Landleben, in der sich vier Nachbargemeinden (Kirchheiligen, Blankenburg, Sundhausen, Tottleben) zusammengeschlossen haben, konnte in der Gemeinde Kirchheiligen zusammen mit der AWO eine Grundschule reaktivieren. Der Einzugsbereich der Schule erstreckt sich über zehn umliegende Gemeinden und trägt damit zu einer Wertschöpfung am Ort bei.

Die sieben Mitgliedsgemeinden der Gemeinde-Allianz „Hofheimer Land" haben gemeinsam eine Strategie für die Kooperation untereinander und die Entwicklung ihrer Gemeinden erarbeitet. Das oberste Ziel war dabei die Stärkung der Innenentwicklung in den verschiedenen Stadt- und Ortsteilen. Hierzu wurde ein Förderprogramm entwickelt, welches die Nutzung vorhandener Bausubstanz unterstützt. Außerdem sollen der Bau von Dorfgemeinschaftshäusern, Projekte der Dorferneuerung sowie der Ausbau des Radwegenetzes den Zuzug in die Gemeinden und die örtliche Wertschöpfung fördern.

Das übergeordnete Ziel der Genossenschaft „Regional versorgt – Energie und Nahversorgung in Bürgerhand eG" ist es, eine sogenannte „Lebensqualität-Rendite" zu erwirtschaften. Gemeint ist damit, mit dem Engagement der Genossenschaft und ihrer Mitglieder eine ökologische, soziale und ökonomische Rendite zu erzielen. Zu diesem Zweck wird sowohl die Vermarktung von regenerativer Energie gefördert als auch die Versorgung der Bürger/innen in der Region mit den Waren des täglichen Bedarfs. Zukünftig will sich die Genossenschaft zusätzlich auch kulturellen und sozialen Themen widmen.

Grundschule in der Gemeinde Kirchheiligen

Förderprojekt der Gemeinde-Allianz „Hofheimer Land"

In einigen Gemeinden wurden Strukturen geschaffen, die durch Kooperationen darauf abzielen, Wertschöpfung von außen - aus einem größeren geografischen Kontext - in die einzelnen Gemeinden zu holen und lokal wirksam werden zu lassen. Beispiele hierfür sind Tourismuskonzepte, an denen sich viele kleine Orte in einer Region beteiligen und auf diese Weise Besucher gewinnen, die eine Nachfrage nach Gütern und Dienstleistungen und somit Wertschöpfung in den Ort bringen. Das Netzwerk der „Ostfriesischen Landschaft" fördert mit kulturhistorischen Themenjahren den Tourismus auf der Ostfriesischen Halbinsel. Diesem Kulturnetzwerk gehören der Regionalverband „Ostfriesische Landschaft" und die Ostfriesland Tourismus GmbH sowie weitere Partner an. Die Themenjahre bauen auf zahlreichen regionalen Kulturgütern auf wie Kirchen, Museen, Orgeln und Wasserstraßen. Durch die Veranstaltungen der Themenjahre entstand in den Gemeinden, die sich mit ihren Angeboten am Themenjahr beteiligt haben, eine (zusätzliche) lokale Wertschöpfung. Im Themenjahr 2013 kamen rund 500.000 Besucher in die Region und zu den kulturellen Angeboten vor Ort.

Der Verein Kreativsaison e.V. will den Kreativtourismus fördern und durch die Vernetzung von Gemeinden, Künstlern, Regionalplanern und Bürgern neue Chancen schaffen, die Region Mecklenburg weiterzuentwickeln. Dafür werden neue und kreative Urlaubsangebote entwickelt, die den Individualtourismus fördern sollen; durch sogenannte Kreativstammtische sollen neue Nutzungsperspektiven für leerstehende Gebäude gefunden oder Angebote wie Festivals entwickelt werden.

Plakat des Netzwerkes „Ostfriesische Landschaft"

Plakat des Vereins Kreativsaison e.V.

Das Ziel ist, dass mehr an Kultur interessierte Besucher/innen nach Mecklenburg kommen und dadurch die Potenziale der Wertschöpfung in den Kommunen der Region wachsen.

Der Regionalladen Unikum in der Stadt Altenkirchen ermöglicht die Vermarktung der Produkte von Künstlern und kleinen Manufakturbetrieben. Sie können in den kleinen Orten des Westerwaldes ohne eine solche Vermarktungsmöglichkeit nicht ausreichend ertragreich von Laufkundschaft und Tourismus profitieren. In einem zentralen Verkaufs- und Ausstellungsraum wird den Produzenten auf der Basis eines Mietregalsystems die zentrale Vermarktung ihrer Produkte zu kostengünstigen Rahmenbedingungen ermöglicht.

Wertschöpfung durch die Kooperation mit Unternehmen

Eine weitere Möglichkeit, die Wertschöpfung in kleinen Gemeinden zu stärken, findet sich in Form einer Kooperation mit Unternehmen. Kommune, Bürger und Unternehmen arbeiten hierbei direkt oder indirekt zusammen, auch weil sie oft gegenseitig auf sich angewiesen sind, um erfolgreich tätig sein zu können. Solche Beispiele belegen das wichtige Thema eines gemeinsamen Engagements von Bürgerinnen und Bürgern und/oder in Verbindung mit der Gemeindeverwaltung und/oder örtlichen Unternehmen und/oder regionalen Partnern und Bündnissen, wie es im Wettbewerb gesucht wurde.

Bürger engagieren sich im Garten- und Landschaftspark „Rosarium"

Umbau des Stallgebäudes zur Begegnungsstätte in Jahmo

Ein Beispiel ist der Garten- und Landschaftspark Rosarium. Das Projekt liegt im Ortsteil Wachendorf der Gemeinde Syke und befindet sich zum Zeitpunkt des Wettbewerbs noch in einer ersten Phase der Umsetzung. In den nächsten Jahren soll hier ein Garten- und Landschaftspark mit überregionaler Bedeutung entstehen. Hierfür arbeiten engagierte Bürgerinnen und Bürger aus Wachendorf mit einer Baumschule zusammen, die überregional für ihre Rosenzüchtungen bekannt ist, sowie mit den Delme Werkstätten für Menschen mit Behinderung und dem Berufsbildungswerk Bremen. Grundlage für die Finanzierung des Rosariums ist eine Aktiengesellschaft, bei der sowohl die Baumschule als auch Bürger/innen die Anteile gezeichnet haben.

Die bereits vorgestellte „Ostfriesische Landschaft" kann ebenfalls als ein Beispiel für eine hybride Wertschöpfung angesehen werden. Hohes bürgerschaftliches Engagement, der Regionalverband „Ostfriesische Landschaft" sowie die Ostfriesland Tourismus GmbH arbeiten zusammen in einem Netzwerk. Ziel des Netzwerkes ist es, mit dem Instrument der Themenjahre die Kooperationspartner in der vom Tourismus geprägten Region zu stärken und weiterzuentwickeln.

VERBESSERUNG DER ATTRAKTIVITÄT UND QUALITÄT DES ALLTAGS UND DES LEBENS

Es gibt eine Reihe von Einsendungen, mit denen kleine Gemeinden ihre Angebote und Aktivitäten vorstellen, die dazu beitragen, dass sich die Interaktionsdichte im Ort erhöht und vorhandene Kontakt- und Hilfebedürfnisse gedeckt werden. Exemplarisch hierfür sind Gemeinschaftsaktionen wie Feste und Veranstaltungen, an denen sich viele Bewohner/innen beteiligen können.

Hierzu zählt das Engagement im Ortsteil Jahmo (ca. 150 Einwohner/innen) der Stadt Wittenberg. Auf Initiative einer Gruppe aus der Bevölkerung wurde der „Verein zur Förderung des Dorfgemeinschaftslebens in Jahmo e.V." gegründet. Ziel dabei war es, die Lebensqualität und die Attraktivität des Ortes für Jung und Alt zu verbessern. In Eigenregie wurde ein ehemaliges, im Privatbesitz befindliches Stallgebäude zu einer Begegnungsstätte umgebaut und damit die Grundlage für eine ideelle und soziale Wertschöpfung am Ort geschaffen. Ein vom Verein organisiertes jährlich stattfindendes „Backofenfest" zieht zahlreiche Besucher/innen aus der ganzen Region an und trägt damit zusätzlich auch zu einer materiellen Wertschöpfung am Ort bei.

Die „Interessengemeinschaft Mörz e.V." hat ebenfalls die Förderung der Dorfgemeinschaft zum Ziel. Als die traditionellen Dorffeste weniger wurden, haben die Mitglieder der Interessengemeinschaft ein altes Backhaus saniert und um einen Veranstaltungsraum im Obergeschoss erweitert. Auf diese Weise wurde ein geeigneter Raum für gesellige Veranstaltungen geschaffen. Weitere kulturelle und kommunikative Veranstaltungen, wie z. B. ein Weihnachtsmarkt und eine Rocknacht, entstanden und werden nun nicht nur durch die Dorfgemeinschaft genutzt, sondern finden auch in der Region großen Zuspruch.

Speziell auf die Bedürfnisse der Senioren ausgerichtet ist die Arbeit und das Angebot der „Generationenhilfe Börderegion e.V." in Hohenhameln. Der Verein mit mehr als 250 Mitgliedern hat das Ziel, vielfältige Hilfeangebote für ältere Menschen zur Verfügung zu stellen. Alle Bezieher der Hilfeleistungen sind Mitglied im Verein. Parallel werden in einer Begegnungsstätte regelmäßige Veranstaltungen durchgeführt. Ergänzend dazu wurden Schulungen zum Thema „Hohenhameln auf dem Weg zur demenzfreundlichen Kommune" organisiert. Die Angebote des Vereins werden stetig weiterentwickelt und tragen zur ideellen und sozialen Wertschöpfung bei.

Derartige Strategien können auch über die Gemeindegrenzen hinausgehen; beispielsweise, wenn Hilfeangebote oder Feste gezielt andere Orte im Rahmen von Kooperationen einschließen.

Das Lenninger Netz steht für eine Kooperation von zwei Gemeinden mit insgesamt neun Ortsteilen. Vor allem die älteren Bürger/innen können aus diesem Netz zahlreiche Unterstützungsangebote abrufen, für die rund 80 ehrenamtliche Helferinnen und Helfer zur Verfügung stehen. Seit der Gründung des Vereins „Älter werden in Lenningen" im Jahr 2004 wurden die Angebote sukzessive ausgeweitet, so dass neben den unterstützenden hauswirtschaftlichen Leistungen weitere Beratungsleistungen - z.B. im Rahmen einer Sturzprävention und einer Demenzkampagne – zur Verfügung stehen.

„Bohnentaler Muske(l)tiere"

Schlosspark in Lütetsburg

Auch die Bohnentaler Muske(l)tiere wollen mit ihren niedrigschwelligen Angeboten im Rahmen einer kommunalen Kooperation ermöglichen, dass Ältere (länger) zu Hause wohnen bleiben können. Sie sind in zwei Gemeinden und mehreren Ortsteilen tätig. Rund 70 Helfer/innen unterstützen vor allem alleinlebende Ältere, wobei in erster Linie bisher Mitfahrgelegenheiten nachgefragt werden. Die Hilfen werden unentgeltlich geleistet.

Obwohl mit einem konkreten, lokalen Ort verbunden, ist die Schlossparkserenade Lütetsburg ein regional bedeutsames Ereignis. Alle zwei Jahre finden sich hier Menschen unterschiedlichen Alters zusammen, um gemeinsam zu musizieren oder als Gast an den Veranstaltungen teilzunehmen. Bemerkenswert ist, dass alle Mitwirkenden aus Gemeinden in der Region stammen; darunter sind Jugendmusikschulen ebenso wie Kindergärten oder regionale Orchester zu finden. Die Schlossparkserenade ermöglicht nicht nur den Zugang zu Musik, sondern ist ein gesellschaftliches Ereignis, das den Zusammenhalt der Einwohnerschaft der Region stärkt. Die Einnahmen kommen vor allem musikinteressierten Kindern und Jugendlichen aus dem Ort zugute, deren Eltern sich beispielsweise die Ausgaben für (teure) Musikinstrumente nicht leisten können.

In der „Route 900" im Landkreis Aurich haben sich fünf Vereine mit ihren Museen (die jeweils für eine Zeitepoche in der Entwicklung von Ostfriesland stehen) sowie die Südbrookmerland Touristik GmbH zusammengeschlossen, um gemeinsam die Kultur in der aus vielen Einzelorten bestehenden Gemeinde Südbrookmerland zu fördern. Das Ziel ist sowohl, für Touristen die Möglichkeit zu schaffen, auf einer Fahrradroute die Geschichte der verschiedenen Orte kennenzulernen, als auch der örtlichen Bevölkerung die Chance zu geben, sich mit ihrer Vergangenheit und lokalen Geschichte auseinanderzusetzen.

Ein weiteres Beispiel in dieser Kategorie ist der „Kreativstammtisch Mecklenburg", der den Austausch zwischen der Kreativwirtschaft in der Region, Vertretern aus der Tourismusbranche und der Gemeinden sowie der Bevölkerung fördert. Die Stammtische finden jeweils an verschiedenen Orten in Mecklenburg statt. Der Verein Kreativsaison, der die Stammtische initiiert und veranstaltet, sieht sich als Schnittstelle zwischen Kultur, Tourismus und Regionalentwicklung. Der Kreativtourismus wird dabei als Marktlücke gesehen, aus der sich neue Möglichkeiten für das Land eröffnen lassen. Durch attraktive kulturtouristische Angebote sollen neue Zielgruppen für die Region gefunden werden; hiervon soll die Region insbesondere in der Nebensaison profitieren. Erste Ideen sind Reisen zu Künstlern, kulturhistorische Touren zu Gutshäusern und Backsteingotik, Angebote von Workshops etc. Damit stehen sowohl die Touristen und Gäste, als auch die Ortsansässigen im Fokus. Zielsetzung ist die Förderung einer nachhaltigen touristischen Entwicklung, deren Wirtschaftlichkeit breit gestreut ist und die auch Menschen, insbesondere Künstlern, zusätzliche Einkünfte ermöglichen kann, die bisher am Tourismus kein Geld verdient haben.

KOOPERATIVE UND SOLITÄRE STRATEGIEN

Eine Zielsetzung im Rahmen des Wettbewerbs war es, Angebote und Modelle zu finden, die geeignet sind, lokale Infrastruktur zu erhalten, auszubauen oder neu zu schaffen. Unter den Einsendungen gibt es Strategien, die eher auf kooperativen, interkommunalen Ansätzen basieren, und solche, die stärker auf den einzelnen Ort bezogen sind und eher solitär für sich stehen.

Kooperative Strategien haben zum Ziel, durch die Zusammenarbeit im Umfeld kleiner Gemeinden zu wirken, während solitäre Strategien eher darauf ausgerichtet sind, die (eine) Gemeinde selbst weiter zu entwickeln und ihr Vorteile im Hinblick auf ihre wirtschaftliche, aber auch gesellschaftliche Entwicklung zu verschaffen.

Im Wettbewerb gibt es zahlreiche Beispiele, die diese unterschiedlichen strategischen Ansatzpunkte deutlich machen können. Angebote und Modelle des Tourismus lassen sich eher mit kooperativen Strategien verwirklichen, während Angebote und Projekte im Bereich von Infrastruktur oder von (einzelnen) Festveranstaltungen eher mit örtlichen Strategien zum Erfolg kommen, und die Region hierzu die Nachfrage (z.B. in Form von Besuchern) liefert. Während die ortsbezogenen Strategien die Bewohner des regionalen Umfelds als Nachfrager interpretieren, sehen kooperative Strategien umliegende Gemeinden als Partner auf dem Weg zum Erfolg.

Die Hofheimer Allianz ist ein Beispiel für eine kooperative interkommunale Strategie; sie wurde 2008 gegründet. Die sieben Mitgliedsgemeinden im Norden von Bayern (Franken) kennen seit einigen Jahren sowohl Abwanderung als auch ein stetig steigendes Durchschnittsalter der Bevölkerung. Vor diesem Hintergrund wurde gemeinsam eine Strategie mit dem Leitziel „Innenentwicklung vor Außenentwicklung" entworfen. In den vier Themenfeldern „Ökologie", „Ökonomie", „Kultur" und „Soziales" entstand eine Reihe von Projekten und Förderprogrammen; zu nennen sind beispielsweise die Revitalisierung von leerstehenden Gebäuden, der Aufbau von Dorfgemeinschaftshäusern und die Rücknahme von bereits ausgewiesenen Baugebieten. Bis 2014 wurde der Prozess durch die Bürgermeister der einzelnen Gemeinden getragen, inzwischen wurde ein Allianz-Manager eingestellt. Mit den zahlreichen Maßnahmen konnte sich die Hofheimer Allianz auch im Vergleich mit anderen Regionen besser positionieren, insbesondere was die Attraktivität der Gemeinden für Zuzügler oder Unternehmen betrifft. Zugleich wurde durch die Aktivitäten der Hofheimer Allianz die Wohn- und Lebensqualität der Bevölkerung gesichert und gesteigert.

Auch auf der Ostfriesischen Halbinsel finden sich Beispiele für erfolgreiche regionale Kooperationen. Die Aktivitäten des Regionalverbands „Ostfriesische Landschaft" und der Ostfriesland Touristik GmbH mit weiteren Partnern wurden bereits unter dem Thema „Wertschöpfung" beschrieben. Das gilt nicht nur allgemein für die Kooperation im Themenjahr 2013, sondern auch für einzelne

Projekte, wie beispielsweise die „Route900". Hier haben sich fünf Museen aus unterschiedlichen Ortsteilen der Gemeinde Südbrookmerland zusammengeschlossen; sie arbeiten außerdem mit dem örtlichen Tourismusverband zusammen, um Wiedererkennung und Besucherzahlen zu steigern.

Eine ebenfalls beispielhafte kooperative Strategie hat die Stiftung Landleben entwickelt, in der sich die vier Nachbargemeinden Kirchheiligen, Sundhausen, Blankenberg und Tottleben zusammengeschlossen haben. Ziel der Stiftung ist es, die einzelnen Gemeinden trotz Haushaltskonsolidierung handlungsfähig zu erhalten und gemeinsame Ziele wie den Bau von altersgerechten Wohnungen, die Wiederbelebung der örtlichen Bausubstanz und den Erhalt eines Freibades umzusetzen. Durch das von den Gemeinden eingebrachte Stiftungskapital in Form von Grundstücken konnten inzwischen acht barrierefreie Bungalows in drei der Gemeinden gebaut werden, der Schulstandort in der Gemeinde Kirchheiligen reaktiviert und ein wöchentlicher Einkaufsbegleitdienst für Senioren eingerichtet werden.

Entstanden aus einem Arbeitskreis „Älter werden in Lenningen" wurde im Jahr 2004 das Lenninger Netz e.V. gegründet. Die Gemeinde Lenningen mit ihren acht Ortsteilen und die Gemeinde Owen mit drei Ortsteilen unterstützen u.a. mit sozialen Angeboten den Wunsch der älteren Einwohnerinnen und Einwohner, möglichst lange zu Hause wohnen bleiben zu können. Mit 80 ehrenamtlich Tätigen und mehr als 10 Projekten zu den Themen Betreuung, Mobilität, Wohnen, Beratung und hauswirtschaftliche Dienstleistungen ist der Verein als Bürgergemeinschaft über alle Orte und Ortsteile hinweg tätig.

Dorfladenprojekt der „Hofheimer Allianz"

Veranstaltung des „Lenninger Netz e. V."

Eine Reihe von kleinen Gemeinden ist mit der anderen Strategie, also mit ortsbezogenen, solitären Angeboten und Modellen erfolgreich.

In Dedinghausen, einem Ortsteil von Lippstadt, wurde ein Dorfentwicklungsprozess gestartet mit dem Ziel, die Lebensqualität und Daseinsvorsorge in dem kleinen Ortsteil zu sichern. Mit Hilfe von Dorfkonferenzen, an denen sich zahlreiche Bürger/innen beteiligten, wurden zunächst sechs Handlungsfelder (Versorgen und Begegnen, Teilhabe und Vielfalt, Leben und Helfen, Lernen und Kultur, Natur und Umwelt sowie Dialog und Forum) identifiziert und hierzu konkrete Projekte entwickelt. Es erfolgte die Gründung einer Genossenschaft für den Aufbau eines Dorfladens, die Entwicklung eines Bürgernetzwerkes und das Konzept einer „Dorfuniversität". Einige weitere Projekte sind in Planung. Dadurch gelingt es zunehmend, fehlende Infrastruktur zu kompensieren und den sozialen Zusammenhalt zu stärken.

Die Gemeinde Wahlhausen, die zu Zeiten der DDR-Zeit im 500-Meter-breiten Schutzstreifen der Grenzsicherung lag und deren Einwohner deshalb mit besonderen Einschränkungen leben mussten, hat nach dem Mauerfall eine weitreichende Neuorganisation des Dorfes realisiert. Zentral war zunächst die Klärung der Eigentumsverhältnisse; im Anschluss daran ist es gelungen bis zum Jahr 2012 ein Flurneuordnungsverfahren durchzuführen, welches die Grundlage für die weitere Entwicklung der gesamten Gemeinde wurde. Wichtigstes Ziel während des Prozesses war, den

Dedinghausener Dorfkonferenz

Ehem. LPG-Verwaltung, heute Kindertagesstätte (Wahlhausen)

Ortskern zu stärken und die vorhandene Bausubstanz, insbesondere die Bauten der ehemals dominanten Landwirtschaftlichen Produktionsgenossenschaft (LPG) im Ortzentrum einer neuen Nutzung zuzuführen. Dabei wurde die Einbindung der Bevölkerung als sehr wichtig erachtet. In der ehemaligen LPG-Verwaltung konnte eine Kindertagesstätte eröffnet werden, es wurden Rad- und Fußwege ausgebaut sowie ein Pflegezentrum für Senioren. Durch die Ansiedlung von Unternehmen konnten zahlreiche Arbeitsplätze geschaffen werden.

Im Jahr 2007 wurde in der Gemeinde Langenfeld in Bayern das Mehrgenerationenhaus „Dorflinde" eröffnet, welches ein breites Spektrum an unterstützenden und kommunikativen Angeboten für alle Generationen vorhält. Als konsequente Weiterentwicklung der Stärkung der sozialen Infrastruktur wurde im Jahr 2014 die „Dorflinde" um das Mehrgenerationenwohnen mit vier barrierefreien Wohnungen mit Tagespflege erweitert. Für die kommenden Jahre ist zudem der Bau eines Dorfladens geplant. Dieser kontinuierliche Gestaltungsprozess ist ein gutes Beispiel für eine gemeinschaftliche Ausrichtung der dörflichen Entwicklung.

Eine ortsbezogene Strategie wurde auch von der Interessengemeinschaft Mörz entwickelt. Mit einem Veranstaltungsraum im alten Backhaus, verschiedenen Märkten, jahreszeitlichen Festen und kulturellen Veranstaltungen wurde der Zusammenhalt im Dorf langfristig gestärkt. In das dauerhafte Bürgerengagement sind sowohl ältere als auch junge Dorfbewohner einbezogen. Mörz bleibt dadurch als Wohnstandort attraktiv und es gelang sogar, Zuzüge zu initiieren.

Der Sulzfelder Bürgerbahnhof ist ein weiteres Beispiel für eine solitäre Strategie; hier konzentrierte sich das Engagement der Bürger/innen auf ein bereits von Leerstand und Verfall betroffenes Bahnhofsgebäude, das saniert und einer neuen Nutzung zugeführt werden konnte.

Der Ausbau des Freibads Ründeroth in der Gemeinde Engelskirchen ist auf junge Familien, Jugendliche und Vereine ausgerichtet, welche die vorhandenen Räumlichkeiten (u.a. ein Kindergarten und weitere Gemeinschaftsräume sowie ein Naturbad) nutzen können. Die Nutzungsmischung ist ein Gewinn für die Gemeinde, und zwar sowohl als Ort der Begegnung der unterschiedlichen Nutzer, als auch durch die einzelnen (neuen) Angebote. Die zentrale Lage des Freibads wurde für eine Weiterentwicklung eines vielseitig nutzbaren Naherholungsareals genutzt.

Durch den Ausbau eines Bauernmarktes und die Entwicklung des „Gartens der Generationen" als Bürgertreffpunkt soll die Attraktivität Brunows erhöht werden. Durchreisende Touristen und Gäste sollen zum Verweilen eingeladen werden und im Bauernmarkt einkaufen. Ebenso soll die Kombination aus Bauernmarkt und Garten der Generationen die Attraktivität des Ortes als Wohnstandort erhöhen.

NEUE INTERPRETATION VON DORFGEMEINSCHAFT

Das Leben und Wirtschaften im Dorf hat sich nicht erst mit der Veränderung der landwirtschaftlichen Produktionsformen grundlegend gewandelt, auch wenn diese Veränderung wesentlichen Anteil daran trägt. Während früher kleine und mittlere landwirtschaftliche Betriebe das Leben im Dorf prägten, tragen sie heute oft nur mehr zu einem kleinen Teil zur dörflichen Wertschöpfung bei. Viele kleine Betriebe verschwinden oder sind bereits verschwunden; an ihre Stelle treten landwirtschaftliche Großbetriebe, die oft außerhalb des Ortes angesiedelt sind und für die andere Produktionsbedingungen gelten. Viele Dörfer haben in diesem Veränderungsprozess auch an Bevölkerung verloren, sind zu Orten des Wohnens geworden („Schlafdörfer") und sind keine Orte mehr, in denen landwirtschaftliche und handwerkliche Produkte erzeugt werden. Die Versorgung mit Gütern des täglichen Bedarfs und andere Infrastrukturangebote sind teilweise oder ganz verschwunden. Das führt – je nach Lage zum nächsten zentralen Ort – zu einem weiteren Rückgang der Bevölkerung und zu einem Leerstand von Gebäuden. Orte, die in günstiger Entfernung zu größeren Städten und Wirtschaftszentren liegen, können unter Umständen die Einwohnerverluste durch den Zuzug neuer Bewohnergruppen kompensieren. Aber auch diese Entwicklung hat in der Regel für diese Orte und deren Gemeinschaftsleben erhebliche Konsequenzen.

Die strukturellen Veränderungen in kleinen Gemeinden haben dazu geführt, dass traditionelle Verhaltensweisen und gemeinschaftliche Aktivitäten im Alltag an Bedeutung verloren haben und

Dorfgemeinschaftshaus Dechow

Aktionsplan „Wieren 2030"

dann nicht mehr als substanzielle Grundlagen für das Zusammenleben der Dorfbewohner angesehen oder wirksam werden. Inzwischen werden gemeinsame Aktivitäten oft von der zugezogenen Bevölkerung aufgegriffen und neu interpretiert. Traditionelle Feste erhalten dann neue Inhalte; vorhandene Gebäude werden für andere Zwecke umgebaut und neu genutzt.

In einer Vielzahl kleiner Gemeinden hat ein solcher Wandel stattgefunden, der zu einer neuen Interpretation von „Dorfgemeinschaft" geführt hat. Dabei konnte vielfach auch das Ortsbild erhalten werden, weil alte Häuser, Scheunen und Ställe renoviert wurden und nun neuen Zwecken dienen.

Viele Bewohner/innen sind in diesem Zusammenhang bereit, mehr Verantwortung für die örtliche Infrastruktur zu übernehmen und verloren gegangene Angebote im Bereich der Nahversorgung und der Versorgung mit Dienstleistungen zu erneuern bzw. neu zu organisieren. Eine wichtige Zielgruppe dafür sind in vielen Projekten die Älteren, die nicht mehr in der Lage sind, Fahrten zu Großmärkten und anderen zentralisierten Versorgungsangeboten durchzuführen, vor allem, weil sie die erforderlichen Kraftfahrzeuge nicht mehr finanzieren oder nicht mehr selbständig benutzen können. So kommt es zu einer Neuinterpretation dessen, was auch traditionell bereits als Dorfgemeinschaft bezeichnet wurde: Bürger/innen, politische Kommune und ansässige Unternehmen teilen sich die Verantwortung für ihren Ort, stabilisieren das Dorfleben und entwickeln es gemeinsam weiter.

In Dechow im Landkreis Nordwestmecklenburg lässt sich dieser Prozess beispielhaft nachvollziehen. Der Fall der innerdeutschen Grenze war eine Zäsur in der Entwicklung des Ortes. Zuvor war das Dorf von den landwirtschaftlichen Betrieben einer LPG geprägt, welche nach der Wende aufgegeben wurde. Viele Häuser standen daraufhin leer und wurden später durch Zugezogene renoviert und belebt. Insbesondere die Zugezogenen waren es, die dann auch die Renovierung der ehemaligen Dorfgaststätte zu einem Dorfgemeinschaftshaus vorantrieben. Durch viel Überzeugungsarbeit, durch die Gründung eines Fördervereins und durch die Beteiligung vieler Dorfbewohner gelang es, den Gebäudekomplex zu sanieren und als Dorfgemeinschaftshaus neu zu beleben. Zahlreiche kulturelle und gesellschaftliche Veranstaltungen, eine Übernachtungsstätte für Jugendliche und ein Infopunkt „Natura 2000" stärken heute das dörfliche Leben in Dechow.

Infolge der Eingemeindung des kleinen Ortes Wieren nach Wrestedt befürchteten dessen Bewohner/innen einschneidende Änderungen. Sie starteten deshalb in Zusammenarbeit mit der Gemeindeverwaltung einen Dorfentwicklungsprozess, um den Wegzug der jüngeren Bevölkerung zu stoppen, das Gewerbe mit den damit verbundenen 260 Arbeitsplätzen am Ort zu halten und die Grundversorgung der Dorfbewohner zu sichern. Im Rahmen des Aktionsplans „Wieren 2030" werden inzwischen zahlreiche Projekte umgesetzt; beispielsweise die Organisation einer mobilen Nahversorgung oder das Angebot von zahlreichen Ehrenamtlichen im Projekt „Zeitschenker". Um möglichst viele Bürger/innen an dem Prozess zu beteiligen und die Schwelle für eine Beteiligung niedrig zu halten, wurde keine feste Organisationsform wie etwa ein Verein gewählt.

In Mörz entstand mit der Gründung der Interessengemeinschaft Mörz e.V. eine gemeinsame Basis für die gemeinsamen Aktivitäten der Dorfgemeinschaft. Hier ist nicht nur die Restaurierung des alten Backhauses zum festen Treffpunkt mit Veranstaltungsraum gelungen, sondern auch traditionelle Feste konnten neu interpretiert und wiederbelebt werden. Zahlreiche weitere Projekte, wie zum Beispiel die Aktionen gegen Winterlangeweile, stärken nachhaltig die dörfliche Gemeinschaft.

NEUINTERPRETATION DES BÜRGERSCHAFTLICHEN ENGAGEMENTS

Nicht nur das Leben und Wirtschaften auf dem Land hat sich verändert, sondern auch die Formen und das Ausmaß des bürgerschaftlichen Engagements in kleinen Gemeinden wandeln sich. Diesen Wandel belegen zahlreiche Projekte, in denen sich einerseits Ansatzpunkte zur Professionalisierung des bürgerschaftlichen Engagements zeigen und andererseits auch eine Übernahme von Aufgaben stattfindet, die herkömmlich aus dem Kommunalhaushalt finanziert wurden. In der Folge kommt es auch zu neuen Formen der Kooperation in vielen kleinen Gemeinden.

Professionalisierung

Mit der Ausweitung der Aufgabenbereiche sowie der Angebote bürgerschaftlichen Engagements mit einer zunehmenden Zahl an Beteiligten wird es notwendig, stabile Strukturen in Organisation und Verwaltung aufzubauen, die imstande sind, komplexe Abrechnungen und Anträge zu bewältigen. Dabei werden oft feste Arbeitsplätze geschaffen, die beispielsweise auch Älteren die Möglichkeit bieten, ihre Fähigkeiten einzusetzen und/oder ihr Renteneinkommen aufzubessern.

Auf Grundlage des Arbeitskreises „Älter werden in Lenningen" wurden die Angebote des Vereins „Unser Netz e.V." stetig ausgebaut. Damit stiegen die Anforderungen an die Qualifikation der Mitarbeiter/innen vor allem rund um die Themen Demenz und Pflege an. Beispiele hierfür sind der Pflegestützpunkt, die Beratung zu rechtlichen und finanziellen Fragen, die Ausbildung von Demenzhelfern oder die Unterstützung der Bewohner/innen einer Seniorenwohnanlage und im Betreuten Wohnen zu Hause.

Auch im Hofheimer Land erweiterte sich im Laufe der Zeit das Aufgabenspektrum, so dass im Jahr 2014 ein „Allianzmanager" eingestellt wurde, um die vielfältigen Aufgaben zur Stärkung der Dorfzentren der Allianz zu bewältigen.

Im Ortsteil Dedinghausen hat der „Koordinationskreis Dorfentwicklung" für die Bewältigung seiner vielfältigen Aufgaben eine Teilzeitstelle geschaffen. Der Mitarbeiter hat moderierende und steuernde Funktionen und organisiert zusammen mit zahlreichen Bürgern lokale Projekte, wie z.B. eine Dorfladen-Genossenschaft, eine „Dorfuniversität", eine solidarisch organisierte Nachbarschaftshilfe oder das Projekt „Dorfgarten".

Neue Formen der Kooperation

Neue Formen der Zusammenarbeit zwischen Kommune und engagierter Bevölkerung sind vor allem dann erforderlich, wenn die kommunale Haushaltslage nur noch Pflichtaufgaben zulässt und/oder notwendige Investitionen nicht aus dem Kommunalhaushalt finanziert werden können. Durch bürgerschaftliches Engagement können Infrastrukturangebote aufrechterhalten werden, die sonst dem Rotstift zum Opfer fallen müssten, oder neue Angebote geschaffen werden, die von der Kommune nicht finanziert werden können. Bürgerliches Engagement – finanziell ebenso wie als aktive Mitarbeit – kann auch dazu beitragen, dass Projekte günstiger realisiert werden können als das für eine Kommune möglich wäre. Auch, weil die Kommune jedes Gewerk ausschreiben muss und nicht über Freiwillige verfügt, die sich nach Feierabend oder an Wochenenden engagieren. Bürgerschaftliches Engagement wird damit an vielen Stellen auch zum „Reparaturbetrieb" für örtliche Infrastruktur.

Insbesondere im Bereich der sozialen Infrastruktur und den damit verbundenen Dienstleistungen kann eine Zusammenarbeit zwischen Kommune und Bürgerschaft in der Form erfolgen, dass die Kommune finanzielle Hilfen übernimmt oder die für die Aktivitäten notwendige Infrastruktur an

Altes Backhaus "Alte Backes" mit Veranstaltungsraum in Mörz

Arbeiten im Dorfgarten Dedinghausen-Lippstadt

Räumen oder Gebäuden zur Verfügung stellt und so Grundlagen für Bürgerschaftliches Engagement schafft.

Der Sulzfelder Bürgerbahnhof ist ein Beispiel für eine Kooperation zwischen Kommune und Bürgerengagement, in dem Initiative und Hauptlast von den Bürgern getragen wurde. Ohne deren Ideen für die künftige Nutzung und ihr intensives Engagement bei der Renovierung des Bahnhofs wäre die Entstehung des Kulturbahnhofes nicht möglich gewesen. Neben den 7.000 ehrenamtlich geleisteten Arbeitsstunden waren es auch die 240 Mitglieder der Genossenschaft, die letztlich die Finanzierung des Sulzfelder Bahnhofes sicherten.

In der Hofheimer Allianz sind die Dorfgemeinschaftshäuser und die Dorfläden ein Beispiel für die Kooperation zwischen Kommune und Bürgern. Der zur Allianz gehörende Dorfladen in Aidhausen wurde mit Hilfe einer von Bürgern getragenen Genossenschaft gegründet. Auch an der Renovierung der Dorfgemeinschaftshäuser sind zahlreiche Bürger/innen beteiligt.

In der Gemeinde Langenfeld ist das Zusammenspiel zwischen Kommune und Bürgern beispielgebend. Zahlreiche soziale Aktivitäten wären ohne bürgerschaftliches Engagement in der kleinen Kommune nicht realisierbar.

Perspektiven der Weiterentwicklung

In einigen Projektbeispielen wird deutlich, dass sich Themen und Angebote verändern, indem sie an die Bedarfe der Bevölkerung angepasst werden und dabei neue Zielgruppen berücksichtigen. Ein Beispiel ist erneut die Bürgerinitiative „Wieren2030", die sich auch zum Ziel gesetzt hat, den Wegzug Jüngerer zu stoppen und den Zuzug von Familien zu fördern. Hierzu wurden verschiedene Themenfelder identifiziert und Maßnahmen entwickelt.

In der Gemeinde Jahmo standen zunächst Familien und Jüngere im Mittelpunkt der Aktivitäten. Künftig soll ein weiterer Schwerpunkt auf der älteren Generation liegen. Bei den Angeboten die vom Treffpunkt „Willkommen bei Erna" und vom Förderverein organisiert werden, spielt die Mitgliedschaft keine Rolle.

I. DIE ZUKUNFT VON KLEINEN GEMEINDEN

II. INITIATIVEN UND PROJEKTE

III. **THESEN**

IV. DER WETTBEWERB

V. PROJEKTDOKUMENTATION

ANHANG

Zehn Thesen zu Chancen und Perspektiven kleiner Gemeinden

1. Initiativen, Projekte und andere Beispiele des bürgerschaftlichen Engagements, der sozialen und hilfsbereiten Nachbarschaft sowie des Arbeitens, Lebens und Wirtschaftens in kleinen Gemeinden weisen eine große Vielfalt auf. Aufgrund der Orientierung an lokalen Situationen und eigenständiger Merkmale aus der Entwicklung der Initiativen und Projekte ist eine ideale Form im Sinne übertragbarer Standardlösungen ebenso wenig erkennbar wie in jedem Fall zu berücksichtigende Einzelaspekte.

2. Zahlreiche Gemeinschaften in kleinen Gemeinden befinden sich auf dem Weg, die Strukturen ihres sozialen Zusammenhaltes und ihre informelle Organisation sowie die Schwerpunkte und Ziele rund um die Lebensqualität in ihrem Ort neu zu definieren und neu zu entwickeln.

3. Qualitäten des Lebens und Wohnens in kleinen Gemeinden können auch unter veränderten gesellschaftlichen Rahmenbedingungen erhalten und für die Zukunft gesichert werden, wenn es gelingt, ein eigenes Qualitäts-und Attraktivitätsprofil für das Leben, Arbeiten und Wohnen in unserer Gesellschaft zu entwickeln und zu erhalten. So können auch Attraktivitätsvorteile für kleine Gemeinden im Wettbewerb mit größeren Städten und Agglomerationsräumen entstehen.

4. Initiativen und Projekte in kleinen Gemeinden können wichtige Infrastrukturangebote bewahren, eine Verbindung zwischen Tradition, Gegenwart und Zukunft herstellen, Potentiale lokaler Wertschöpfung erschließen und Perspektiven zur Stärkung kleiner Gemeinden als Lebensmittelpunkt sichern.

5. Vielen Initiativen und Projekten ist gemeinsam, dass ihr Ansatzpunkt aus erlebten, gefühlten oder auch nur erwarteten örtlichen oder regionalen Defiziten resultiert. Deren Hintergrund besteht vor allem aus demografischen Veränderungen, aus der wirtschaftlichen Entwicklung und aus der Versorgungssituation der Bevölkerung.

6. Kooperationen mit anderen Kommunen und deren Bevölkerung führen zu neuen Chancen für kleine Gemeinden, auch im Sinne einer Erweiterung von Inhalten und Möglichkeiten der eigenen wirtschaftlichen und sozialen Schwerpunkte. Daraus können auch neue, eigene Standortvorteile entstehen.

7. Die Bereitschaft, gemeinsam an der Entwicklung der Gemeinde, der sozialen Gemeinschaft und der lokalen Chancen und Potenzialen zu arbeiten, ist in vielen Projekten und Initiativen eine zentrale Voraussetzung für deren Umsetzung. Die gefühlte und gelebte Identität - das lokale und regionale Bewusstsein - ist ein weiterer Schlüsselfaktor für die Chancen und Optionen der zukünftigen Entwicklung.

8. Eine generationen- und herkunftsübergreifende Ausrichtung ist wichtig für die Verankerung der Initiativen und Angebote in der Dorfgemeinschaft. Eine Symmetrie des Gebens und Nehmens ist zwischen Jung und Alt ebenso erforderlich wie zwischen ansässiger und zugezogener Bevölkerung.

9. Entscheidend für den Erfolg eines Projektes sind die Begeisterung für eine Idee und die Partner, die sie mittragen. Die finanziellen Rahmenbedingungen sind nicht entscheidend, denn die erforderlichen Mittel lassen sich in der Regel durch gemeinsame, kreative Konzepte und Strategien erschließen, wenn das Projekt in der örtlichen Bevölkerung akzeptiert wird.

10. Flexible Förderprogramme, die spezifische Aufgaben und Bedingungen vor Ort berücksichtigen, können eine große Hilfe bei der Projektrealisierung und bei der Öffentlichkeitsarbeit sein.

I. DIE ZUKUNFT VON KLEINEN GEMEINDEN

II. INITIATIVEN UND PROJEKTE

III. THESEN

IV. DER WETTBEWERB

V. PROJEKTDOKUMENTATION

ANHANG

Der Wettbewerb der Wüstenrot Stiftung

Der Wettbewerb Land und Leute | Unsere Zukunft in kleinen Gemeinden – Gemeinschaftlich, Innovativ, Wertvoll und Wertschöpfend wurde von der Wüstenrot Stiftung im Frühjahr 2014 in Deutschland bundesweit ausgeschrieben. Schwerpunkt der Auslobung war der Versand einer gedruckten vierseitigen Ausschreibung an alle Städte und Gemeinden in Deutschland. Weitere Ausschreibungen wurden mit einem Begleitbrief an mögliche Multiplikatoren verschickt, beispielsweise an Bundes- und Landesministerien, Gemeindetage, Verbände, Netzwerkagenturen, Beratungsstellen, Fachleute, Wissenschaftler/innen und Arbeitskreise. Sie wurden gebeten, die Ausschreibung an Gemeinden und Initiativen in ihrem Tätigkeitsfeld weiter zu geben, auf die das Wettbewerbsthema zutreffen könnte.

Insgesamt wurden rund 20 000 gedruckte Ausschreibungen verteilt; außerdem gab es redaktionelle Hinweise auf den Wettbewerb in Fachzeitschriften und als Ergebnis einer bundesweiten Pressemitteilung. Die digitale Form der Auslobung wurde per Email verschickt und konnte im Internet heruntergeladen werden.

Die Ausschreibung umfasste die wichtigsten inhaltlichen und organisatorischen Informationen zum Wettbewerb: Die Beschreibung der Wettbewerbsaufgabe, die Ziele des Wettbewerbs, die Zusammensetzung des unabhängigen Preisgerichtes, die Erwartungen an die einzureichenden Wettbewerbsbeiträge, die vorgesehenen Prämierungen, die Aufteilung des Preisgeldes, die Kriterien für die Bewertung der Wettbewerbsbeiträge und die formalen Teilnahmebedingungen. Einsendeschluss war der 19. Mai 2014. Mit der organisatorischen Durchführung und der Vorprüfung der Wettbewerbseinsendungen beauftragte die Wüstenrot Stiftung die Arbeitsgruppe für Sozialplanung und Altersforschung (AfA) aus München.

In der gedruckten Form der Ausschreibung war eine Antwortpostkarte enthalten, mit der ein gesonderter Fragebogen angefordert werden konnte, der für Gemeinden und Initiativen, die an einer Teilnahme interessiert waren, weitere Hinweise zu Inhalt und Struktur der erforderlichen Wettbewerbseinsendungen enthielt. Dieser Fragebogen sollte dazu dienen, eine vergleichbare und bewertungsfähige Informationsgrundlage zu den Einsendungen herzustellen.

Insgesamt 240 Einsendungen wurden fristgerecht zum Wettbewerb eingereicht. Die Einsendungen wurden von der Vorprüfung gesichtet, gegebenenfalls durch Nachfragen vervollständigt und in einer vergleichbaren Form für die erste, mehrtägige Sitzung des Preisgerichtes vorbereitet. Zwischen der ersten und der zweiten Jurysitzung wurden alle Einsendungen der in der ersten Sitzung

Stadtorchester im Schlosspark in Lütetsburg. Vorprogramm mit historischen Musikinstrumenten

Einkäufe während des Weihnachtsmarktes im „Regionalladen Unikum" in Altenkirchen

erfolgten *Engeren Wahl* im Auftrag des Preisgerichtes durch die Vorprüfung und ein Jurymitglied jeweils vor Ort besucht, um weitere Informationen für die endgültige Bewertung im Rahmen des Wettbewerbs zu erhalten. Die Erkenntnisse aus den Besuchen vor Ort wurden in der zweiten Jurysitzung dann für die Entscheidung über die Vergabe der Prämierungen als zusätzliche Informationen herangezogen. Über den Verlauf und die Ergebnisse der beiden Jurysitzungen wurde ein Gesamtprotokoll angefertigt, das mit dieser Dokumentation veröffentlicht wird.

ÜBERSICHT ÜBER DIE EINSENDUNGEN

Die 240 Einsendungen geben einen umfassenden Einblick in die Fragestellung des Wettbewerbs. Sie zeigen auch, wie vielfältig die Ansätze sind, mit denen sich die Gemeinden den Herausforderungen stellen. Auf Grundlage der Einsendungen wurden acht verschiedene thematische Kategorien gebildet. Sie verdeutlichen die verschiedenen Optionen von kleinen Gemeinden, unter den Gesichtspunkten „gemeinschaftlich, innovativ, wertvoll und wertschöpfend" ihre Zukunft zu gestalten:

- Lokale Netzwerkstrukturen aufbauen und stärken
- Dorfgemeinschaft stärken
- Leerstehende Gebäude mit neuem Leben füllen
- Neue oder zusätzliche Wertschöpfung generieren
- Infrastruktur schaffen, erhalten und verbessern
- Wohnprojekte initiierten, realisieren und begleiten
- Angebote rund um Bildung, Kunst und Kultur initiieren und unterstützen
- Regionale Vernetzung aufbauen und stärken

Zur Kategorie **Lokale Netzwerkstrukturen** konnten 39 Einsendungen gezählt werden. Sie beschäftigen sich mit der Verbesserung von sozialen Situationen in den Gemeinden unter Einbezug möglichst vieler Bürger/innen. Die meisten Projekte (28) wenden sich an die gesamte Bürgerschaft. Dabei geht es um:
- Mehrgenerationenhäuser
- Bündnisse für Familie
- Quartierstreffpunkte
- Nachbarschaftshilfen.

Sechs Einsendungen zum Aufbau von Netzwerkstrukturen wenden sich gezielt an ältere Menschen, in Form von
- Generationennetzwerken
- Seniorengenossenschaften

Auch spezielle Projekte für Kinder und Jugendliche in besonderen Lebenslagen wurden eingesandt (2). Drei Einsendungen behandeln das Thema Mobilität, darunter ein Projekt „Bürger fahren Bürger mit dem Elektroauto".

Die Kategorie **Stärkung der Dorfgemeinschaft** umfasst 45 Einsendungen. Diese Kategorie ist thematisch mit der Kategorie „Lokale Netzwerkstrukturen" verwandt, weshalb es Überschneidungen gibt. Viele Einsendungen in dieser Kategorie beschäftigen sich mit der Frage, wie die Auswirkungen des demografischen Wandels positiv beeinflusst werden können. Meist geht es um einen absehbaren Rückgang der Bevölkerungszahl; eher eine Ausnahme sind Einsendungen, die sich aufgrund eines hohen Zuzugsdruckes Gedanken über ihre Identität machen. Eine Reihe von Gemeinden entwickelte Dorfentwicklungskonzepte (19), mit vielfältigen Themen wie:
- Wirtschaftsförderung
- Baugestaltung
- Soziale Infrastruktur.

Im Vordergrund stehen dabei:
- Umnutzung nicht mehr benötigter Infrastruktur (4)
- Dorfplatzgestaltung bzw. Gestaltung von Freiräumen, Verbesserung der Aufenthaltsqualität öffentlicher Räume (8)
- Belebung von Ortskernen (z.B. durch Kultur- / Begegnungs- und Dorfgemeinschaftshäuser (5).

Weitere Aktivitäten der Gemeinden zur Stärkung der Dorfgemeinschaft sind vielfältige Veranstaltungen und Projekte, wie die Initiierung von Stammtischen, Demenzkampagnen, Ortsbegehungen,

Aktionstagen, Kunst- und Kulturveranstaltungen u.v.m. Manche Gemeinden haben Schwerpunkte wie schnelles Internet, Nahversorgung, Prävention, Gesundheitsbewusstsein oder Leerstandsmanagement. Einige wenige Einsendungen (3) beschäftigen sich hauptsächlich mit Jugendlichen, andere (2) mit Älteren.

Die Konzeptentwicklung erfolgt teilweise durch professionelle Unterstützung von außen, vielfach aber durch Bürgergruppen, Fördervereine oder Initiativen. Bürgerbeteiligungsverfahren wie Workshops oder Bürgerforen nehmen in dieser Kategorie einen breiten Raum ein.

Die Kategorie Gebäude umfasst 32 Einsendungen. Dabei geht es in erster Linie um die Umnutzung, aber auch um den Erhalt der Nutzung von vorhandenen Liegenschaften, beispielsweise Kirchen, Backhäuser, Mühlen oder Klöster. Bei sieben Einsendungen konnten die Gebäude saniert und damit auch regionales Wissen und Tradition erhalten werden. Bei drei weiteren Einsendungen wurde zusätzlich ein Museum integriert, um zusätzlich die Geschichte der Gebäude bzw. der Gemeinden zu präsentieren, darunter ein Kloster und eine ehemalige Synagoge.

Bei 18 Einsendungen konnte die ursprüngliche Nutzung aufgrund des baulichen Zustands, hoher Unterhaltskosten oder fehlendem Bedarf nicht erhalten werden. Meist werden diese Gebäude (z. B. Bahnhofsgebäude, Schulen oder alte Bauernhöfe und Scheunen) nun als soziale Treffpunkte oder für kulturelle Veranstaltungen genutzt.

„Gedächtnistraining" im Seniorentreff Hohenhammeln

Altes Stallgebäude Förderverein Jahmo e.V.

Alte Dampflok vor dem Gesundheitsbahnhof Harsdorf   Nahversorgung in Bürgerhand in Uffenheims Altstadtmarkt

Die Kategorie **Wertschöpfung generieren** umfasst 14 Einsendungen. Bei fünf Einsendungen stand die Gewinnung von Wärme und Strom unter Einbindung der Dorfgemeinschaft im Vordergrund. Eine nachhaltige Lösung der Abwasserentsorgung mit hoher Eigenleistung durch die Bürgerschaft wurde von einer Gemeinde eingereicht. Weitere Projekte in dieser Kategorie kamen aus dem Themenspektrum

- Tourismus
- Verkaufsförderung
- Instandsetzung einer Eisenbahnstrecke
- Waldbewirtschaftung
- Betreuungsangebote für Kinder, zu besseren Vereinbarkeit von Familie und Beruf
- Bau von barrierefreien Wohnungen

In einigen Fällen wurden Genossenschaften gegründet, um die Ziele zu erreichen.

Die Kategorie **Infrastruktur schaffen, erhalten und verbessern** umfasst 32 Einsendungen. Die meisten Einsendungen in dieser Kategorie beschäftigten sich mit folgenden Punkten:

- Nahversorgung
- Aufbau von Dorfläden
- Innenstadtmärkte
- Ärztehaus zur Verbesserung der medizinischen Versorgung.

Vier Gemeinden bewarben sich mit dem Thema „Erhalt von Freibädern". Zudem fielen in diese Kategorie (zum Teil erst in Planung befindliche) Konzepte, die mehrere Themen berücksichtigten, z.B. Aufbau eines Dorftreffs mit Dorfladen und Wohnangeboten.

Die Kategorie **Wohnprojekte** umfasst 12 Einsendungen. Die meisten Einsendungen beschäftigten sich mit generationenübergreifenden Wohnprojekten für

- Familien
- Seniorinnen und Senioren
- Menschen mit Behinderungen

Ein Projekt stellt die Idee des Zusammenlebens von Älteren in Gastfamilien vor, unterstützt und betreut durch eine Fachstelle.

Die Kategorie **Bildung, Kunst und Kultur** umfasst 52 Einsendungen mit einem breiten Spektrum an Einsendungen. Sie haben gemeinsam, dass sie jeweils auf ihre spezifische lokale Situation aufbauen:

- Aufbau von Heimatmuseen oder Bibliotheken
- Leseveranstaltungen (Kinder und Jugendliche)
- Erhalt und Wissensvermittlung von Traditionen / traditionellem Handwerk
- Erhalt von historischen Gebäuden.

Zahlreiche Einsendungen beschäftigen sich mit Kunst- oder Musikveranstaltungen, in vielen Fällen mit lokalem Bezug. Darunter sind:

- Kunstausstellungen
- Theater- und Kreativgruppen
- Kunstwanderwege
- Festspiele
- Freiluftaufführungen
- Aufbau von Kulturzentren

Einige Einsendungen haben sich für den Schwerpunkt Ökologie entschieden.

Die Kategorie **Regionale Vernetzung** umfasst 14 Einsendungen; auch hier sind die Themen unterschiedlich. Zwei Einsendungen beschäftigen sich mit Mobilität, zwei weitere mit der Lebenssituation von Älteren. Weitere Einsendungen haben den demographischen Wandel als Ausgangspunkt einer kommunalen Zusammenarbeit und kommunaler Netzwerke gewählt.

Die bundesweite Auslobung

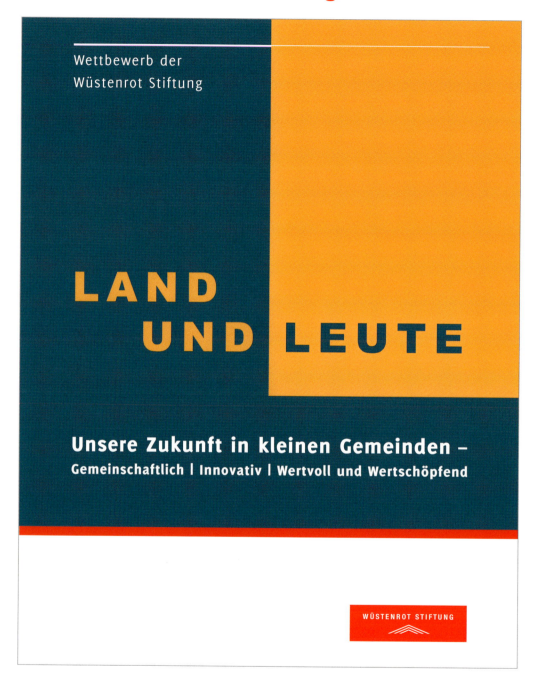

UNSERE ZUKUNFT IN KLEINEN GEMEINDEN –
Gemeinschaftlich | Innovativ | Wertvoll und Wertschöpfend

Der Alltag und das Leben in kleinen Gemeinden verändern sich. Die Auswirkungen des in Deutschland bereits rasch fortschreitenden, umfassenden demografischen Wandels werden hier häufig mit besonderer Dynamik wirksam. Ähnlich verhält es sich mit zahlreichen wirtschaftsstrukturellen Veränderungen; deshalb werden die Entwicklungsperspektiven kleiner Gemeinden pauschal oft als geringer eingestuft als die Zukunftsaussichten der Städte.

Zugleich tragen die allgemein zunehmende Individualisierung und die weite Verbreitung neuer Lebensentwürfe zu einer wachsenden Attraktivität urbaner Lebensweisen bei und begünstigen so ebenfalls die zukünftige Entwicklung der Städte. Hinzu kommt, dass viele Jüngere anlässlich ihrer Ausbildung oder für ihren Start ins Berufsleben in größere Städte ziehen und anschließend da bleiben. Dies beschleunigt die demografischen Veränderungen in den kleineren Gemeinden noch einmal zusätzlich, vor allem in den ländlichen und peripheren Regionen.

- Hat das Lebensmodell des Arbeitens und Wohnens in kleinen Gemeinden deshalb bald nur noch eine marginale Bedeutung oder ist es in absehbarer Zukunft sogar ganz im Verschwinden begriffen?
- Sind kleine Gemeinden nur noch als Schlafstätten für Pendler überlebensfähig, denen es aufgrund wachsender Pendeldistanzen immer schwerer fällt, am Leben und an der Gemeinschaft in den kleinen Gemeinden teilzunehmen?
- Lösen sich traditionelle dörfliche Gemeinschaften mangels Nachwuchs nach und nach auf, weil es für sie an Zukunftsperspektiven und an Modellen für eine Anpassung an veränderte Lebensentwürfe und für eine Integration individueller Bedürfnisse fehlt?

Nein. Denn trotz der tatsächlich oft schwierigen Rahmenbedingungen und ungeachtet der zahlreichen Herausforderungen, die aus einer besonders hohen Veränderungsdynamik entstehen, finden viele kleine Gemeinden und Dorfgemeinschaften einen eigenen Weg zwischen Tradition und Zukunft. Als Grundlage für diesen Weg werden häufig neue Formen der Kooperation gewählt, sowohl in der Organisation des beruflichen Alltags als auch bei individuellen Bedürfnissen und Neigungen. Neu geschaffene Netzwerke dienen auch der Verwirklichung gemeinsamer Interessen und der Sicherung wichtiger Facetten der privaten Lebensqualität; sie unterstützen die Erhaltung einer gemeinsamen Identität und tragen zur weiteren Entwicklung des ganzen Ortes bei.

DER WETTBEWERB

Die Wüstenrot Stiftung sucht mit einem neuen Wettbewerb „Land und Leute" nach Konzepten und Modellen, die aus einer Verbindung von Kooperation, Tradition und Innovation beispielhaft für die Entwicklung in kleinen Gemeinden stehen können. Dabei geht es um alle Arten der Überführung der in kleinen Gemeinden traditionell vorhandenen Gemeinschaft in neue Formen von gemeinsamer Identität und sozialer Nachbarschaft.

Ein wichtiger Aspekt dabei ist die Aufgabe, neue Chancen und Formen lokaler und/oder regionaler Wertschöpfung entwickeln zu können; sie sind ein wichtiger Baustein für die zukünftige Attraktivität des Arbeitens, Lebens und Wohnens in kleinen Gemeinden. Dazu kann der Erhalt von Infrastruktur und Nahversorgung gehören, beispielsweise in neuen Genossenschaften; oder lokale Kooperationen zur Entwicklung und Stärkung der örtlichen Attraktivität, beispielsweise in den Bereichen Mobilität und Tourismus; oder neue Dienstleistungsangebote zur Stärkung der

PREISGERICHT
Prof. Dr. Henning **Bombeck**, Universität Rostock
Dr. Sebastian **Elbe**, SPRINT wissenschaftliche Politikberatung, Darmstadt
Bürgermeisterin Kriemhild **Kant**, Balow
Dr. Stefan **Krämer**, Wüstenrot Stiftung, Ludwigsburg
Anne **Ritzinger**, Akademie für Raumforschung und Landesplanung, Hannover
Renate **Rüd**, Kunst-im-Dorf, Oberhembach
Prof. Dr. Annette **Spellerberg**, Technische Universität Kaiserslautern

> **KRITERIEN FÜR DIE BEWERTUNG DER WETTBEWERBSBEITRÄGE**
> Im Rahmen des Wettbewerbs werden für eine Bewertung neuer Konzepte und Modelle sowie der aus ihnen entstehenden Angebote folgende Kriterien zugrunde gelegt:
> - Die Angebote verbessern die Attraktivität und die Qualität des Alltags und des Lebens in kleinen Gemeinden
> - Die Angebote tragen dazu bei, dass ein Brückenschlag zwischen Tradition und Zukunft entstehen kann und der soziale Zusammenhalt in kleinen Gemeinden gestärkt wird
> - Die Angebote und Modelle helfen dabei, lokal verfügbare Infrastruktur zu erhalten, auszubauen oder neu zu schaffen (z.B. in Form von Genossenschaften, Kooperationen, Netzwerken und regionalen Bündnissen)
> - Die Angebote, Konzepte und Modelle ermöglichen es, neue Formen und Potenziale für eine lokale und/oder regionale Wertschöpfung zu erschließen
> - Die Angebote, Konzepte und Modelle basieren auf einem gemeinsamen Engagement von Bürgerinnen und Bürgern und/oder in Verbindung mit der Gemeindeverwaltung und/oder örtlichen Unternehmen und/oder regionalen Partnern und Bündnissen …
> - Aus den Angeboten, Konzepten und Modellen entstehen neue Perspektiven zur Stärkung des Ortszentrums und zur Ertüchtigung oder Revitalisierung vorhandener Bausubstanz.

Lebensqualität in kleinen Gemeinden, beispielsweise auf den Gebieten von Bildung, Kunst und Kultur. Gerade die Chancen einer lokalen und/oder regionalen Wertschöpfung zählen zu den zentralen Voraussetzungen einer nachhaltigen Entwicklung in kleinen Gemeinden, weil sie nicht nur die Attraktivität des Dorfes als Wohn- und Arbeitsstandort erhöhen, sondern zugleich auch ein größeres Maß an Unabhängigkeit gegenüber unflexiblen Förderprogrammen ermöglichen und außerdem die soziale Gemeinschaft sowie den gegenseitigen Zusammenhalt insgesamt stärken.

Mit dem Wettbewerb möchte die Wüstenrot Stiftung das breite Spektrum von Angeboten und Konzepten auf diesem Gebiet öffentlich machen und auf die vielfältigen Chancen hinweisen, die daraus für die zukünftige Entwicklung von kleinen Gemeinden entstehen können. Die anschließende Dokumentation und Verbreitung der Ergebnisse soll andere Kommunen und deren Bewohner/innen anregen und ermuntern, vergleichbare eigene Wege zu gehen.

WETTBEWERBSBEITRÄGE

Der Wettbewerb zielt auf die Ebene kleiner Gemeinden, Ortsteile und Städte in Deutschland mit bis zu 5.000 Einwohnern und auf regionale Bündnisse. Aufgerufen zu einer Beteiligung am Wettbewerb sind alle Kommunen und alle anderen Träger von Angeboten, die in den genannten Bereichen einen Beitrag zur weiteren Entwicklung der örtlichen Gemeinschaft, zur Erhaltung der Lebensqualität und zur Stärkung der Gemeinschaft und lokalen Wertschöpfung leisten. Eingereicht werden können unabhängig von ihrer Trägerschaft alle Formen von Angeboten, Konzepten und Modellen, die den Kriterien des Wettbewerbes entsprechen. Nach der Prüfung der formalen Voraussetzungen werden die Einsendungen vom Preisgericht in ihrer inhaltlichen Übereinstimmung mit der Wettbewerbsaufgabe bewertet.

PRÄMIERUNGEN

Als Gesamtpreissumme stehen 25.000 Euro zur Verfügung. Vorbehaltlich der endgültigen Entscheidung im Preisgericht verteilt sich die Preissumme auf folgende Prämierungen:
- den Preis des Wettbewerbs mit 10.000 Euro
- zwei Auszeichnungen mit je 5.000 Euro
- fünf Anerkennungen mit je 1.000 Euro.

Die Geldpreise erhalten die örtlich zuständigen Kommunen als zweckbezogene Zuwendung zugunsten der prämierten Einsendungen oder direkt die Träger der Angebote, Konzepte und Modelle, sofern sie als gemeinnützig anerkannt sind. In der Organisation und Durchführung des Wettbewerbs wird die Wüstenrot Stiftung von der Arbeitsgruppe für Sozialplanung und Altersforschung (München) unterstützt. Die Bewertung der Wettbewerbseinsendungen erfolgt durch ein fachübergreifend zusammengesetztes und in seiner Entscheidung unabhängiges Preisgericht.

PREISVERLEIHUNG UND DOKUMENTATION

Die Preisverleihung findet im Rahmen einer öffentlichen Veranstaltung statt. Die prämierten Einsendungen werden in einer Dokumentation und in Form einer Wanderausstellung veröffentlicht.

EINSENDUNGEN

Die Einsendungen sind zu richten an die von der Wüstenrot Stiftung mit der Durchführung des Wettbewerbes beauftragte Arbeitsgruppe für Sozialplanung und Altersforschung (AfA):
Arbeitsgruppe für Sozialplanung und Altersforschung (AfA)
Postfach 60 01 41
81201 München
Tel.: 089 / 89 62 30-44
info@afa-sozialplanung.de
www.afa-sozialplanung.de

An einer Teilnahme interessierte Kommunen und Initiativen können mit der beigefügten Antwortkarte bei der Arbeitsgruppe für Sozialplanung und Altersforschung (AfA) einen Fragebogen anfordern, der bei der Zusammenstellung der für den Wettbewerb benötigten Informationen hilft.

Einsendeschluss ist der 19. Mai 2014 (Eingang oder Poststempel).

TEILNAHMEBEDINGUNGEN

Mit der Teilnahme werden die in dieser Auslobung festgelegten Bestimmungen und das zugrunde liegende Wettbewerbsverfahren anerkannt. Die Entscheidung des Preisgerichtes ist endgültig und nicht anfechtbar. Der Rechtsweg ist ausgeschlossen. Die eingereichten Unterlagen bleiben Eigentum der Einsender. Die Wüstenrot Stiftung erhält jedoch das Recht, die eingereichten Unterlagen im Rahmen der Dokumentation und der sonstigen Veröffentlichung der Wettbewerbsergebnisse honorarfrei unter Namensnennung der Verfasser zu veröffentlichen. Die dafür notwendigen Unterlagen stellen die Teilnehmer honorarfrei zur Verfügung. Sämtliche Unterlagen werden auf Anfrage wieder an die Einsender zurückgesandt. Sollten trotz sorgfältiger Behandlung dennoch Beschädigungen auftreten, so kann dafür keine Haftung übernommen werden, ebenso wenig bei einem Verlust.

AUSLOBER

Wüstenrot Stiftung
Hohenzollernstraße 45
71630 Ludwigsburg
info@wuestenrot-stiftung.de
www.wuestenrot-stiftung.de

ERSTE SITZUNG DER JURY AM 28. UND 29. AUGUST 2014

Protokoll der ersten Jurysitzung

ANWESENDE JURYMITGLIEDER

- Prof. Dr. Henning **Bombeck**, Universität Rostock
- Dr. Sebastian **Elbe**, SPRINT Wissenschaftliche Politikberatung, Darmstadt
- Bürgermeisterin Kriemhild **Kant**, Balow
- Dr. Stefan **Krämer**, Wüstenrot Stiftung, Ludwigsburg
- Anne **Ritzinger**, Akademie für Raumforschung und Landesplanung, Hannover
- Renate **Rüd**, Kunst im Dorf, Oberhembach
- Prof. Dr. Annette **Spellerberg**, Technische Universität Kaiserslautern

ANWESENDE MITGLIEDER DER VORPRÜFUNG

- Dieter **Kreuz**
- Anja **Preuß**
- Sabine **Wenng**

EINFÜHRUNG

Dr. Stefan Krämer begrüßt die Anwesenden im Namen der Wüstenrot Stiftung und dankt ihnen für ihre Bereitschaft, an diesem Wettbewerb mitzuwirken. Er gibt einen kurzen Überblick zum bisherigen Vorgehen bei der Durchführung dieses Wettbewerbs und zu den Inhalten und Zielen der Wettbewerbsreihe „Land und Leute".

Zur Struktur dieser Wettbewerbe gehört:

- Es wird ein formales (Ergebnis-)Protokoll erstellt, das in der Buchdokumentation zum Wettbewerb veröffentlicht wird, um Verfahren und Ergebnisse auch für Dritte transparent zu gestalten. Die Protokollführung übernimmt die Vorprüfung.
- Die Jurymitglieder verpflichten sich, abseits des Protokolls, zur Verschwiegenheit über die Inhalte der Sitzung.
- Die Jurymitglieder informieren darüber, wenn Sie in ein Projekt involviert sind oder sich aus einem anderen Grund bei einer Entscheidung befangen sind.

Die Vorprüfung hat zur Vorbereitung der Jurysitzung den Auftrag erhalten, die Beiträge ohne Wertung zu sichten und vorzubereiten. Aus Gründen der leichteren Vergleichbarkeit werden die Wettbewerbsbeiträge in der Reihenfolge ihrer Vorstellung sieben Kategorien zugeordnet:

- Aufbau von Netzwerken
- Förderung der örtlichen Gemeinschaft
- Nutzung von Gebäuden
- Örtliche Wertschöpfung
- Ausbau der örtlichen Infrastruktur
- Wohnen
- Kulturelle Aktivitäten.

Als Ziel der 1. Jurysitzung schlägt Dr. Krämer vor, 20 bis 25 Wettbewerbsbeiträge für eine engere Wahl auszuwählen, die dann vor Ort besucht werden, um weitere Informationen und Eindrücke hinsichtlich der Wettbewerbskriterien zu gewinnen. In den bisherigen Wettbewerben wurden aus den Beiträgen in der Engeren Wahl in der zweiten Jurysitzung dann auch die Prämierungen ausgewählt. Eine Vorentscheidung ist damit allerdings nicht verbunden, da alle Einsendungen bis zur endgültigen Entscheidung der Jury im Wettbewerbsverfahren verbleiben. Ebenfalls üblich war es bei den bisherigen Wettbewerben, dass die Einsendungen der Engeren Wahl in die Wanderausstellung der Wettbewerbsergebnisse aufgenommen werden.

V.l.n.r.: Anne Ritzinger, Stefan Krämer, Annette Spellerberg, Kriemhild Kant, Sebastian Elbe, Renate Rüd, Henning Bombeck

WAHL DES VORSITZES

Als Vorsitzende wird aus dem Kreis der Jurymitglieder Prof. Dr. Annette Spellerberg vorgeschlagen; bei eigener Enthaltung wird Prof. Dr. Spellerberg einstimmig zur Juryvorsitzenden gewählt.

ERSTER DURCHGANG

Prof. Dr. Spellerberg bedankt sich für das mit der Wahl verbundene Vertrauen. Sie schlägt eine kurze Vorstellungsrunde der Jurymitglieder und der Vorprüfer vor, da sich nicht alle Beteiligten bisher persönlich kennen.

Anschließend erörtern die Jurymitglieder gemeinsam die in der Wettbewerbsausschreibung enthaltenen Kriterien, die für die Bewertung der Beiträge im Rahmen dieses Wettbewerbs vorgesehen sind:

- Die Angebote verbessern die Attraktivität und die Qualität des Alltags und des Lebens in kleinen Gemeinden.
- Die Angebote tragen dazu bei, dass ein Brückenschlag zwischen Tradition und Zukunft entstehen kann und der soziale Zusammenhalt in kleinen Gemeinden gestärkt wird.
- Die Angebote und Modelle helfen dabei, lokal verfügbare Infrastruktur zu erhalten, auszubauen oder neu zu schaffen.
- Die Angebote Konzepte und Modelle ermöglichen es, neue Formen und Potenziale für eine lokale und/oder regionale Wertschöpfung zu erschließen.
- Die Angebote Konzepte und Modelle basieren auf einem gemeinsamen Engagement von Bürgerinnen und Bürgern und/oder in Verbindung mit der Gemeindeverwaltung und/oder örtlichen Unternehmen und/oder regionalen Partnern und Bündnissen.
- Aus Angeboten, Konzepten und Modellen entstehen neue Perspektiven zur Stärkung des Ortszentrums und zur Ertüchtigung oder Revitalisierung vorhandener Bausubstanz.

Prof. Dr. Spellerberg bittet sodann die Vorprüfung um eine erste, weiterhin neutrale Vorstellung der zum Wettbewerb eingereichten Beiträge.

BERICHT DER VORPRÜFUNG

Sabine Wenng stellt die zugrunde gelegten Gliederungspunkte in den einzelnen Kategorien vor und erläutert den Ablauf der Projektvorstellungen. Sie weist darauf hin, dass für jeden eingesandten Beitrag eine Darstellung der wichtigsten Eckpunkte und Wirkungen vorliegt. Grundlage hierfür ist der von den Projekten ausgefüllte Fragebogen.

Anja Preuß, Dieter Kreuz

Als Eckpunkte wurden ausgewählt:
- Lage
- Einwohnerzahl der Stadt / Gemeinde
- Träger des Projekts
- Zielgruppe / Einzugsbereich
- Bürgerbeteiligung bzw. Beschäftigte
- Finanzierung
- Folgende Wirkungen aus den Angaben im Fragebogen sind dargestellt:
- Besonderes gemeinsames Engagement
- Lokale Wertschöpfung
- Stärkung und Weiterentwicklung der örtlichen Gemeinschaft
- Verknüpfung von Tradition und Zukunft.

In diesen Kategorien werden zunächst nur vier Kriterien aus der Ausschreibung unmittelbar berücksichtigt; die weiteren zwei Kriterien können besser aus der Beschreibung der Beiträge erschlossen werden:
- Erhalt der lokal verfügbaren Infrastruktur bzw. deren Ausbau oder Neuschaffung ist direkt aus der Projektbeschreibung zu ersehen;
- Das gleiche gilt für den Punkt, ob durch die Angebote, Konzepte und Modelle neue Perspektiven zur Stärkung des Ortszentrums und zur Ertüchtigung bzw. Revitalisierung vorhandener Bausubstanz entstehen.

VORSTELLUNG DER WETTBEWERBSBEITRÄGE

Nach dieser Einführung werden die Wettbewerbsbeiträge jeweils einzeln durch die Vorprüfung vorgestellt. Die Jurymitglieder vervollständigen die Informationen durch eigene Nachfragen, die vor allem zu einer detaillierteren Einschätzung dienen. Hierzu werden bei Bedarf auch die Originalunterlagen der Einsendungen mit herangezogen.

Im ersten Durchgang wird von der Jury eine Positivauswahl getroffen. Als Verfahren wird vereinbart, dass alle Einsendungen in die nächste Runde des Wettbewerbs aufgenommen werden, für die zumindest ein Jurymitglied votiert. Grundsätzlich besteht während des gesamten weiteren Verlaufes der Sitzungen die Möglichkeit, dass jedes Jurymitglied nicht mehr weiter diskutiere Einsendungen wieder für eine dann mehrheitliche Entscheidung zurückholen kann.

Nach ausführlicher Erörterung und jeweils einzelner Abstimmung pro Einsendung werden 104 Beiträge in den zweiten Durchgang des Wettbewerbs aufgenommen.

ZWEITER DURCHGANG

Im zweiten Durchgang werden diese 104 Einsendungen erneut ausführlich von den Jurymitgliedern diskutiert. Für zahlreiche Beiträge werden von den Jurymitgliedern und der Vorprüfung weitere, detaillierte Informationen aus den vorliegenden Originalunterlagen erschlossen.

In dieser Bewertungsrunde wird über jede Einsendung nach dem Mehrheitsprinzip abgestimmt; Einsendungen mit vier und mehr Stimmen werden in den dritten Durchgang aufgenommen. Nach den Kategorien geordnet stellt sich das Ergebnis dieser Runde wie folgt dar:

Kategorie	Gesamt	max. 3 Stimmen	4 und mehr Stimmen
Netzwerk	20	7	13
Gemeinschaft	19	7	7
Gebäude	13	5	8
Wertschöpfung	11	5	3
Vernetzung	7	1	4
Infrastruktur	11	2	3
Wohnen	2	0	0
Kultur	21	10	4
Gesamt	104	37	42

DRITTER DURCHGANG

Für den dritten Durchgang versuchen die Jurymitglieder auf Vorschlag der Vorsitzenden, nun bis zu 25 Einsendungen auszuwählen, die dann als Engere Wahl vor Ort besucht werden sollen. Im Rahmen dieser Besuche solle nicht nur überprüft werden, inwieweit die Angaben der eingesandten Unterlagen zutreffen und die benannten Projekte den in der Ausschreibung formulierten Bewertungskriterien entsprechen, sondern auch zusätzliche weitere Eindrücke und Informationen erhoben werden, die dann für die Entscheidung über die Verteilung der Prämierungen mit berücksichtigt werden können.

Die im zweiten Durchgang mit Stimmenmehrheit der Jurymitglieder ausgewählten Einsendungen werden nun erneut intensiv diskutiert; hierzu werden nicht nur die eingesandten Unterlagen herangezogen, sondern auch weitere Informationen, beispielsweise aus dem Internet oder Kenntnisse der Jurymitglieder, beispielsweise zu Förderprogrammen, berücksichtigt.

Nach dieser intensiven Erörterung werden in Einzelabstimmung (Stimmenmehrheit) aus den im dritten Durchgang verbliebenen Beiträgen nun 24 Einsendungen ausgewählt, die die Bewertung als Engere Wahl erhalten.

EINSENDUNGEN IN DER ENGEREN WAHL

Seite	Nummer	Name	Anzahl der Stimmen
228	5	Hofheimer Land – Eine Allianz für lebendige Ortsmitten	5
114	17	Der Sulzfelder Bürgerbahnhof – ein Bürgerprojekt von Anfang an	7
45	32	Gemeinde Wahlhausen	5
229	46	Ostfriesische Landschaft	7
131	50	UNIKUM – Der Regionalladen	7
116	61	Lebendiges Dechow	7
52	70	Langenfeld – Aufbruch in die Zukunft	7
54	74	Gemeinsam Zukunft schaffen	6
218	85	Schlosspark Serenade in Lütetsburg	4
127	90	Garten und Landschaftspark Rosarium	4
138	93	Gesundheitsbahnhof Harsdorf	6
14	99	Hand in Hand – eine starke Gemeinschaft für mehr Lebensqualität	6
233	117	Bohnetaler Muke(l)tiere	6
125	121	Regional versorgt – Energie und Nahversorgung in Bürgerhand eG	7
67	131	Das Projekt Mörz	5
71	146	Willkommen bei Erna	5
2	152	Netzwerk zur Koordination sozialer Aufgaben	7
151	153	Garten der Generationen	6
238	156	Altersgerechtes Wohnen und Wiederbelebung der ländlichen Bausubstanz	5
207	207	Kreativstammtisch Mecklenburg	6
196	208	Geschichte er-leben auf der Route 900	7
33	216	Renaturierung altes Freibad Ründeroth zu einem Mehrgenerationenpark	6
158	220	Mehrgenerationenwerkstatt mit Dorfladen	5
83	236	Wieren2030 – Eine Dörfergemeinschaft packt an	7

Als Termin für die 2. Jurysitzung nach Durchführung der Vor-Ort-Besuche werden der 19. und der 20. Februar 2015 festgelegt; die Sitzung soll in Hannover stattfinden.

Mit einem Dank an die Vorprüfung und die Jurymitglieder schließt Prof. Dr. Spellerberg die erste Jurysitzung.

ZWEITE SITZUNG DER JURY AM 19. UND 20. FEBRUAR 2015

Protokoll der zweiten Jurysitzung

ANWESENDE

- Prof. Dr. Henning **Bombeck**, Universität Rostock
- Dr. Sebastian **Elbe**, SPRINT wissenschaftliche Politikberatung, Darmstadt
- Bürgermeisterin Krimhild **Kant**, Balow
- Dr. Stefan **Krämer**, Wüstenrot Stiftung Ludwigsburg
- Anne **Ritzinger**, Akademie für Raumforschung und Landesplanung, Hannover
- Renate **Rüd**, Kunst im Dorf, Oberhembach
- Prof. Dr. Anette **Spellerberg**, Technische Universität Kaiserslautern
- Dieter **Kreuz**, Arbeitsgruppe für Sozialplanung und Altersforschung, München
- Anja **Preuß**, Arbeitsgruppe für Sozialplanung und Altersforschung, München
- Sabine **Wenng**, Arbeitsgruppe für Sozialplanung und Altersforschung, München

Die Vorsitzende der Jury, Prof. Dr. Annette Spellerberg, eröffnet die zweite Sitzung der Jury und begrüßt die Anwesenden. Sie informiert die Jurymitglieder darüber, dass Dr. Stefan Krämer aus schwerwiegenden Gründen erst im Laufe des Tages zur Jurysitzung dazu kommen kann und übergibt das Wort an die Vorprüfung.

Sabine Wenng teilt mit, dass alle 24 Einsendungen der Engeren Wahl von Dr. Krämer und den Vorprüfern Dieter Kreuz, Sabine Wenng und Anja Preuß vor Ort besucht wurden. in jedem Projekt wurden ausführliche Gespräche geführt, in der Regel mit Bürgermeistern, Vereinsvertretern und ehrenamtlichen Tätigen. Aus diesen Besuchen wurden wichtige Zusatzinformationen und häufig auch Eindrücke aus dem Alltag der Projekte gewonnen.

Sabine Wenng informiert im Auftrag von Dr. Krämer darüber, dass im Rahmen des Wettbewerbs und der ausgelobten Gesamtpreissumme auch Sonderprämierungen möglich sind, wenn einzelne Einsendungen besondere Eigenschaften im Sinne der Wettbewerbskriterien aufweisen. Zudem ist die Wüstenrot Stiftung bereit, aufgrund der Vielzahl von beeindruckenden Projekten gegebenenfalls die Gesamtpreissumme zu erhöhen, die der Jury für die Vergabe von Prämierungen zur Verfügung steht.

Anhand der für die zweite Sitzung erstellten, ausführlichen Unterlagen und Projektübersichten erfolgt eine erneute Vorstellung der 24 Wettbewerbsbeiträge durch die Vorprüfung. Hierzu gehören auch Plakate mit Fotos und kurzen Beschreibungen der Projekte. Zusätzlich werden über eine Farbskala auch die Ausprägungen der verschiedenen Ausschreibungskriterien dargestellt, ohne dass damit eine Bewertung verbunden wird.

Die Wettbewerbsbeiträge wurden auf der Basis der vor Ort gewonnenen Eindrücke und Informationen vorgestellt und von der Jury intensiv diskutiert. Die Jurymitglieder vereinbaren auf Vorschlag der Vorsitzenden, erneut eine Positivauswahl zu treffen und über alle Einsendungen nach dem Mehrheitsprinzip einzeln abzustimmen.

Nach einer ersten Runde blieben 16 Projekte übrig, die anschließend ein weiteres Mal erörtert werden. Dr. Krämer weist an dieser Stelle noch einmal auf die Bereitschaft der Wüstenrot Stiftung hin, eine erhöhte Gesamtpreissumme zur Verfügung zu stellen.

Die Jury einigt sich daraufhin in einer weiteren Abstimmungsrunde auf 13 Projekte, an die sie eine Prämierung vergeben möchte. Der Preis und die Auszeichnungen sollen an folgende Projekte vergeben werden:
- „Das Projekt Mörz"
- UNIKUM – Der Regionalladen
- Dechow
- Stiftung Landleben in Kirchheiligen

Die Anerkennungen sollen unter den anderen neun Projekten verteilt werden.

Intensiv wird von Jury die Vergabe des Preises und der Auszeichnungen diskutiert. Dabei werden folgende Fragen erörtert:

- Trägt das Projekt zur weiteren Entwicklung des Ortes bzw. der Gemeinschaft bei?
- Wie breit ist die Bevölkerung in das Projekt integriert?
- Hat das Projekt weiteres Ausbau- oder Entwicklungspotenzial?
- Erschließt das Projekt neue Formen und Potenziale für eine lokale Wertschöpfung?

JURYENTSCHEID

Nach der ausführlichen Erörterung beschließt die Jury, das Preisgeld in Höhe von 10 000 Euro an das **Projekt „Dechow"** zu geben, und begründet diese Entscheidung wie folgt:

Dorfgemeinschaftshaus Dechow

Das heutige Dorfgemeinschaftshaus in Dechow ist aus der ehemaligen Dorfgaststätte entstanden, zu der in Zeiten der DDR auch eine Verkaufsstelle (Konsum) gehörte. In den 1990er-Jahren stand das an zentraler Stelle gelegene Gebäude dann einige Jahre leer und drohte mehr und mehr zu verfallen. Um diesen Prozess zu stoppen und das Haus wieder nutzen zu können, entwickelte eine Gruppe von Bürgerinnen und Bürgern den Plan, das Haus gemeinsam zu kaufen und zu sanieren.

Bildmitte: Sabine Wenng

Die Initiative hierzu ging vor allem von neu zugezogenen Einwohnerinnen und Einwohnern des Ortes aus und führte dazu, dass sich daraus zugleich eine darüber hinausgehende Diskussion über die zukünftige Ausrichtung des Ortes entwickelte.

Die Aufgabe, sich diesem, das Ortsbild prägende Gebäude anzunehmen, es zu kaufen und dann nach und nach zu sanieren, war von Beginn an nicht einfach. Hinzu kamen Auflagen des Denkmalschutzes, die für die Sanierung und zukünftige Nutzungsausrichtung des Gebäudes zu berücksichtigen waren. Um alle Aktivitäten organisieren und koordinieren zu können, wurde ein Förderverein gegründet.

Heute ist das Dorfgemeinschaftshaus zu einem echten Treffpunkt und Dorfzentrum geworden, auch, weil es multifunktional genutzt werden kann. Möglich sind nicht nur eine Vielzahl von geselligen Veranstaltungen, sondern auch überregional bekannte Kulturtage sowie Bildungs- und Übernachtungsangebote für Kinder und Jugendliche. Dabei nutzt der Verein die Lage des Dorfes in einem Fauna-Flora-Habitatgebiet und stellt die artenreiche Natur im „Natura2000"-Infopunkt aus.

Von Anfang an war das Projekt durch ein ausgeprägtes ehrenamtliches Engagement und den Zusammenhalt zahlreicher Bürgerinnen und Bürger geprägt. Dies zeigte sich beim Kauf des Gebäudes, bei den notwendigen Sanierungsarbeiten und bei der Organisation und Koordination der vielfältigen Veranstaltungen und der Übernachtungsstätte. Durch den weiteren Ausbau und eine erweiterte Nutzung der Übernachtungsstätte soll nun auch eine feste Arbeitsstelle geschaffen werden.

Die Aktivitäten im und um das Dorfgemeinschaftshaus strahlen auf die gesamte Entwicklung des Dorfes aus. Entstanden ist eine enge Kooperation von Gemeinde und Förderverein, die für beide Seiten und vor allem für die Dorfgemeinschaft eine echte Win-win-Situation darstellt. Der Verein will sich trotz des bereits sowohl zeit- als auch arbeitsintensiven Engagement noch weiteren Aufgaben stellen, die auf die Dorfgemeinschaft zukommen. Dazu gehört auch die Vision, ein benachbartes, leer stehendes und weitgehend vom Zerfall betroffenes Gebäude zu einem Wohnprojekt für Seniorinnen und Senioren umzubauen.

Die Jury ist davon überzeugt, dass die Dorfgemeinschaft in Dechow auch zukünftig durch die Impulse und den Ideenreichtum, welche von Dorfgemeinschaftshaus ausgehen, bereichert und weiterentwickelt wird. Sie würdigt das Engagement, die erreichten Leistungen und die vielfältigen Angebote mit der Zuerkennung des Preises des Wettbewerbs.

Die beiden Auszeichnungen in Höhe von 5 000 Euro gehen an das Projekt aus Mörz *und an die* Stiftung Landleben aus Kirchheiligen.

Interessengemeinschaft Mörz

Die Interessengemeinschaft Mörz wurde im Jahr 1992 gegründet, um die gemeinsamen und nachbarschaftlichen Beziehungen im Dorf zu erhalten und auszubauen. Zahlreiche Projekte und Veranstaltungen dienen als Ankerpunkte für das Zusammenleben der Dorfgemeinschaft und geben dem Ort auch innerhalb der Region ein eigenes Profil.

Die Interessengemeinschaft wird von einem lang andauernden bürgerschaftlichen Engagement geprägt und getragen. Es strahlt auch nach vielen Jahren erfolgreicher Projektarbeit weiterhin auf das gesamte Dorf aus, zumal der Einsatz für die Projekte und Veranstaltungen auch in Form der Beteiligung an der Interessengemeinschaft inzwischen zu einer Selbstverständlichkeit für viele Einwohnerinnen und Einwohner geworden ist.

Die Palette an Angeboten, welche durch die Interessengemeinschaft gestaltet wird, ist breit und reicht von einem Bücherschrank über zahlreiche Feste, darunter eine jährliche Rocknacht, bis hin zur Auszahlung eines einmaligen Kindergeldes für Neugeborene in Höhe der jeweils aktuellen Einwohnerzahl. Die Veranstaltungen und Feste sind an alle Generationen adressiert und haben auch eine hohe Anziehungskraft für Besucherinnen und Besucher aus der Region. Durch den damit verbundenen Geschäftssinn konnte die lokale Wertschöpfung gesteigert und das Potential für die Weiterentwicklung der Angebote geschaffen werden.

Die Jury sieht in dem Projekt ein gelungenes Beispiel dafür, wie eine lebendige Dorfgemeinschaft über viele Jahre hinweg erhalten und gepflegt werden kann. Die Interessensgemeinschaft hat großen Anteil daran, dass sich die Einwohnerinnen und Einwohner, trotz der relativen Nähe zur großen Stadt Koblenz, mit ihrem Dorf identifizieren und es sich nicht zu einem reinen „Schlafort" entwickelt hat. Sie würdigt dieses Engagement mit einer Auszeichnung.

Stiftung Landleben

In der Stiftung Landleben sind vier Nachbargemeinden zusammengeschlossen. Sie verfolgen gemeinsam das Ziel, ihre Heimat lebens- und liebenswert zu erhalten, ein attraktives Wohnumfeld für Jung und Alt zu gestalten und für ihre Bevölkerung zusätzliche Angebote rund um Bildung und Erziehung zu schaffen. Mit Hilfe der Idee, Grundstücke als Stiftungskapital einzubringen, haben sich die Gemeinden trotz erforderlicher Haushaltskonsolidierung neue Handlungsspielräume eröffnen können.

Nach ihrer Gründung im Frühjahr 2011 ist es der Stiftung in kurzer Zeit gelungen insgesamt acht barrierefreie Bungalows in zentraler Lage in drei Orten zu errichten. Damit konnte ein wichtiges Angebot vor allem für ältere Menschen geschaffen werden, die aufgrund ihres Alters und/oder gesundheitlicher Einschränkungen eine barrierefreie Mietwohnung benötigen. Die Bungalows sind aufgrund ihrer moderaten Miete, ihrer zentralen Lage und des Angebotes der Stiftung an die Älteren, frei werdende Häuser zu übernehmen, gut angenommen worden.

Weiterhin konnte die Stiftung die Schule in Kirchheiligen in privater Trägerschaft revitalisieren und erhalten. Die Schule wird als ein wichtiger Beitrag für die Sicherung der Zukunftsperspektiven der Gemeinde betrachtet, weil sie als Standortfaktor für die Gewinnung von neuen Einwohnerinnen und Einwohnern sowie der Ansiedlung von Gewerbe wirksam ist.

Die Jury sieht in dem umfassenden Konzept der Stiftung Landleben ein großes Potenzial für die Entwicklung der Region und ein gelungenes Beispiel für die Möglichkeiten einer besseren interkommunalen Kooperation. Durch die Stiftung und ihre verschiedenen Projekte konnten die in den Gemeinden bestehenden Möglichkeiten deutlich erweitert werden und zentrale Bausteine der sozialen Infrastruktur neu aufgestellt werden. Diese Leistung wird von der Jury mit einer Auszeichnung gewürdigt.

Eine **Sonderauszeichnung** erhält der

Regionalladen Unikum

Der Regionalladen UNIKUM in der Stadt Altenkirchen ist eine zentrale Verkaufsstelle für Produkte von Künstlern und Kunsthandwerkern aus der Region, für die Altenkirchen als größerer und für Touristen attraktiver Ort ein großes Marktpotenzial bietet.

Der Regionalladen bietet Künstlern und Hofläden ein Mietregalsystem zur Präsentation ihrer Waren. Unterstützung leistet auch die Stadt Altenkirchen, die eine größere Regalfläche für touristische Informationen angemietet hat. Entstanden ist auf diese Weise ein innovatives Modell, um regional verstreut entstehende Produkte über eine zentrale Stelle zu vermarkten und damit die Existenzfähigkeit von in kleinen Gemeinden lebenden und arbeitenden Künstlern und Kunsthandwerkern zu verbessern.

Das Angebot im Regionalladen geht außerdem über die reine Funktion einer Verkaufsstelle hinaus, weil er eine Vielzahl von Funktionen bündelt, darunter auch die eines Aktivitäten- und Informationszentrums für die Besucher aus dem Ort, der Region und von außerhalb.

Die Jury sieht den UNIKUM-Regionalladen als vielschichtige und innovative Werbeplattform an, dessen Konzept auch auf andere Regionen sehr gut übertragen werden kann. Sie würdigt diesen Ansatz deshalb mit einer Sonderauszeichnung in Höhe von 2 500 Euro zu.

Nach einer weiteren Diskussionsrunde erhalten fünf Einsendungen mit folgenden Begründungen der Jury je eine mit 1 000 Euro versehene Anerkennung:

Tagespflege und Mehrgenerationenwohnen Langenfeld

Die „Dorflinde Langenfeld" ist ein anerkanntes Beispiel für eine aktive und engagierte Dorfgemeinschaft, die sich erfolgreich der Aufgabe stellt, die Chancen und Perspektiven der eigenen Entwicklung zu gestalten. Im Jahr 2014 wurde das bereits breit gefächerte Angebot in unmittelbarer Nähe zum Ortszentrum um eine Tagespflege erweitert. Im Obergeschoss des neu errichteten Gebäudes konnten außerdem mehrere barrierefreie Wohnungen geschaffen werden, die für ein Mehrgenerationenwohnen vorgesehen sind.

Die Dorflinde bzw. die in diesem Konzept gebündelten Angebote bilden ein stabiles Fundament für die neue Erweiterung, die als logischer Schritt auf dem Weg zu einer umfassenden Angebotskette im gestärkten Dorfzentrum gesehen werden kann. Die Verbindung aus Begegnungsstätte, Tagescafé und Mehrgenerationenhaus (Dorflinde) einerseits und Tagespflege sowie barrierefreien Mietwohnungen andererseits ist ein gelungenes Beispiel dafür, wie eine Dorfgemeinschaft in enger Zusammenarbeit von Gemeindeverwaltung und vielen ehrenamtlich tätigen Personen die gemeinsame Verantwortung für die Sicherung der Lebensqualität in kleinen Orten übernehmen kann.

In Langenfeld wird ungeachtet der bestehenden Angebotsvielfalt über einen weiteren Ausbau der Infrastruktur nachgedacht, der selbstverständlich wieder in gemeinsamer Initiative erfolgen soll.

Wieren 2030

Wieren 2030 ist eine inhaltlich breit gefächerte Initiative, deren Schwerpunkte in den Themenfeldern Versorgung, Leben / Wohnen, Verkehr und Wirtschaft liegen. Absichtlich wurde bisher keine formale Rechtsform für die Initiative gewählt, um die Hürde zum Mitmachen für möglichst viele Bürgerinnen und Bürger gering halten zu können. Die Kehrseite dieser Entscheidung ist, dass deshalb auch noch keine Fördermittel akquiriert werden konnten und die Umsetzung der Projekte ohne finanzielle Hilfen erfolgen musste.

Auffällig und bemerkenswert ist die soziale Verantwortungsbereitschaft vieler Bürgerinnen und Bürger, die sich für die Entwicklung und Umsetzung der einzelnen Projekte einsetzen. Ein Beispiel hierfür ist die Betreuung der einzelnen Angebote durch ehrenamtliche Projektpaten; sie sind nicht nur untereinander, sondern auch mit der Gemeindeverwaltung gut vernetzt.

Mit der informellen Struktur der Initiative und dem großen Engagement vieler Beteiligter konnten innerhalb kurzer Zeit zahlreiche Projekte in den vier oben genannten Themenfeldern angegangen und umgesetzt werden.

Bohnetaler Muske(l)tiere

Als Reaktion auf die Auswirkungen des demografischen Wandels – insbesondere der deutlichen Zunahme Älterer und älterer Alleinstehender – wurde das Netzwerk „Bohnetaler Muske(l)tiere" gegründet. Es soll Hilfe und Unterstützung für Seniorinnen und Senioren vor allem durch solche Angebote leisten, die durch professionelle Dienstleister nicht abgedeckt werden (können). Beispielhaft hierfür sind Mitfahrgelegenheiten zum Einkaufen (zum Arzt) und kleine Reparaturen im Haus oder im Garten.

Ungewöhnlich an diesem 2012 gegründeten Netzwerk ist, dass sich das Einsatzgebiet der Bohnetaler Muske(l)tiere über fünf Ortsteile aus zwei Gemeinden in zwei unterschiedlichen Landkreisen erstreckt. Aufgebaut mit großem bürgerschaftlichen Engagement und wesentlich mitgetragen von den Ortsbürgermeistern und der ganzen Verwaltung ist dieses Netzwerk ein gelungenes Beispiel dafür, wie interkommunale Zusammenarbeit funktionieren kann.

Die positiven Erfahrungen, die mit der interkommunalen Zusammenarbeit und ihren Erfolgen verbunden sind, werden inzwischen auch auf andere Projekte übertragen.

Aidhausen

Die Ausgangssituation in Aidhausen ist in ähnlicher Weise in vielen Gemeinden zu finden. Der letzte Lebensmittelladen in Aidhausen wurde 2008 geschlossen; in der Folge wurde eine Arbeitsgruppe gegründet, mit deren Hilfe eine Reihe von Bürgerinnen und Bürgern versuchen wollte, eine neue Einkaufsmöglichkeit im Ort zu schaffen. Gegründet wurde nach intensiver Diskussion und Vorbereitung ein Dorfladen mit Mehrgenerationenwerkstatt, der als sozialer Anziehungspunkt fungiert, nicht nur für die älteren Einwohnerinnen und Einwohner des Ortes.

Bemerkenswert und ein wichtiger Erfolgsaspekt ist, dass sich an diesem Projekt zahlreiche Bürgerinnen und Bürger durch die Zeichnung von Anteilen an der neu gegründeten Unternehmergesellschaft auch finanziell beteiligten und damit zugleich Teile des finanziellen Risikos übernehmen. Diese Beteiligung erhöht die Identifikation mit dem Dorfladen und stärkt zugleich seine Rolle als neuer Treffpunkt der Generationen.

Die Verbindung des erfolgreich gemanagten Dorfladens mit einer Mehrgenerationenwerkstatt im Obergeschoss hat eine wichtige Plattform geschaffen, durch die das Engagement der Bevölkerung vernetzt und gefördert wird. Am Programm der Mehrgenerationenwerkstatt können Alle mitwirken und eigene Interessen einbringen, was sich ebenfalls als wichtiger Erfolgsgarant erwiesen hat.

Förderverein Jahmo – Willkommen bei Erna

Der Förderverein Jahmo e.V. ist aus einer Initiative zur Stärkung der Dorfgemeinschaft dieses Ortes im Umland von Wittenberg entstanden. Um einen Treffpunkt im Ort zu haben, wurde ein in Privatbesitz befindliches, ehemaliges Stallgebäude umgebaut, das durch einen historischen Backofen im Garten ein Alleinstellungsmerkmal aufweist.

Mit einem festen Programm hat sich dieser Treffpunkt inzwischen zum sozialen Mittelpunkt des Dorfes entwickelt. Besondere Aufmerksamkeit verdient aus Sicht der Jury die breite Palette an Angeboten für die unterschiedlichen Generationen, die von der Ferienbetreuung für Kinder bis hin zur Dorfakademie für Erwachsene reichen. Insbesondere das Backofenfest lockt viele Besucherinnen und Besucher aus der Region an.

Ein großes soziales Verantwortungsbewusstsein der Bürgerinnen und Bürger untereinander zeigt sich bei der Organisation und Durchführung der verschiedenen Programmpunkte. Dabei bringen sich zahlreiche Bürgerinnen und Bürger ehrenamtlich ein oder wirken als Besucher mit.

Eine **Sonderanerkennung** erhalten folgende vier Initiativen und Projekte, deren Angebote auf einer regionalen Ebene zur Verfügung gestellt werden. Ihre konkrete Umsetzung zielt jedoch direkt auf die Situation und den Bedarf in kleinen Gemeinden, weshalb die Jury die Bereitschaft der Wüstenrot Stiftung zur Erhöhung der Gesamtpreissumme begrüßt, durch die eine erhöhte Anzahl von Prämierungen möglich wird.

Hofheimer Land

In der Hofheimer Allianz haben sich sieben Gemeinden zusammengeschlossen, um als Antwort auf die demografischen Veränderungen eine gemeinsame Strategie zur zukünftigen Gestaltung ihrer Region zu entwickeln. Ein wichtiger Schritt dabei ist die dauerhafte Stärkung der Innenentwicklung der einzelnen Gemeinden.

Das Projekt ist eines der eher seltenen Beispiele einer weitreichenden interkommunalen Zusammenarbeit, die auf eine Gesamtstrategie zur Bewältigung der Herausforderungen für die zukünftige Entwicklung ausgerichtet ist. Konkrete Maßnahmen wurden beispielsweise ergriffen im Bereich des innerörtlichen Leerstandmanagements, beim Ausbau einer Reihe von Bürgerhäusern als Treffpunkte, bei der Gründung von Dorfläden zur Verbesserung der Nahversorgung und beim Knüpfen neuer Wegenetze.

Der koordinierte Einsatz der Bürgermeisterinnen und Bürgermeister bei der Verfolgung einer gemeinsamen Strategie hat wesentlichen Anteil daran, dass die Bedeutung der Ortskerne als Zentren des sozialen und kulturellen Lebens bewahrt werden konnte.

Die Jury würdigt diese gemeinsame Initiative mehrerer kleiner Gemeinden mit einer Sonderanerkennung.

Ostfriesische Landschaft

Das Kulturnetzwerk Ostfriesland veranstaltet alle drei Jahre ein kulturhistorisches Themenjahr; 2013 lautete das Motto „Land der Entdeckungen". Die Koordination und Leitung des Kulturnetzwerks wird durch den Regionalverband Ostfriesische Landschaft übernommen.

Die Themenjahre knüpfen inhaltlich eng an die lange Geschichte der Eigenständigkeit der ostfriesischen Gemeinden an. Sie werden umgesetzt unter Beteiligung von jeweils rund 3.000 Personen aller Altersklassen, von denen sich die große Mehrzahl ehrenamtlich engagiert. Auf diese Weise werden durch die Themenjahre die Identifikation mit dem Ort und seiner Geschichte gestärkt und es entsteht ein bemerkenswerter sozialer und generationenübergreifender Zusammenhalt. Wichtig ist dabei, dass dieser Zusammenhalt auch über die Themenjahre hinweg bestehen bleibt und dadurch die Lebensqualität in den Orten Ostfrieslands gesteigert wird.

Die Jury vergibt deshalb an den Regionalverband Ostfriesische Landschaft stellvertretend für alle beteiligten Gemeinden und Personen eine Sonderanerkennung.

Kreativsaison Mecklenburg-Vorpommern

Der Verein Kreativsaison e. V. versucht seinem Namen ein entsprechendes Programm folgen zu lassen. Hierzu werden unkonventionelle Wege beschritten, beispielsweise zur Förderung eines nachhaltigen, sozial verantwortlichen Tourismus. Als Instrument wurden die sogenannten Kreativstammtische entwickelt, die den lokalen Austausch zwischen der Kreativwirtschaft in der Region, Vertretern aus der Tourismusbranche, Gemeindevertretern sowie den Bürgerinnen und Bürgern fördern.

Der Verein wurde 2012 von wenigen Personen gegründet und ist eine noch junge Initiative, die durch eine ambitionierte Herangehensweise jedoch schon zahlreiche Bürgerinnen und Bürger einbinden und stabile Vernetzungsstrukturen bilden konnte. Trotz der für junge Projekte typischen Finanzierungsprobleme wird der eingeschlagene Weg fortgesetzt.

Die Jury vergibt an den Verein, der zwar in Rostock ansässig ist, mit seinen Angeboten jedoch vor allem in kleinen Gemeinden aktiv wird, eine Sonderanerkennung.

Uffenheim

Die Genossenschaft „Regional Versorgt – Energie und Nahversorgung in Bürgerhand eG" wurde mit dem Ziel gegründet, regionale Versorgungsstrukturen aufzubauen und zu erhalten, um die Lebensqualität der Menschen im ländlichen Raum zu stärken. Für die wirtschaftliche Tragfähigkeit der Angebote wird auf eine breite Beteiligung der Bürgerinnen und Bürger und eine möglichst breite Akzeptanz in der Bevölkerung gesetzt.

Die Genossenschaft wurde 2012 gegründet; die Initiative dazu leitete sich auch aus dem Wunsch ab, auf die Reaktorkatastrophe in Fukushima mit einer Stärkung der Region und der regionalen Kreisläufe reagieren zu können. Deshalb setzt die Genossenschaft bei der Verwirklichung ihrer Projekte zwar auf eine breite Themenvielfalt; neben ökonomischen spielen jedoch vor allem soziale und ökologische Zielsetzungen eine wichtige Rolle. Zu den konkreten Projekten gehören der Altstadtmarkt in Uffenheim, ein Gemeinschaftsauto als Einstieg in ein auf ländliche Strukturen angepasstes Carsharing sowie Dachflächen für Photovoltaikanlagen. Zukünftig will sich die Genossenschaft vermehrt sozialen Themen widmen.

Die Jury spricht der regional orientierten Genossenschaft, deren Projekte überwiegend in kleinen Gemeinden realisiert werden, eine Sonderanerkennung aus.

Die Juryvorsitzende Prof. Dr. Spellerberg fasst im Anschluss an diese Entscheidungen die Eindrücke der Jury noch einmal zusammen. Sehr viele Einsendungen zu diesem Wettbewerb, weit mehr als prämiert werden konnten, haben gezeigt, welch großes Engagement in vielen kleinen Gemeinden von der dortigen Bevölkerung gezeigt wird. Hierfür spricht sie allen Einsendungen den Respekt und die Anerkennung der Jury aus und bedankt sich für die Teilnahme am Wettbewerb.

Sie dankt außerdem der Wüstenrot Stiftung für die Auslobung des Wettbewerbs, dessen inhaltliche Bedeutung durch die Bandbreite und Qualität der Einsendungen bestätigt wurde. Abschließend bedankt sie sich bei den Jurymitgliedern und dem Team der Vorprüfung für die engagierte, konstruktive und angenehme Zusammenarbeit und gibt das Wort an Dr. Krämer als Vertreter der auslobenden Wüstenrot Stiftung.

Dr. Krämer schließt sich im Namen der Wüstenrot Stiftung dem Dank von Prof. Dr. Spellerberg an alle Beteiligten an. Er bedankt sich stellvertretend für Alle bei Prof. Dr. Spellerberg für die kompetente und umsichtige Leitung des Preisgerichtes und gibt abschließend einen kurzen Überblick zum weiteren Vorgehen in der Dokumentation der Wettbewerbsergebnisse.

Die zweite Sitzung des Preisgerichtes endet am 20. Februar 2015 um 13:30 Uhr.

Bad Nenndorf, den 19. / 20. Februar 2015

Das Preisgericht

_____
Prof. Dr. Annette Spellerberg
Vorsitzende

_____
Prof. Dr. Henning Bombeck

_____
Dr. Sebastian Elbe

_____
BMin Kriemhild Kant

_____
Dr. Stefan Krämer

_____
Anne Ritzinger

_____
Renate Rüd

Vorprüfung:

_____
Dieter Kreuz

_____
Anja Preuß

_____
Sabine Wenng

BERLIN, 11. SEPTEMBER 2015

Preisverleihung

EINLASS & BEGRÜSSUNG

Land und Leute – Der Wettbewerb der Wüstenrot Stiftung

DISKUSSIONSRUNDE 1

Jeder sich selbst der Nächste? Kooperation oder Wettbewerb als alternative Strategien

DISKUSSIONSRUNDE 2

Die Jungen: Schlüsselfaktor, Zünglein an der Waage oder schon weg?

KAFFEEPAUSE & DISKUSSIONSRUNDE 3

Evolution oder Revolution zur Sicherung der Zukunft?

PREISVERLEIHUNG

Die prämierten Projekte – Laudatio der Vorsitzenden des Preisgerichts

I. DIE ZUKUNFT VON KLEINEN GEMEINDEN

II. ANGEBOTE UND INITIATIVEN

III. THESEN

IV. DER WETTBEWERB

V. PROJEKTDOKUMENTATION

ANHANG

PREIS

Lebendiges Dorf Dechow
Das Dorfgemeinschaftshaus als kulturelles, soziales und touristisches Zentrum

Auftritt der Blaskapelle beim Maibaumsetzen

Ausstellung zum Infopunkt Natura 2000

BEGRÜNDUNG DER JURY

Das heutige Dorfgemeinschaftshaus in Dechow ist aus der ehemaligen Dorfgaststätte entstanden, zu der in Zeiten der DDR auch eine Verkaufsstelle (Konsum) gehörte. In den 1990er-Jahren stand das an zentraler Stelle gelegene Gebäude dann einige Jahre leer und drohte mehr und mehr zu verfallen. Um diesen Prozess zu stoppen und das Haus wieder nutzen zu können, entwickelte eine Gruppe von Bürgerinnen und Bürgern den Plan, das Haus gemeinsam zu kaufen und zu sanieren. Die Initiative hierzu ging vor allem von neu zugezogenen Einwohnerinnen und Einwohnern des Ortes aus und führte dazu, dass sich daraus zugleich eine darüber hinausgehende Diskussion über die zukünftige Ausrichtung des Ortes entwickelte.

Die Aufgabe, sich diesem, das Ortsbild prägenden Gebäude anzunehmen, es zu kaufen und dann nach und nach zu sanieren, war von Beginn an nicht einfach. Hinzu kamen Auflagen des Denkmalschutzes, die für die Sanierung und zukünftige Nutzungsausrichtung des Gebäudes zu berücksichtigen waren. Um alle Aktivitäten organisieren und koordinieren zu können, wurde ein Förderverein gegründet.

Heute ist das Dorfgemeinschaftshaus zu einem echten Treffpunkt und Dorfzentrum geworden, auch, weil es multifunktional genutzt werden kann. Möglich sind nicht nur eine Vielzahl von geselligen Veranstaltungen, sondern auch überregional bekannte Kulturtage sowie Bildungs- und Übernachtungsangebote für Kinder und Jugendliche. Dabei nutzt der Verein die Lage des Dorfes in einem Flora-Fauna-Habitatgebiet und stellt die artenreiche Natur im „Natura2000"-Infopunkt aus.

Von Anfang an war das Projekt durch ein ausgeprägtes ehrenamtliches Engagement und den Zusammenhalt zahlreicher Bürgerinnen und Bürger geprägt. Dies zeigte sich beim Kauf des Gebäudes, bei den notwendigen Sanierungsarbeiten und bei der Organisation und Koordination der vielfältigen Veranstaltungen und der Übernachtungsstätte. Durch den weiteren Ausbau und eine erweiterte Nutzung der Übernachtungsstätte soll nun auch eine feste Arbeitsstelle geschaffen werden.

Die Aktivitäten im und um das Dorfgemeinschaftshaus strahlen auf die gesamte Entwicklung des Dorfes aus. Entstanden ist eine enge Kooperation von Gemeinde und Förderverein, die für beide Seiten und vor allem für die Dorfgemeinschaft eine echte Win-win-Situation darstellt. Der Verein will sich trotz des bereits sowohl zeit- als auch arbeitsintensiven Engagements noch weiteren Aufgaben stellen, die auf die Dorfgemeinschaft zukommen. Dazu gehört auch die Vision, ein benachbartes, leer stehendes und weitgehend vom Zerfall betroffenes Gebäude zu einem Wohnprojekt für Seniorinnen und Senioren umzubauen.

Die Jury ist davon überzeugt, dass die Dorfgemeinschaft in Dechow auch zukünftig durch die Impulse und den Ideenreichtum, welche vom Dorfgemeinschaftshaus ausgehen, bereichert und weiterentwickelt wird. Sie würdigt das Engagement, die erreichten Leistungen und die vielfältigen Angebote mit der Zuerkennung des Preises des Wettbewerbs.

Veranstaltungssaal im Dorfgemeinschaftshaus

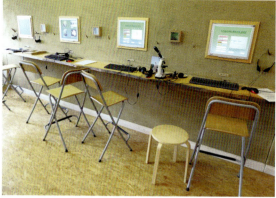

Arbeitsplätze im Infopunkt Natura 2000

Kulturtage Dechow

Kulturtage Dechow

DER ORT

Dechow ist eine Gemeinde mit rund 200 Einwohnern im Landkreis Nordwestmecklenburg im Bundesland Mecklenburg-Vorpommern und gehört zum Amt Rehna. Durch seine verkehrsgünstige Lage ist Dechow bei Pendlern beliebt und die naturnahe Landschaft sowie der Lankower See ziehen viele Touristen an. Ein kleiner Dorfladen in der örtlichen Molkerei sorgt für die Versorgung mit Produkten des täglichen Bedarfs.

TRÄGER

Die Idee für die Umgestaltung des Dorfgemeinschaftshauses entstand, als darin die Silvesterfeier zur Jahrtausendwende stattfand. Zur Umsetzung dieser wurde der „Förderverein der Gemeinde zu Dechow e.V." gegründet. Er hat aktuell 35 Mitglieder, die sich um die Verwaltung und Vermietung des Dorfgemeinschaftshauses kümmern. Darüber hinaus engagieren sich viele Dorfbewohner/innen bei den zahlreichen Veranstaltungen, der Instandhaltung des Gebäudes und der Bewirtschaftung der Übernachtungsstätte. Auch die Gemeinde Dechow arbeitet eng mit dem Förderverein zusammen.

DAS PROJEKT

Dechow lag zu DDR-Zeiten in der fünf-Kilometer-Sperrzone, was viele Einschränkungen für die Bewohner/innen mit sich brachte. Damals waren im Dorfgemeinschaftshaus der Konsum und die Dorfgaststätte untergebracht. Nach der Wende stand das zentral im Ort gelegene Gebäude leer und begann zu verfallen.

Die Idee, das Gebäude zu renovieren und einer neuen gemeinschaftlichen Nutzung zuzuführen, stieß besonders bei neu zugezogenen Einwohnern auf spontane Zustimmung, während einige Alteingesessene sich für einen Abriss des Hauses aussprachen. Die Befürworter waren in der Mehrzahl, konnten einen Teil des Hauses kaufen und für den anderen Teil mit der Gemeinde einen Erbpachtvertrag für 50 Jahre abschließen. Im April 2000 wurde ein Förderverein gegründet, um alle Aktivitäten zu koordinieren und das Gebäude nach den Auflagen des Denkmalschutzes zu renovieren. Daran beteiligten sich viele Einwohner/innen, unter ihnen Maurer, Elektriker und Raumausstatter, während sich andere Personen beispielsweise um das Mittagessen für die Helfer/innen kümmerten.

Die zentralen Elemente des Dorfgemeinschaftshauses sind ein großer Veranstaltungssaal im Erdgeschoss, eine Übernachtungsstätte für 40 Gäste, der Infopunkt „Natura2000" und das Gerätehaus der Freiwilligen Feuerwehr. Der Veranstaltungssaal stammt aus dem Jahr 1896; zusätzlich gibt es einen kleinen Gastraum. Beide Säle werden für vielfältige Veranstaltungen (Feste, Stammtische, private Feiern), Sportkurse oder Ausstellungen genutzt. Außerdem werden im Dorfgemeinschaftshaus die Sprechstunden des Bürgermeisters abgehalten.

Das bekannteste Projekt des Fördervereins sind die „Kulturtage Dechow", zu denen internationale Künstler/innen aus den Sparten Musik, Literatur und Alleinunterhaltung in das kleine Dorf kommen. Die Karten werden zu niedrigen Preisen verkauft, um Kultur für alle im Dorf bezahl- und erlebbar zu machen. Die Übernachtungsstätte mit 40 Betten wird ehrenamtlich betreut; Übernachtungsgäste sind vor allem Jugend- oder Schülergruppen. Die ehrenamtliche Betreuung stößt inzwischen an ihre Leistungsgrenze, weshalb überlegt wird, eine feste Arbeitskraft einzustellen.

Dechow liegt im Flora-Fauna-Habitat (FFH) „Wald- und Moorlandschaft um den Röggeliner See" im UNESCO-Biosphärenreservat Schaalsee. Ergänzend zur Übernachtungsstätte wurde dazu der Infopunkt „Natura2000" eingerichtet, der die artenreiche Natur der Umgebung in einer interaktiven Ausstellung präsentiert. Dazu gehören zahlreiche Ausstellungsstücke aus Pflanzen- und Tierwelt sowie PC-Arbeitsplätze, an denen Informationen zu Tierarten, dem FFH-Gebiet oder zu Biotopen abgerufen, Tierfilme betrachtet und Vogelstimmen bestimmt werden können. Ein Bienenvolk kann hinter Glas beim Arbeiten und bei der Brutpflege beobachtet werden; für eine aktive Erforschung der Umgebung stehen Digitalkameras, Lupen und Mikroskope zur Verfügung.

Der Förderverein ist eng mit der Gemeinde vernetzt, die ihrerseits vom Förderverein unterstützt wird; so erhielt die Gemeinde beispielsweise einen Steg für den See. Eine Vision des Vereins ist zudem, ein leerstehendes benachbartes Gebäude zu einem Wohnprojekt für Senioren umzubauen.

Großer Andrang bei den Kulturtagen Dechow

FAZIT

Durch Ideenreichtum und ehrenamtliches Engagement konnte ein das Ortsbild prägendes Gebäude erhalten und zum Mittelpunkt des Dorfes ausgebaut werden. Die kulturellen Veranstaltungen locken Besucher aus der gesamten Region an und durch die Eintrittsgelder kann der Verein seine Kulturarbeit vor Ort leisten und das Gebäude erhalten.

Die Lage im FFH-Gebiet und die damit verbundenen Vorgaben sind für die Einwohner/innen des Ortes nicht immer leicht zu handhaben, insbesondere in Bezug auf die touristische Erschließung. Durch die „Natura2000" Ausstellung konnte diese Gegebenheit zum Positiven genutzt werden. Die Übernachtungsstätte ist gleichermaßen bei Kinder- und Jugendgruppen beliebt und verzeichnet konstant steigende Übernachtungszahlen.

AUSZEICHNUNG

Kirchheilingen
Altersgerechtes Wohnen und Wiederbelebung der ländlichen Bausubstanz

Barrierefreie Bungalows im Ortszentrum   Schulgebäude in Kirchheilgen

BEGRÜNDUNG DER JURY

In der Stiftung Landleben sind vier Nachbargemeinden zusammengeschlossen. Sie verfolgen gemeinsam das Ziel, ihre Heimat lebens- und liebenswert zu erhalten, ein attraktives Wohnumfeld für Jung und Alt zu gestalten und für ihre Bevölkerung zusätzliche Angebote rund um Bildung und Erziehung zu schaffen. Mit Hilfe der Idee, Grundstücke als Stiftungskapital einzubringen, haben sich für die Gemeinden trotz erforderlicher Haushaltskonsolidierung neue Handlungsspielräume eröffnen können.

Nach ihrer Gründung im Frühjahr 2011 ist es der Stiftung in kurzer Zeit gelungen, insgesamt acht barrierefreie Bungalows in zentraler Lage in drei Orten zu errichten. Damit konnte ein wichtiges Angebot vor allem für ältere Menschen geschaffen werden, die aufgrund ihres Alters und/oder gesundheitlicher Einschränkungen eine barrierefreie Mietwohnung benötigen. Die Bungalows sind aufgrund ihrer moderaten Miete, ihrer zentralen Lage und des Angebots der Stiftung an die Älteren, frei werdende Häuser zu übernehmen, gut angenommen worden.

Weiterhin konnte die Stiftung die Schule in Kirchheilingen in privater Trägerschaft revitalisieren und erhalten. Die Schule wird als ein wichtiger Beitrag für die Sicherung der Zukunftsperspektiven der Gemeinde betrachtet, weil sie als Standortfaktor für die Gewinnung von neuen Einwohnern/innen sowie der Ansiedlung von Gewerbe wirksam ist.

Wöchentliches Einkaufstaxi nach Bad Langensalza   Ein- und Ausladen der Einkäufe

Die Jury sieht in dem umfassenden Konzept der Stiftung Landleben ein großes Potenzial für die Entwicklung der Region und ein gelungenes Beispiel für die Möglichkeiten einer besseren interkommunalen Kooperation. Durch die Stiftung und ihre verschiedenen Projekte konnten die in den Gemeinden bestehenden Möglichkeiten deutlich erweitert und zentrale Bausteine der sozialen Infrastruktur neu aufgestellt werden. Diese Leistung wird von der Jury mit einer Auszeichnung gewürdigt.

DIE ORTE

In der Stiftung „Landleben" haben sich die Gemeinden Kirchheilingen, Blankenburg, Sundhausen und Tottleben (zusammen knapp 1.450 Einwohner) zusammengeschlossen, die zur Verwaltungsgemeinschaft Bad Tennstedt im Unstrut-Hainich-Kreis in Thüringen gehören. Kirchheilingen verfügt über eine gute medizinische Infrastruktur; außerdem gibt es ein Freibad, weitere Freizeitangebote, einen Kindergarten und eine (wiedereröffnete) Schule.

DIE STIFTUNG

Vorläufer der Stiftung Landleben war der Zweckverband zur Gewässerunterhaltung. Für die sieben Zweckverbandsgemeinden wurde ein integriertes ländliches Entwicklungskonzept (ILEK) erarbeitet, in dem verschiedene Fragen der zukünftigen Entwicklung der Gemeinden geklärt werden sollten. Aufgrund ihrer Haushaltskonsolidierung waren die Gemeinden finanziell kaum handlungsfähig; so entstand die Idee, eine Stiftung zu gründen. Vier der sieben Gemeinden schlossen sich dafür zusammen und brachten als Stiftungskapital mehrere Grundstücke ein (85.000 Euro). Das Kuratorium der Stiftung besteht aus den vier Bürgermeistern der Orte sowie einer Privatperson, die zuvor in der Kommunalverwaltung tätig war. Der Vorstand der Stiftung besteht aus drei Bürger/innen aus den Mitgliedsgemeinden.

DAS PROJEKT

Die Ziele der Stiftung sind, die Gemeinden und Dörfer als Heimat lebens- und liebenswert zu erhalten, ein attraktives Wohnumfeld für Jung und Alt zu schaffen, die Bevölkerung bei der Erziehung und in der Bildung zu unterstützen, die sozialen Grundbedürfnisse der Bürger/innen zu befriedigen sowie die Kulturlandschaft nachhaltig zu entwickeln. Zur Verwirklichung dieser Ziele wurden bereits einige Projekte umgesetzt, darunter der Bau von acht altersgerechten, barrierefreien Wohnhäusern in den Ortszentren, die es älteren Menschen ermöglichen, in ihrem vertrauten Wohnumfeld weiterhin am Dorfleben teilhaben zu können.

Fest zum Jubiläum „100 Jahre Kleinbahnstrecke Bad Langensalza – Kirchheiligen"

Benefiz-Sportveranstaltung für Kinder

Unterricht in der Schule mit einem Schaubrüter

Die Bungalows verteilen sich auf Kirchheilingen (4 Häuser), Blankenburg und Sundhausen (jeweils 2 Häuser). Die Mieter sind ältere Dorfbewohner und neu zugezogene Ältere, die in der Nähe ihrer Enkelkinder wohnen möchten. Pro Bungalow wird eine Kaltmiete von ca. 440 Euro angesetzt. Der Bau der Bungalows wurde durch das Landwirtschaftsministerium mit insgesamt 280.000 Euro gefördert. Zukünftig soll weiterer altersgerechter Wohnraum in den Gemeinden entstehen. Die dabei frei werdenden Häuser übernimmt die Stiftung; den Kaufinteressenten wird angeboten, die Häuser mit Hilfe regionaler Planungsbüros und individuell gestalteten Sanierungspaketen instandzusetzen. Vor allem junge Familien sollen auf diese Weise einen günstigen und attraktiven Wohnraum auf dem Land erwerben können.

Die Gemeinde Kirchheilingen konnte außerdem in Zusammenarbeit mit der Stiftung Landleben und der Arbeiterwohlfahrt im Jahr 2011 die Schule reaktivieren. Der Einzugsbereich der Schule erstreckt sich über zehn umliegende Gemeinden. Zusätzlich gibt es zahlreiche kleinere Projekte, die von der Stiftung unterstützt werden; beispielsweise eine Kooperation mit einem Taxiunternehmen, das wöchentlich unentgeltliche Fahrten nach Bad Langensalza durchführt, um die dortigen Einkaufsmöglichkeiten zu nutzen. Vorbereitet wird die Gründung einer Selbsthilfeorganisation „Landengel", durch die eine Sozialstation entstehen soll, die gleichzeitig als Bürgertreff sowie als Plattform für medizinische, pflegerische und beratende Angebote dient. In einem alten Gutshaus in Tottleben sollen unter Federführung der Stiftung drei altersgerechte Wohnungen sowie zwei Wohnungen für Familien eingerichtet werden. Derzeit ist die Stiftung auf der Suche nach einem passenden Partner für die Umsetzung des Projekts.

Kleinbahnpension in Kirchheilingen

FAZIT

Die Stiftung ermöglicht es, in vier Gemeinden trotz Haushaltskonsolidierung wichtige Entwicklungen direkt zu gestalten. Mit Kreativität und Risikobereitschaft würden bestehende Hürden überwunden, sodass altersgerechte Wohnungen in den Dorfzentren geschaffen werden konnten, die es Älteren ermöglichen, in ihrem vertrauten Wohnumfeld zu bleiben. Mit der Reaktivierung der Schule konnte ein bedeutsamer Standortfaktor für neue Einwohner/innen bzw. für die Ansiedelung von Firmen geschaffen und somit die Wertschöpfung in der Region gefördert werden.

AUSZEICHNUNG

Mörz
Das Projekt Mörz

Mörzer Rezitäter

Bücherschrank

BEGRÜNDUNG DER JURY

Die Interessengemeinschaft Mörz wurde im Jahr 1992 gegründet, um die gemeinsamen und nachbarschaftlichen Beziehungen im Dorf zu erhalten und auszubauen. Zahlreiche Projekte und Veranstaltungen dienen als Ankerpunkte für das Zusammenleben der Dorfgemeinschaft und geben dem Ort auch innerhalb der Region ein eigenes Profil.

Die Interessengemeinschaft wird von einem lang andauernden bürgerschaftlichen Engagement geprägt und getragen. Sie strahlt auch nach vielen Jahren erfolgreicher Projektarbeit weiterhin auf das gesamte Dorf aus, zumal der Einsatz für die Projekte und Veranstaltungen, auch in Form der Beteiligung an der Interessengemeinschaft, inzwischen zu einer Selbstverständlichkeit für viele Einwohnerinnen und Einwohner geworden ist.

Die Palette an Angeboten, welche durch die Interessengemeinschaft gestaltet wird, ist breit und reicht von einem Bücherschrank über zahlreiche Feste, darunter eine jährliche Rocknacht, bis hin zur Auszahlung eines einmaligen Kindergeldes für Neugeborene in Höhe der jeweils aktuellen Einwohnerzahl. Die Veranstaltungen und Feste sind an alle Generationen adressiert und haben auch eine hohe Anziehungskraft für Besucher/innen aus der Region. Durch den damit verbundenen Geschäftssinn konnte die lokale Wertschöpfung gesteigert und das Potenzial für die Weiterentwicklung der Angebote geschaffen werden.

Die Jury sieht in dem Projekt ein gelungenes Beispiel dafür, wie eine lebendige Dorfgemeinschaft über viele Jahre hinweg erhalten und gepflegt werden kann. Die Interessengemeinschaft hat großen Anteil daran, dass sich die Einwohner/-innen trotz der relativen Nähe zur großen Stadt Koblenz mit ihrem Dorf identifizieren und es sich nicht zu einem reinen „Schlafort" entwickelt hat. Sie würdigt dieses Engagement mit einer Auszeichnung.

DER ORT

Mörz ist ein Ortsteil der Stadt Münstermaifeld im Landkreis Mayen-Koblenz im Bundesland Rheinland-Pfalz. Das Dorf hat ca. 200 Einwohner/innen. Die gute Anbindung an die größeren Städte Koblenz und Mayen macht den Ort attraktiv für Berufspendler; er hat deshalb nicht mit Leerstand zu kämpfen.

DER VEREIN / TRÄGER

Die Interessengemeinschaft Mörz wurde im Jahr 1992 gegründet und hat derzeit 57 Mitglieder. Ihr Ziel ist es, die nachbarschaftlichen Beziehungen zu pflegen und die Identifikation der Bewohner/innen mit ihrem Heimatort zu stärken.

Flyer von Veranstaltungen der Interessengemeinschaft Mörz

Vorlesung des Epos Reineke Fuchs

Vorleseabend für Kinder

Schatzsuche bei der Aktion gegen Winterlangeweile

DAS PROJEKT

Die traditionellen Dorffeste wurden weniger und liefen Gefahr verloren zu gehen. Eine erste Aktion war deshalb, einen Raum für Veranstaltungen zu schaffen. Hierfür wurde ein altes Backhaus von der Gemeinde gepachtet, saniert und erweitert. Das „Alte Backes" bietet nun Platz für Veranstaltungen der Interessengemeinschaft; so wurde beispielsweise das Angebot der Kirmes um den Verkauf von Pizza aus dem alten Backofen erweitert. Andere Veranstaltungen, die im ganzen Dorf stattfinden, sind das „Scheunen- und Kartoffelfest" oder der Hofflohmarkt. Im Winter werden für Kinder auch Aktionen gegen die Winterlangeweile angeboten. Die zahlreichen Veranstaltungen und Märkte locken viele Besucher/innen aus der Region an. Den Weihnachtsmarkt, auf dem regionale Kunsthandwerker ausstellen, besuchen beispielsweise rund 8.000 Menschen.

Unterstützung erfährt die Interessengemeinschaft auch von Bewohnern aus den umliegenden Gemeinden, die sich an den Veranstaltungen beteiligen. Die Verbundenheit mit nicht (mehr) in Mörz ansässigen Mitwirkenden wird mit der sogenannten „Bronxemedaille für Exil-Mörzer" gepflegt. Die Interessengemeinschaft hat zahlreiche sonstige kleine Projekte angestoßen, um die Lebensqualität und die Attraktivität des Wohnens in Mörz zu steigern. Dazu gehört auch ein „Begrüßungsgeld" für neugeborene Kinder in Höhe der Einwohnerzahl am Tag der Geburt; nicht nur als Erinnerung an den Geburtstag, sondern auch an den Geburtsort.

In der Ortsmitte wird ein altes Spritzenhaus als offener Bücherschrank genutzt und durch die Interessengemeinschaft betreut. Dieses Angebot wird durch regelmäßig stattfindende Vorlesetage für Kinder, Jugendliche und Erwachsene unter wechselnden Themen im „Alte Backes" ergänzt.

Backhaus "Alte Backes"

Backofen im Backhaus "Alte Backes"

Außerdem wurde das Literaturprojekt „Mörzer Rezitäter" entwickelt, dessen Auftaktveranstaltung unter dem Motto „Eine Lesung für alle Sinne" in den Räumen einer alten Mühle mit themenbezogener kulinarischer Verköstigung stattgefunden hat. Ein anderer Höhepunkt ist die Mörzer Rocknacht, die jeden November durchgeführt wird. Dabei spielen verschiedene Rockbands in der örtlichen Schützenhalle für alle Altersklassen.

Ein Thema, mit dem sich die Interessengemeinschaft zukünftig stärker beschäftigen möchte, ist die Vorbereitung auf einen wachsenden Anteil von Älteren in der Gemeinde. Dabei geht es um Fragen der ambulanten Betreuung, der Unterstützung im Alltag und den Umgang mit Demenzerkrankungen.

Die Mittel der Interessengemeinschaft stammen aus der Durchführung der verschiedenen Veranstaltungen. Außerdem hat die IG für den Erhalt einer innerörtlichen Grünfläche den Anwohnern einen finanziellen Ausgleich für eventuelle Benachteiligungen zugesichert.

Großer Andrang beim Weihnachtsmarkt in Mörz

Gute Stimmung bei der Mörzer Rocknacht

FAZIT

Die Interessengemeinschaft hat durch ihre Aktivitäten den Zusammenhalt im Dorf langfristig gestärkt und die Lebensqualität verbessert. Sie stellt sich auch zukünftigen Aufgaben und ist mit ihren Angeboten und Netzwerken ein Dreh- und Angelpunkt in der Dorfentwicklung, wobei sie unterschiedliche Personenkreise in ihre Aktionen einbinden kann.

Der Alltag vieler Bewohner/innen aller Generationen hat durch die Aktivitäten in Mörz an Qualität gewonnen. Durch die von der Interessengemeinschaft entwickelten und umgesetzten Projekte entsteht regionale Wertschöpfung und die Nachfrage nach dem Wohnstandort Mörz wird gestärkt.

Ein Brückenschlag zwischen Tradition und Moderne ist durch die Revitalisierung des Backhauses „Alte Backes" gelungen. Die Interessengemeinschaft Mörz hat über die Jahre hinweg ein dauerhaftes Bürgerengagement geschaffen – von 200 Ortsbewohnern sind 57 Mitglieder der Interessengemeinschaft.

SONDERAUSZEICHNUNG

Altenkirchen
UNIKUM – Der Regionalladen

Mietregalsystem im Regionalladen Verkaufsfläche mit einem vielfältigen Angebot

BEGRÜNDUNG DER JURY

Der Regionalladen UNIKUM in der Stadt Altenkirchen ist eine zentrale Verkaufsstelle für Produkte von Künstlern und Kunsthandwerkern aus der Region, für die Altenkirchen als größerer und für Touristen attraktiver Ort ein großes Marktpotenzial bietet.

Der Regionalladen bietet Künstlern und Hofläden ein Mietregalsystem zur Präsentation ihrer Waren. Unterstützung leistet auch die Stadt Altenkirchen, die eine größere Regalfläche für touristische Informationen angemietet hat. Entstanden ist auf diese Weise ein innovatives Modell, um regional verstreut entstehende Produkte über eine zentrale Stelle zu vermarkten und damit die Existenzfähigkeit von in kleinen Gemeinden lebenden und arbeitenden Künstlern und Kunsthandwerkern zu verbessern.

Das Angebot im Regionalladen geht außerdem über die reine Funktion einer Verkaufsstelle hinaus, weil er eine Vielzahl von Funktionen bündelt, darunter auch die eines Aktivitäten- und Informationszentrums für die Besucher aus dem Ort, der Region und von außerhalb.

Die Jury sieht den UNIKUM-Regionalladen als vielschichtige und innovative Werbeplattform an, dessen Konzept auch auf andere Regionen sehr gut übertragen werden kann. Sie würdigt diesen Ansatz deshalb mit einer Sonderauszeichnung in Höhe von 2.500 Euro.

Vorführung von Handwerkerin Tina Weber

DER ORT UND DIE REGION WESTERWALD

Sitz des Regionalladens UNIKUM ist die Kreisstadt Altenkirchen im Bundesland Rheinland-Pfalz. Einzugsgebiet sind die drei zur Region Westerwald gehörenden Landkreise Altenkirchen, Westerwaldkreis und Neuwied.

Die Region Westerwald hat sich in den letzten Jahren zunehmend zu einem attraktiven Naherholungsgebiet für die Ballungsräume Rhein/Main und Köln/Bonn entwickelt. Zahlreiche Wandermöglichkeiten, kulturelle Angebote sowie Wellness- und Gesundheitsangebote locken eine Vielzahl von Touristen in die Region.

DER VEREIN / TRÄGER

Der Regionalladen UNIKUM wird vom „Förderverein für nachhaltiges regionales Wirtschaften e.V." getragen. Viele der 40 Vereinsmitglieder sind in die Region zugezogen, teilweise schon vor längerer Zeit. Der Verein wird von der Verbandsgemeinde Altenkirchen mit 150 Euro pro Monat unterstützt, dafür steht im Regionalladen ein Informationsportal für Touristen zur Verfügung. Entstanden ist der Verein aus einem Arbeitskreis der Regionalgruppe des Westerwälder Betriebe- und Initiativen-Netzwerkes zur Regionalentwicklung rund um das Thema „Heimat".

Im Vorfeld der Vereinsgründung gab es bereits Überlegungen zu einem Konzept für die regionale Vermarktung. Das Projekt „UNIKUM – der Regionalladen" wurde dann bei einem Treffen im Sommer 2013 entwickelt. Gleichzeitig ergab sich die Gelegenheit, in zentraler Lage in Altenkirchen einen leestehenden Laden anzumieten.

DAS PROJEKT

In der Region Westerwald gibt es eine große Zahl von Künstlern/innen, selbständigen Kunsthandwerkern/innen und kleinen Unternehmen wie Manufakturbetrieben und Hofläden. Diese Künstler/innen und selbständigen Unternehmer/innen leben und arbeiten überwiegend in kleinen Orten, in denen sie oft nicht ertragreich von Laufkundschaft und Tourismus profitieren können. Eigene Ausstellungsräume im Stadtbereich können sich viele nicht leisten, weshalb auch oft der Schritt in die Selbstständigkeit verzögert wird.

Mit dem Regionalladen wurde den Künstlern, Kunsthandwerkern und kleinen Unternehmen die Möglichkeit erschlossen, sich an zentraler Stelle in der Kreisstadt Altenkirchen darzustellen und die eigenen Produkte zu vermarkten. Der Verkauf der Waren wird über ein Mietregalsystem abgewickelt. Die Regalmiete variiert dabei je nach Lage innerhalb des Ladens zwischen acht und 30 Euro pro Regal im Monat mit einer Mindestlaufzeit von drei Monaten. Über ein Ladenbewirtschaftungssystem werden die verkaufte Ware und der Verkaufserlös in Echtzeit (per Barcode) den Künstlern bzw. Erzeugern zugeordnet.

Workshop zur Herstellung von Sauerkraut

Regionale Produkte

Herkunft der regionalen Anbieter

Verkaufsfläche im Regionalladen

Der Regionalladen liegt zentral in der Stadt Altenkirchen nahe des Bahnhofs. Die Straße wurde im Rahmen der Stadtsanierung vor einigen Jahren aufgewertet und ist heute ein guter Ladenstandort mit ansehnlicher Laufkundschaft. Der Laden hat rund 100 m² Fläche, auf der auch sehr unterschiedliche Produkte ihren Platz finden können. Sie reichen von Honig über Strickwaren bis hin zu handwerklichem Schmuck oder Gemälden. Aktuell gibt es ca. 100 Aussteller/innen.

Der Laden bietet außerdem Raum für Veranstaltungen, beispielsweise zum Thema regionales Vermarkten und Wirtschaften; ergänzend gibt es Vorführungen der Handwerker/innen und Künstler/innen, die ihre Werke vorstellen.

In naher Zukunft sollen im Regionalladen noch Beschäftigungsmöglichkeiten für Menschen mit Behinderungen geschaffen werden, um das Thema Inklusion in das Ladenkonzept zu integrieren. Gespräche mit der örtlichen Lebenshilfe wurden schon geführt.

Vorstellung von Produkten mit regionalen Kräutern

FAZIT

Das in Form des Regionalladens UNIKUM entwickelte Modell ist ein Gegenentwurf zu Internethandel, Massenanfertigung und Verlust des regionalen Kontaktes zwischen Käufern und Herstellern der Produkte. Das Bewusstsein für regionales Erzeugen und Wirtschaften wird gestärkt; der Laden ermöglicht eine wichtige Möglichkeit der Wertschöpfung für Künstler, Kunsthandwerker und kleine Unternehmer, die in den Gemeinden im Umland von Altenkirchen leben und arbeiten. Dabei bündelt er eine Vielzahl von Funktionen als Verkaufsplattform, Aktivitätszentrum und Informationszentrum für Besucher aus dem Ort und der Region und durch seine zentrale Lage am Bahnhof.

ANERKENNUNG

Aidhausen
Mehrgenerationenwerkstatt mit Dorfladen

Dorfladen Aidhausen – Bäckertheke   Dorfladen Aidhausen – Verkaufsfläche

BEGRÜNDUNG DER JURY

Die Ausgangssituation in Aidhausen ist in ähnlicher Weise in vielen Gemeinden zu finden. Der letzte Lebensmittelladen in Aidhausen wurde 2008 geschlossen; in der Folge wurde eine Arbeitsgruppe gegründet, mit deren Hilfe eine Reihe von Bürgerinnen und Bürgern versuchen wollte, eine neue Einkaufsmöglichkeit im Ort zu schaffen. Gegründet wurde nach intensiver Diskussion und Vorbereitung ein Dorfladen mit Mehrgenerationenwerkstatt, der als sozialer Anziehungspunkt fungiert, nicht nur für die älteren Einwohnerinnen und Einwohner des Ortes.

Bemerkenswert und ein wichtiger Erfolgsaspekt ist, dass sich an diesem Projekt zahlreiche Bürgerinnen und Bürger durch die Zeichnung von Anteilen an der neu gegründeten Unternehmergesellschaft auch finanziell beteiligten und damit zugleich Teile des finanziellen Risikos übernehmen. Diese Beteiligung erhöht die Identifikation mit dem Dorfladen und stärkt zugleich seine Rolle als neuer Treffpunkt der Generationen.

Die Verbindung des erfolgreich gemanagten Dorfladens mit einer Mehrgenerationenwerkstatt im Obergeschoss hat eine wichtige Plattform geschaffen, durch die das Engagement der Bevölkerung vernetzt und gefördert wird. Am Programm der Mehrgenerationenwerkstatt können alle mitwirken und eigene Interessen einbringen, was sich ebenfalls als wichtiger Erfolgsgarant erwiesen hat.

Café im Dorfladen als Treffpunkt

Workshop zur Versorgung im Landkreis Haßberge

DER ORT

Aidhausen ist eine Gemeinde im Landkreis Haßberge in Unterfranken. Der Ort hat knapp 1.750 Einwohner/innen, gliedert sich in elf Ortsteile, verfügt über einen Kindergarten und auch die Schule konnte in Zusammenarbeit mit der Nachbargemeinde erhalten werden. Die Gemeinde Aidhausen ist Mitglied der Allianz Hofheimer Land, deren Ziel es ist, die weitere Entwicklung in der Region so zu beeinflussen, dass hier auch in Zukunft ein attraktiver Wohn- und Lebensraum am Rande der Ballungsgebiete Schweinfurt, Bamberg, Coburg und Haßfurt besteht.

TRÄGER

Träger des Dorfladens ist eine Unternehmergesellschaft (UG). Hauptgesellschafter ist die Gemeinde, die für 400.000 Euro einen Teil der Anteile gezeichnet hat. Voraussetzung hierfür war, dass mehr als 50 Prozent der Haushalte ebenfalls Anteile (im Wert von je 200 Euro) zeichnen. Die Gemeinde wollte damit erreichen, dass die Bevölkerung den Dorfladen als „ihren" Laden identifiziert und durch ihre Einkäufe unterstützt. Fördermittel gab es über das Amt für ländliche Entwicklung und das LEADER-Programm. Inzwischen trägt sich der Dorfladen selbst und wird von der Gemeinde nicht mehr bezuschusst.

DAS PROJEKT

Bereits vor der Schließung des letzten Lebensmittelgeschäftes in Aidhausen hatten Bewohner/innen gemeinsam mit der Gemeinde in einem Arbeitskreis an einer Lösung für die zukünftige Nahversorgung gearbeitet. Dabei wurden auch Bedürfnisse und Wünsche formuliert, die über die reine Sicherstellung der Nahversorgung des Ortes hinausgehen. Beispielsweise zu einem Treffpunkt in der Ortsmitte für Vereine, Gruppen oder Privatpersonen, zur Stärkung der Dorfgemeinschaft sowie zur Integration von Jugendlichen. Diese Anforderungen sollten mit dem Dorfladen, einem darin integrierten Café und einer Mehrgenerationenwerkstatt in einem Neubau erfüllt werden, der im Juni 2011 eröffnet werden konnte.

Zum Sortiment des Dorfladens gehören neben den üblichen Produkten des täglichen Bedarfs auch regionale Erzeugnisse (Gemüse, Obst, Honig etc.) und eine Metzger-, Käse- und Bäckertheke mit frischen Produkten. Die Metzgerei ist ein eigenständiger Betrieb mit eigener Kasse. Zusätzlich zu den Einkaufsmöglichkeiten hat sich das Café zum Treffpunkt im Ort entwickelt; es wird auch durch Sportgruppen und Touristen rege genutzt.

Außenansicht des Dorfladens Aidhausen mit Mehrgenerationenwerkstatt

Mehrgenerationenwerkstatt im Obergeschoss des Dorfladens Bücherei der Mehrgenerationenwerkstatt

Im Obergeschoss des Gebäudes befindet sich die Mehrgenerationenwerkstatt. Sie ist durch einen Aufzug barrierefrei erschlossen und steht allen Einwohnern jederzeit offen. Es gibt hier vielfältige Aktivitäten; so werden regelmäßig Kunstwerke oder Fotos ausgestellt, ein Neubürger-Treff wurde eingerichtet und es finden dort die Kurse der Volkshochschule (VHS) statt (Sport, Kochen, Handwerk, Vorträge, Kindergruppen etc.). Zusätzlich ist eine Bücherei eingerichtet und ein öffentlicher PC-Arbeitsplatz.

Die Organisation und die Zusammenstellung der Angebote in der Mehrgenerationenwerkstatt übernimmt ein Mehrgenerationenrat, der sich aus zehn Personen zusammensetzt. Dabei können sich die Bürger/innen auch mit eigenen Ideen einbringen und diese Ideen in Zusammenarbeit mit dem Mehrgenerationenrat und der VHS verwirklichen. Die Angebote werden u. a. durch Flyer und einen Schaukasten in der Ortsmitte beworben. Für die Organisation des Dorfladens wurden eine Vollzeitstelle sowie sechs Teilzeitstellen geschaffen, die bis zu 30 Arbeitsstunden pro Woche leisten.

FAZIT

Der Dorfladen mit seinem umfangreichen Sortiment sowie das integrierte Café wurden erfolgreich und kostendeckend umgesetzt. Die Bürger/innen identifizieren sich mit ihrem Dorfladen und nehmen ihn als sozialen Treffpunkt an. Die Mehrgenerationenwerkstatt schafft eine Plattform, welche durch vielfältige Angebote das Engagement der Bürger/innen fördert und vernetzt.

Das Vorhaben ist ein gelungenes Beispiel für die Sicherung örtlicher Infrastruktur und die Stärkung einer Dorfgemeinschaft. Insbesondere für die älteren, weniger mobilen Bürger/innen leisten Dorfladen, Café und Mehrgenerationenwerkstatt als (generationenübergreifender) Begegnungs- und Kommunikationsort einen wichtigen Beitrag zur Wohn- und Lebensqualität.

Aus dem Projekt sind weitere Impulse entstanden, um die örtliche Infrastruktur zu stärken und das Modell aus Dorfladen mit Mehrgenerationenwerkstatt dient auch für andere Regionen und Gemeinden als Vorbild.

ANERKENNUNG

Langenfeld
Aufbruch in die Zukunft

114 PROJEKTDOKUMENTATION

Eröffnungsfeier mit Landrat, Bürgermeister und Bauträger

Eröffnungsfeier des Mehrgenerationenwohnens mit Tagespflege

BEGRÜNDUNG DER JURY

Die „Dorflinde Langenfeld" ist ein anerkanntes Beispiel für eine aktive und engagierte Dorfgemeinschaft, die sich erfolgreich der Aufgabe stellt, die Chancen und Perspektiven der eigenen Entwicklung zu gestalten. Im Jahr 2014 wurde das bereits breit gefächerte Angebot in unmittelbarer Nähe zum Ortszentrum um eine Tagespflege erweitert. Im Obergeschoss des neu errichteten Gebäudes konnten außerdem mehrere barrierefreie Wohnungen geschaffen werden, die für ein Mehrgenerationenwohnen vorgesehen sind.

Die Dorflinde bzw. die in diesem Konzept gebündelten Angebote bilden ein stabiles Fundament für die neue Erweiterung, die als logischer Schritt auf dem Weg zu einer umfassenden Angebotskette im gestärkten Dorfzentrum gesehen werden kann. Die Verbindung aus Begegnungsstätte, Tagescafé und Mehrgenerationenhaus (Dorflinde) einerseits und Tagespflege sowie barrierefreien Mietwohnungen andererseits ist ein gelungenes Beispiel dafür, wie eine Dorfgemeinschaft in enger Zusammenarbeit von Gemeindeverwaltung und vielen ehrenamtlich tätigen Personen die gemeinsame Verantwortung für die Sicherung der Lebensqualität in kleinen Orten übernehmen kann.

In Langenfeld wird ungeachtet der bestehenden Angebotsvielfalt über einen weiteren Ausbau der Infrastruktur nachgedacht, der selbstverständlich wieder in gemeinsamer Initiative erfolgen soll.

DER ORT

Langenfeld ist eine Gemeinde in Bayern im Landkreis Neustadt a. d. Aisch-Bad Windsheim in Mittelfranken und hat knapp 1.000 Einwohner/innen. Langenfeld liegt ca. zehn Kilometer von der Kreisstadt Neustadt a. d. Aisch entfernt, die Oberzentren Nürnberg und Würzburg sind jeweils rund 50 Kilometer entfernt. Im Zentrum des Dorfkerns befindet sich das Mehrgenerationenhaus Dorflinde als Anlaufpunkt für Kinder, Jugendliche, Familien, Seniorinnen und Senioren. Die Dorflinde ist in einer sanierten historischen Scheune untergebracht, in einem Anbau befindet sich das Tagescafé als offener Treffpunkt. Das Mehrgenerationenhaus bietet ein breites Spektrum an Angeboten für die Bewohner/innen des Ortes, u. a. gibt es einen Mittagstisch für alle Generationen sowie einen wöchentlichen Frühstückstreff, ein Gedächtnistraining für Senioren, ein Internetcafé, Nachhilfegruppen oder Sportangebote. Ebenso wird eine Wohnraumberatung in Kooperation mit dem Landkreis angeboten.

Außenansicht Mehrgenerationenwohnen mit Tagespflege

TRÄGER

Grundsätzlich finanziert die Gemeinde als Träger das Mehrgenerationenhaus die „Dorflinde". Die Trägerschaft für die Tagespflege wurde an einen privaten Pflegedienst vergeben. Zusätzlich wird das Mehrgenerationenhaus durch EU und Bund gefördert. Das Mehrgenerationenwohnen wurde durch die Städtebauförderung mitfinanziert. Außerdem gibt es (private) Sponsoren, die die Dorflinde und das Mehrgenerationenwohnen einschließlich der Tagespflege unterstützen.

DAS PROJEKT

Das Mehrgenerationenwohnen und die Tagespflege sind die konsequente Weiterentwicklung der Stärkung der sozialen Infrastruktur, die mit der Dorflinde im Jahr 2007 begonnen wurde. In teilweise langwierigen Verhandlungen konnte die Gemeinde die Grundstücke dafür erwerben. In Ergänzung zum 2011 gegründeten Helferkreis, der pflegebedürftige Personen zu Hause betreut, soll durch diese Angebote die Qualität der Versorgung von pflegebedürftigen Menschen im Ort weiter gesichert werden.

Blick auf die Terrasse der Tagespflege

Tag der offenen Tür in der Tagespflege

Die Bestandsgebäude wurden abgerissen und ein Neubau mit direkter Wegeverbindung zur Dorflinde geschaffen. Das Gebäude ist energetisch auf dem neuesten Stand; zudem wird ein Blockheizkraftwerk betrieben, dessen Motor die Wärme für Heizung und Warmwasser liefert und über einen Generator Strom erzeugt, den die Bewohner entweder selbst nutzen oder an dessen Einspeisung in das Netz sie finanziell beteiligt werden.

Im Erdgeschoss des Gebäudes befindet sich die Tagespflege für 16 Seniorinnen und Senioren. Die Gäste der Tagespflege kommen überwiegend aus Langenfeld und aus den benachbarten Gemeinden, ebenso wie die zahlreichen Helfer/innen.
Im Ober- und im Dachgeschoss befinden sich je zwei Wohnungen. Sowohl die Räume der Tagespflege als auch die Wohnungen sind barrierefrei gestaltet. Das Mehrgenerationenwohnen soll sowohl die jüngere Generation als auch die Seniorinnen und Senioren in der Gemeinde ansprechen, denn bisher gab es in der Gemeinde kaum Mietwohnraum.

Derzeit werden die Wohnungen von Jüngeren bewohnt, da die Nachfrage von Älteren bisher gering ausfällt. Die Wohnungen liegen in unmittelbarer Nähe zum Mehrgenerationenhaus Dorflinde, bei Bedarf könnten z. B. haushaltsnahe Dienstleistungen vermittelt bzw. das Begegnungszentrum genutzt werden.

Für die kommenden Jahre stehen weitere Projekte auf der Agenda der Gemeinde. So wird ein wachsender Bedarf an einem Dorfladen gesehen, ebenso bestehen konkrete Überlegungen, eine ambulant betreute Wohngemeinschaft einzurichten. Gemeinsam mit dem Nachbarort Sugenheim setzt sich die Gemeinde mit der Frage der medizinischen Versorgung (Arzt und Apotheke) auseinander.

FAZIT

Die Dorflinde mit Begegnungszentrum, das Mehrgenerationenwohnen und die Tagespflege sind ein gutes Beispiel für die gemeinschaftliche Gestaltung einer dörflichen Entwicklung, die auf die Aufgaben und Herausforderungen der Zukunft ausgerichtet ist. Das Konzept der Dorflinde, das weiterhin teamorientiert von vielen Personen mit ehrenamtlichem Engagement getragen wird, umfasst immer mehr Angebote, die die Lebensqualität in Langenfeld für die Zukunft sichern sollen. Die Ergänzung mit Tagespflege und barrierefreien Wohnungen ist ein konsequenter Schritt dieser Zukunftssicherung.

ANERKENNUNG

Jahmo
Willkommen bei Erna

Backprojekt mit der KITA

Verkaufsstand beim Backofenfest

BEGRÜNDUNG DER JURY

Der Förderverein Jahmo e. V. ist aus einer Initiative zur Stärkung der Dorfgemeinschaft dieses Ortes im Umland von Wittenberg entstanden. Um einen Treffpunkt im Ort zu haben, wurde ein in Privatbesitz befindliches, ehemaliges Stallgebäude umgebaut, das durch einen historischen Backofen im Garten ein Alleinstellungsmerkmal aufweist.

Mit einem festen Programm hat sich dieser Treffpunkt inzwischen zum sozialen Mittelpunkt des Dorfes entwickelt. Besondere Aufmerksamkeit verdient aus Sicht der Jury die breite Palette an Angeboten für die unterschiedlichen Generationen, die von der Ferienbetreuung für Kinder bis hin zur Dorfakademie für Erwachsene reichen. Insbesondere das Backofenfest lockt viele Besucherinnen und Besucher aus der Region an.

Ein großes soziales Verantwortungsbewusstsein der Bürgerinnen und Bürger untereinander zeigt sich bei der Organisation und Durchführung der verschiedenen Programmpunkte. Dabei bringen sich zahlreiche Bürgerinnen und Bürger ehrenamtlich ein oder wirken als Besucher mit.

DER ORT

In Jahmo leben knapp 150 Einwohner/innen. 2010 wurde der Ort in die Lutherstadt Wittenberg im Bundesland Sachsen-Anhalt eingemeindet. Jahmo liegt nahe der Bundesstraße 2, ist dadurch gut an Wittenberg angebunden und ein beliebter Wohnort für Pendler.

In Jahmo gibt es keine Versorgungsangebote für Güter des täglichen Bedarfs, aber in regelmäßigen Abständen kommen mobile Händler vorbei. Ein großer Teil der Bevölkerung lebt in Mehrgenerationenhaushalten, sodass die Versorgung von älteren und weniger mobilen Einwohnern von Familienmitgliedern übernommen werden kann.

Neben dem Förderverein Jahmo e. V. gibt es im Ort noch die freiwillige Feuerwehr.

TRÄGER

Im Jahr 2004 gab es in Jahmo keine sozialen Treffpunkte mehr. In den frühen 1990er-Jahren wurden Konsum und Gaststätte geschlossen, wenig später das Waldbad. Einziger Ort für einen Austausch untereinander war der Friedhof.

Aus dieser Situation heraus fanden sich einige Einwohner/innen zusammen und gründeten den Verein zur Förderung des Dorfgemeinschaftslebens in Jahmo e. V. (kurz: Förderverein Jahmo), der

Alle Generationen beteiligen sich beim Bau des Backofens

Küche in der Begegnungsstätte

Ausgebautes Stallgebäude wird als Begegnungsstätte genutzt   Terrasse der Begegnungsstätte im Bau

aktuell 18 Mitglieder hat. Der Mitgliedsbeitrag beträgt 12 Euro im Jahr. Zahlreiche weitere Einwohner/innen des Ortes und der Nachbargemeinden wirken bei der Durchführung von Projekten und Veranstaltungen mit, ohne Vereinsmitglieder zu sein.

DAS PROJEKT

Der Schwerpunkt der Arbeit des Vereins liegt auf der Förderung des Dorfgemeinschaftslebens und der Durchführung von kulturellen Angeboten sowie Bildungsangeboten für Kinder und Ältere. Vorrangiges Ziel ist es dabei, durch vielfältige Veranstaltungen aus den Bereichen Gesellschaft, Sport, Bildung, Musik, Literatur oder Theater die Lebensqualität im Ort zu erhöhen.

Zu Beginn wurden zwei Baucontainer als Vereinsheim genutzt, doch schon nach kurzer Zeit war aufgrund der großen Nachfrage nach den Angeboten des Vereins dieser Platz nicht mehr ausreichend. Der Verein entschloss sich deshalb dazu, das Angebot einer Familie anzunehmen und deren leerstehendes Stallgebäude um- und auszubauen.

In Eigenregie und mit zahlreichen Helfern aller Altersklassen entstand eine Begegnungsstätte für alle Generationen, welche nach ihrer Vorbesitzerin „Erna" benannt wurde. Zudem wurde ein historischer Backofen in das Grundstück integriert. Innerhalb des Gebäudes wurde ein Veranstaltungsraum mit angrenzender Küche geschaffen. Sanitäre Anlagen werden in Containern auf dem Grundstück zur Verfügung gestellt.

Innenansicht der Begegnungsstätte

Backofen im Garten

Zu den Aktionen und regelmäßigen Veranstaltungen gehört beispielsweise, dass Kinder aus der Grund- und Sekundarschule gemeinsam mit ihren Großeltern historische Rezepte, Brauchtum und Arbeitsweisen für ein Kindersachbuch zusammen getragen haben („die unelektrische Oma"). Des Weiteren werden Projekttage für Kindergarten und Schulen durchgeführt, um in Anlehnung an das Buch das Leben zu Omas Zeiten zu vermitteln (Brot backen, Wäsche waschen usw.). Ferienprogramme für Kinder, verschiedene jahreszeitliche Feste, ein monatlicher Kaffeeklatsch für Ältere und eine Dorfakademie mit Bildungsveranstaltungen zu wechselnden Themen gehören ebenfalls zum Programm.

Der jährliche Höhepunkt ist das Backofenfest, das inzwischen einen regionalen Einzugsbereich hat. Durch den Verkauf von selbstgebackenem Brot erwirtschaftet sich der Verein eine wichtige finanzielle Grundlage für die anderen Aktivitäten.

Die Begegnungsstätte ist inzwischen zu einer festen Institution im Ort geworden und wird auch als Wahllokal oder als Tagungsstätte für den Ortschaftsrat genutzt. Bei den Veranstaltungen wirken viele Dorfbewohner/innen nach ihren Möglichkeiten und Interessen mit, darunter auch zahlreiche jüngere Bewohner/innen. Die Besucher/innen kommen aus der gesamten Region. Bei der Programmgestaltung arbeitet der Verein eng mit der Nachbargemeinde Köpnik (ca. 100 Einwohner/innen) zusammen.

Sommerfest in Jahmo

In der Zukunft will der Verein weiter den Ausbau der Jugend- und der Altenarbeit forcieren. Konkret in Bearbeitung ist ein Projekt für die Betreuung von Demenzkranken.

FAZIT

Aus der Initiative zur Stärkung der Dorfgemeinschaft ist nach und nach ein umfassendes Angebot entstanden, das zum festen Bestandteil des dörflichen Lebens in Jahmo wurde. Durch den ehrenamtlichen Einsatz zahlreicher Bewohner/innen kann ein abwechslungsreiches Programm angeboten werden, zu dem viele generationenübergreifende Angebote gehören.

Der Dorfbackofen bietet ein Alleinstellungsmerkmal, das bei den Festen auch Besucher/innen aus der Region anlockt und über das Backofenfest eine wichtige finanzielle Grundlage für die weitere Arbeit des Vereins eröffnet.

ANERKENNUNG

Bohnental
Die Bohnentaler Muske(l)tiere –
Wer hilft, wenn keiner aus der Familie vor Ort ist?

Ehrenamtliche Helfer bei der Gartenarbeit

BEGRÜNDUNG DER JURY

Als Reaktion auf die Auswirkungen des demografischen Wandels – insbesondere der deutlichen Zunahme Älterer und älterer Alleinstehender - wurde das Netzwerk „Bohnentaler Muske(l)tiere" gegründet. Es soll Hilfe und Unterstützung für Seniorinnen und Senioren vor allem durch solche Angebote leisten, die durch professionelle Dienstleister nicht abgedeckt werden (können). Beispielhaft hierfür sind Mitfahrgelegenheiten zum Einkaufen (zum Arzt) und kleine Reparaturen im Haus oder im Garten.

Ungewöhnlich an diesem 2012 gegründeten Netzwerk ist, dass sich das Einsatzgebiet der Bohnentaler Muske(l)tiere über fünf Ortsteile aus zwei Gemeinden in zwei unterschiedlichen Landkreisen erstreckt. Aufgebaut mit großem bürgerschaftlichen Engagement und wesentlich mitgetragen von den Ortsbürgermeistern und der ganzen Verwaltung ist dieses Netzwerk ein gelungenes Beispiel dafür, wie interkommunale Zusammenarbeit funktionieren kann.

Die positiven Erfahrungen, die mit der interkommunalen Zusammenarbeit und ihren Erfolgen verbunden sind, werden inzwischen auch auf andere Projekte übertragen.

Einsatzbesprechung des Organisationsteams

DAS TAL

Das Bohnental liegt im nördlichen Saarland am Südhang des Naturparks Saar-Hunsrück. Die Besonderheit am Bohnental ist, dass die fünf kleinen Dörfer (Ortsteile) zu unterschiedlichen Gemeinden gehören. Während der Ortsteil Dorf im Bohnental der Gemeinde Schmelz zugehörig ist, gehören die Ortsteile Lindscheid, Neipel, Scheuern und Überroth-Niederhofen zur Gemeinde Tholey. Dabei liegen Schmelz und Tholey in unterschiedlichen Landkreisen. Die nächstgrößere Stadt Saarbrücken befindet sich etwa 30 Kilometer entfernt.

Mit rund 300 Einwohnern ist Dorf der kleinste Ort in Bohnental, Scheuern mit knapp 850 der größte. In den beiden Hauptorten der Gemeinden Schmelz und Tholey, welche außerhalb des Bohnentals liegen, sind die wichtigsten Nahversorgungseinrichtungen vorhanden. Für die Bewohner/innen des Bohnentals sind diese jedoch ohne Auto kaum erreichbar. Zudem wird eine weitere Ausdünnung der Angebote in den Gemeindegebieten befürchtet. Aus diesem Grund wurde von der Agentur für ländlichen Raum ein Dorfladen in Scheuern gefördert.

TRÄGER

Das Projekt ging aus einer integrierten interkommunalen Dorfentwicklung hervor. Erste Planungen zu den Bohnentaler Muske(l)tieren entstanden 2010 in einer Gruppe aus den Bürgermeistern und Ortsvorstehern, Arbeitskreismitgliedern, einem Vertreter der Universität des Saarlands sowie der Firma ARGUS CONCEPT, die für die fachliche Beratung zuständig war. In der Bevölkerung wurde eine Haushaltsbefragung durchgeführt, die eine positive Resonanz ergab.

Nach weiteren Abstimmungen nahmen die Bohnentaler Muske(l)tiere dann im April 2012 ihre Arbeit als Aktionsgemeinschaft ohne vereinsrechtliche Struktur auf.

DAS PROJEKT

Die fünf Orte arbeiteten bereits bei verschiedenen Bauprojekten, Wanderwegen und Sportanlagen über die Landkreisgrenze hinweg zusammen. Dabei wurden auch die Folgen des demografischen Wandels für die Region sowie die Abwanderung der jüngeren Bevölkerung thematisiert. Viele Ältere im Bohnental sind inzwischen alleinstehend und können auf die Hilfe der Kinder nicht zurückgreifen, weil diese oft weit weg wohnen. So wurde die Idee geboren, ein ehrenamtliches Hilfenetzwerk aufzubauen, die „Bohnentaler Muske(l)tiere".

Übergeordnetes Ziel dabei ist es, die kleinen Orte im Bohnental lebens- und liebenswert zu machen. Insbesondere alleinstehende Ältere sollen in Ihrem Alltag unterstützt werden, auch wenn sie oft noch alleine zurechtkommen, benötigen sie doch immer wieder kleine Hilfen im Alltag.

Zum Angebotsrepertoire der Bohnentaler Muske(l)tiere gehört deshalb nicht nur die Begleitung zum Einkaufen, sondern auch die Hilfe im Garten und im Haushalt, kleine Reparaturen, Hilfe am Computer oder im Umgang mit Behörden. Für Gartenarbeiten wurde ein PKW-Anhänger angeschafft, einschließlich der Werkzeuge, die dabei benötigt werden. Dieser Hänger kann entliehen werden und steht auch für allgemeine Grünpflegeaufgaben in den Orten zur Verfügung.

Treffen der ehrenamtlichen Helferinnen und Helfer der Bohnentaler Muske(l)tiere

Wichtig ist es der Initiative, keine Konkurrenz für professionelle Anbieter darzustellen. Seit dem Start im April 2012 hat es insgesamt 367 Einsätze gegeben, bei denen 49 verschiedene Personen verschiedene Hilfen in Anspruch genommen haben, vor allem in Form von Mitfahrgelegenheiten. Die Hilfen sind für die Betroffenen unentgeltlich. Derzeit gibt es 69 freiwillige Helfer aus allen Ortsteilen des Bohnentals. Die Hilfesuchenden können eine feste, örtlich bekannt gegebene Telefonnummer anrufen. Der Service ist an allen Werktagen von Montag bis Freitag am Vor- und am Nachmittag jeweils zwei Stunden erreichbar. Dabei übernehmen sowohl Ehrenamtliche als auch die Ortsvorsteher der Dörfer den Telefondienst. Die Helfer/innen sind bei ihren Einsätzen über die Gemeinden versichert, deshalb werden auch direkte Absprachen zwischen Helfenden und Hilfesuchenden telefonisch gemeldet. Die Helfer/innen erhalten auch Fortbildungen, beispielsweise zur Früherkennung von Demenz.

Eine Ausweitung des Angebotsrepertoires oder des Einsatzgebietes ist aktuell nicht vorgesehen. Das Konzept der Bohnentaler Muske(l)tiere ist in den Nachbargemeinden bekannt; inzwischen gründen sich dort ähnliche Initiativen.

Einsatz bei der Kinderbetreuung

Ehrenamtlicher Helfer bei der Gartenarbeit

FAZIT

Eine Vielzahl niedrigschwelliger Hilfeangebote verbessert die Qualität des Alltags für die älteren Bewohner/innen des Bohnentals, beispielsweise in Form der Mitfahrgelegenheiten, die den Zugang zur Nahversorgung erleichtern. Das ehrenamtliche Hilfeangebot ist auf Dauer angelegt, wozu wesentlich das persönliche Engagement der Ortsbürgermeister/innen beiträgt.

Das Projekt kann als gelungene Fortsetzung einer integrierten kommunalen Zusammenarbeit betrachtet werden. Die positiven Erfahrungen aus der über die Landkreisgrenzen hinweg reichenden Zusammenarbeit werden mittlerweile auch auf andere Projekte übertragen.

ANERKENNUNG

Wieren
Wieren 2030 – Eine Dörfergemeinschaft packt an

Marktfrau bei Neueröffnung des Treffpunktes Wieren 2030

Bilder von Grundschülern in leerstehenden Schaufenstern

BEGRÜNDUNG DER JURY

Wieren 2030 ist eine inhaltlich breit gefächerte Initiative, deren Schwerpunkte in den Themenfeldern Versorgung, Leben/Wohnen, Verkehr und Wirtschaft liegen. Absichtlich wurde bisher keine formale Rechtsform für die Initiative gewählt, um die Hürde zum Mitmachen für möglichst viele Bürgerinnen und Bürger gering halten zu können. Die Kehrseite dieser Entscheidung ist, dass deshalb auch noch keine Fördermittel akquiriert werden konnten und die Umsetzung der Projekte ohne finanzielle Hilfen erfolgen musste.

Auffällig und bemerkenswert ist die soziale Verantwortungsbereitschaft vieler Bürgerinnen und Bürger, die sich für die Entwicklung und Umsetzung der einzelnen Projekte einsetzen. Ein Beispiel hierfür ist die Betreuung der einzelnen Angebote durch ehrenamtliche Projektpaten; sie sind nicht nur untereinander, sondern auch mit der Gemeindeverwaltung gut vernetzt.

Mit der informellen Struktur der Initiative und dem großen Engagement vieler Beteiligter konnten innerhalb kurzer Zeit zahlreiche Projekte in den vier oben genannten Themenfeldern angegangen und umgesetzt werden.

Workshop mit Prof. Dr. Arnd Jenne von der Ostfalia Fachhochschule

DER ORT

Wieren ist ein Ortsteil der Gemeinde Wrestedt im Landkreis Uelzen im Bundesland Niedersachsen. Der Ortsteil mit 2.500 Einwohnerinnen und Einwohnern war bis 2011 eine eigenständige Gemeinde.

In Wieren gibt es u. a. eine Apotheke, ein Familienzentrum mit Kindertagesstätte sowie eine Grundschule. Ein wichtiges Freizeitangebot in Wieren ist das Sommerbad, das ehrenamtlich durch den Verein Aktion Sommerbad Wieren e.V. geführt wird. Zahlreiche Bewohner/innen engagieren sich bei der Wartung des Bades oder beim Kassendienst. Von diesem Engagement ausgehend wird nun auch bei anderen Projekten auf eine entsprechende Untersützung und Mitwirkung gesetzt.

TRÄGER

Das Projekt „Unser Lebensraum Wieren 2030 – eine Dörfergemeinschaft packt an" ist ein Ansatz zur Weiterentwicklung des Ortes angesichts der Herausforderungen, die u. a. durch die zunehmende Urbanisierung entstehen. Die Einbindung der Bevölkerung soll nachhaltige Lösungen ermöglichen, die von den Bürgern und von den bestehenden Institutionen gemeinsam getragen werden.

Derzeit ist das Projekt informell und nicht als Verein organisiert. Damit soll die Schwelle für eine aktive Mitwirkung möglichst niedrig gehalten werden. Das Vorhaben wird aus LEADER-Mitteln und über kommunale Haushalte gefördert.

DAS PROJEKT

Das Projekt geht auf eine Gemeindeversammlung zurück, in der deutlich wurde, dass nicht nur die Auswirkungen des demografischen Wandels, die schwindende Grundversorgung und der Rückgang des Gemeinschaftslebens, sondern auch die Eingemeindung von Wieren nach Wrestedt einschneidende Veränderungen mit sich bringen wird. Ein wichtiges Ziel der daraufhin entstanden Initiative ist es, durch Aktivitäten und Angebote den Wegzug der Jüngeren zu verringern und gleichzeitig den Zuzug neuer Einwohner/innen zu fördern. Damit soll auch erreicht werden, dass das Gewerbe und die damit verbundenen rund 260 Arbeitsplätze am Ort gehalten werden, und dass eine Grundversorgung am Ort erhalten bleibt.

Zur Entwicklung eines Aktionsplans kooperiert die Initiative mit der Ostfalia Fachhochschule. Es wurde eine Haushaltsbefragung durchgeführt, um bestehende und zu erwartende Bedarfe zu ermitteln. Die hohe Rücklaufquote, das große Interesse aus der Bevölkerung an der Ergebnispräsentation und den anschließenden Workshops sowie der Vorstellung des Abschlussberichtes bestätigte die Initiatoren. Eine weitere Zusammenarbeit gibt es mit der „Akademie für ländliche Entwicklung und Nachhaltigkeit" (ALENA) in einem Kompetenznetzwerk.

Im Januar 2014 wurde der Aktionsplan „Wieren 2030" veröffentlicht, der mit der kommunalen Verwaltung, der Politik und den Unternehmen aus Handel, Handwerk und Gewerbe auf Basis der gesammelten Daten der Befragung und der Workshops entwickelt wurde. Drei Schwerpunkte für die zukünftige Entwicklung des Ortes wurden identifiziert: Versorgung, Leben und Wohnen, Verkehr und Wirtschaft. Im Aktionsplan wurden rund 20 Ziele mit einer Vielzahl von Projekten formuliert.

Der NDR berichtete über die Neueröffnung des Treffpunktes Wieren 2030

Leerstehende Schaufenster wurden durch Grundschüler gestaltet

Wichtig war es dabei, Maßnahmen zu entwickeln, die sich gut und schnell umsetzen lassen; deshalb wurden Themen wie Schule oder Klimawandel ausgeklammert.

Inzwischen wurden über 90 unterschiedliche Projekte initiiert, wie beispielsweise die Organisation einer mobilen Nahversorgung, die Erstellung eines Leerstands- und Baulückenkatasters oder der Aufbau eines Reparaturcafés. Ferner bieten Ehrenamtliche ihre Hilfen und Talente beim Projekt „Zeitschenker" an.

Jedes Projekt, Maßnahme oder Themengebiet hat ehrenamtliche Paten, die die Verantwortung und die Federführung übernehmen. Die Paten und alle in der Initiative engagierten Personen treffen sich jeden Monat zu einem Stammtisch, um über den Fortgang der einzelnen Projekte zu berichten und zu diskutieren. An den Stammtischen ist auch die Gemeindeverwaltung vertreten, mit der die Zusammenarbeit projektbezogen erfolgt. Die Gemeinderäte erhalten die Protokolle der Stammtische, um über Aktionen und Projekte informiert zu sein.

Reparatur-Café im Sommerbad Wieren

FAZIT

Wieren 2030 ist mit seinen drei Themenfeldern Versorgung, Leben und Wohnen, Verkehr und Wirtschaft sehr breit gefächert. Gemeinsam werden Maßnahmen und Projekte initiiert, die zukünftigen Herausforderungen entgegen wirken und die Entwicklung im Raum fördern sollen. Zu den bisherigen ca. 90 Einzelprojekten werden weitere Projekte und ein Ausbau der personellen Kapazitäten angestrebt. Die Initiative kann damit als Beispiel für viele Dörfer im ländlichen Raum dienen, die sich mit den Folgen der zunehmenden Urbanisierung auseinander setzen wollen oder müssen.

SONDERANERKENNUNG

Hofheimer Land
Eine Allianz für lebendige Ortsmitten

Interkommunales Bürgerzentrum in Hofheim

Dorfladen in Riedbach

BEGRÜNDUNG DER JURY

In der Hofheimer Allianz haben sich sieben Gemeinden zusammengeschlossen, um als Antwort auf die demografischen Veränderungen eine gemeinsame Strategie zur zukünftigen Gestaltung ihrer Region zu entwickeln. Ein wichtiger Schritt dabei ist die dauerhafte Stärkung der Innenentwicklung der einzelnen Gemeinden.

Das Projekt ist eines der eher seltenen Beispiele einer weitreichenden interkommunalen Zusammenarbeit, die auf eine Gesamtstrategie zur Bewältigung der Herausforderungen für die zukünftige Entwicklung ausgerichtet ist. Konkrete Maßnahmen wurden beispielsweise im Bereich des innerörtlichen Leerstandsmanagements, beim Ausbau einer Reihe von Bürgerhäusern als Treffpunkte, bei der Gründung von Dorfläden zur Verbesserung der Nahversorgung und beim Knüpfen neuer Wegenetze ergriffen.

Der koordinierte Einsatz der Bürgermeisterinnen und Bürgermeister bei der Verfolgung einer gemeinsamen Strategie hat wesentlichen Anteil daran, dass die Bedeutung der Ortskerne als Zentren des sozialen und kulturellen Lebens bewahrt werden konnte. Die Jury würdigt diese gemeinsame Initiative mehrerer kleiner Gemeinden mit einer Sonderanerkennung.

DAS HOFHEIMER LAND

In der Allianz „Hofheimer Land" haben sich die sechs Gemeinden der Verwaltungsgemeinschaft Hofheim in Unterfranken zusammengeschlossen: Aidhausen, Bundorf, Burgpreppach, Ermershausen, Riedbach und die Stadt Hofheim i. UFr. sowie die Gemeinde Maroldsweisach. Die Gemeinden haben zwischen 500 und 1.800 Einwohner/innen, lediglich Hofheim zählt etwas mehr als 5.000 Einwohner/innen. Die Hofheimer Allianz liegt zwischen den Städten Schweinfurt und Coburg; sie hat eine Fläche von 285 km^2 und knapp 15.000 Einwohner/innen. In der Stadt Hofheim ist eine gute Versorgungsinfrastruktur vorhanden, die von Lebensmittelgeschäften über Schulen, Haus- und Fachärzten bis zu einer Fachklinik für Innere Medizin reicht.

DER VEREIN / TRÄGER

Die Allianz „Hofheimer Land" wurde 2008 mit dem Ziel gegründet, eine gemeinsame Strategie für die zukünftige Entwicklung zu entwickeln. Als Rechtsform wurde ein Verein gewählt; die Mitgliedsgemeinden zahlen einen jährlichen Beitrag. Entwicklungsprojekte werden über die kommunalen Haushalte finanziert.

Ausschlaggebende Punkte waren dabei die Abwanderung aus den Siedlungsgebieten und die drohende Verödung der Ortszentren. Bis zum Jahr 2031 – so die Prognose des Statistischen Landesamts – wird die Zahl der Einwohner/innen um 8,7 Prozent zurückgehen und das Durchschnittsalter von 43,2 auf 48 Jahre ansteigen.

DAS PROJEKT

Die sieben Mitgliedsgemeinden haben insgesamt 53 Stadt- und Ortsteile und oberstes Ziel ist es, diese zu stärken. Neubaugebiete mit ihrem Flächenverbrauch und den Kosten für Erschließung und technische Infrastruktur sollen vermieden werden. Aus der Konzentration auf die Innenentwicklung wird eine Stärkung der traditionellen Baukultur und eine Verbesserung der Lebensqualität im Ort erwartet, denn die Ortskerne bleiben attraktiv und das soziale Leben findet weiterhin in den Ortsmitten statt.

Als einer der ersten Schritte wurden die Leerstände in den Gemeinden erfasst. Anschließend wurde ein Förderprogramm entwickelt, das Bauvorhaben im Ortskern unterstützt. Wer ein Anwesen in den Allianz-Gemeinden besitzt oder wer ein Bauvorhaben plant, kann sich von einem Planungsbüro beraten und eine Entwurfsplanung erstellen lassen, ohne dass hierfür Kosten anfallen.

Die Gemeinden haben eigene Förderprogramme aufgelegt und stellen für die Investition in und die Nutzung von vorhandener Bausubstanz einen Förderbetrag von bis zu 10.000 Euro pro Anwesen zur Verfügung. Zwischen 2009 und März 2014 wurden 153 Baumaßnahmen gefördert, 58 Baulücken verkauft und 19 Ortskernprojekte durchgeführt. Insgesamt wurde eine Fördersumme von knapp 627.000 Euro bewilligt. Um weitere innerörtliche Leerstände zu vermeiden, wurden außerdem bereits ausgewiesene Baugebiete wieder zurückgenommen (bisher 92 Bauplätze).

Dorfgemeinschaftshäuser sollen den sozialen und funktionellen Mittelpunkt der einzelnen Dörfer bilden. Zehn dieser Häuser befinden sich derzeit im Bau, teilweise sind sie schon fertiggestellt. Zukünftig sollen sie Platz für Ehrenamt, Begegnung sowie Austausch zwischen den Generationen bieten. Zahlreiche Bürger/innen engagieren sich in den bereits bestehenden Häusern; über eine Vernetzung der Dorfgemeinschaftshäuser sollen auch Synergieeffekte entstehen, beispielsweise durch rotierende Angebote.

Zukunftswerkstatt in der Hofheimer Allianz

Dorfgemeinschaftshaus im Bau

Verfahren der Dorferneuerung sowie der Ausbau des Radwegenetzes und des Breitbandnetzes sollen den Zuzug in die Region und die lokale Wertschöpfung fördern. Dorfläden wurden eingerichtet, um die Nahversorgungsinfrastruktur zu verbessern, und es wird eine Beratung für Existenzgründer angeboten. Aus einer Wohnungsmarktanalyse wurde ersichtlich, dass es für Ältere an kleinen Wohnungen mit guter Anbindung an die Ortszentren fehlt. In Hofheim wurden deshalb auf zwei innerstädtischen, bislang brachliegenden Grundstücken kleine Wohnungen errichtet. Auf dem einen Grundstück haben überwiegend Singles und junge Paare diese Wohnungen nachgefragt, auf dem anderen Grundstück sind es überwiegend ältere Bewohner/innen.

In der Umsetzung von konkreten Projekten steht die Eigenverantwortung der einzelnen Kommunen im Vordergrund. Die Mitwirkung der Bevölkerung ist in den vergangenen Jahren stark gestiegen; das Bewusstsein einer gemeinschaftlichen Verantwortung für die zukünftige Entwicklung ist deutlich stärker ausgeprägt. Für die kommenden Jahre wird insbesondere mit Blick auf Hofheim eine Krise im Einzelhandel erwartet. Darauf will die Allianz frühzeitig reagieren und bestehende Angebote der Nahversorgung erhalten.

Dorfgemeinschaftshaus in Neuses, einem Ortsteil von Bundorf

FAZIT

Das Projekt ist ein funktionierendes Beispiel für eine Allianz von Gemeinden, die sich gemeinsam den Herausforderungen der zukünftigen Entwicklung stellen. Neue Aufgaben werden sukzessive hinzugenommen; eine Grundvoraussetzung für jedes Projektes ist seine wirtschaftliche Tragfähigkeit. Heute stellt die Allianz weit mehr als ein gemeinsames Programm zur Förderung von Bausubstanz dar, denn inzwischen gehört zu den Zielen, die weitere Entwicklung des „Hofheimer Landes" selbst aktiv zu beeinflussen und zu gestalten.

SONDERANERKENNUNG

Ostfriesland
Kulturhistorisches Themenjahr „Land der Entdeckungen 2013", Modellprojekt zur Vernetzung von Kultur und Tourismus

Spielmannszug Westoverledingen im Rahmen des Themenjahres   Vorführung von einem historischen Löschfahrzeug

BEGRÜNDUNG DER JURY

Das Kulturnetzwerk Ostfriesland veranstaltet alle drei Jahre ein kulturhistorisches Themenjahr; 2013 lautete das Motto „Land der Entdeckungen". Die Koordination und Leitung des Kulturnetzwerks wird durch den Regionalverband Ostfriesische Landschaft übernommen.

Die Themenjahre knüpfen inhaltlich eng an die lange Geschichte der Eigenständigkeit der ostfriesischen Gemeinden an. Sie werden umgesetzt unter Beteiligung von jeweils rund 3.000 Personen aller Altersklassen, von denen sich die große Mehrzahl ehrenamtlich engagiert. Auf diese Weise werden durch die Themenjahre die Identifikation mit dem Ort und seiner Geschichte gestärkt und es entsteht ein bemerkenswerter sozialer und generationenübergreifender Zusammenhalt. Wichtig ist dabei, dass dieser Zusammenhalt auch über die Themenjahre hinweg bestehen bleibt und dadurch die Lebensqualität in den Orten Ostfrieslands gesteigert wird.

Die Jury vergibt deshalb an den Regionalverband Ostfriesische Landschaft stellvertretend für alle beteiligten Gemeinden und Personen eine Sonderanerkennung.

Theaterprojekt im Rahmen des Themenjahres

DIE REGION

Ostfriesland ist eine Region in Niedersachsen im Nordwesten Deutschlands. Sie besteht aus den Landkreisen Aurich, Leer und Wittmund sowie der kreisfreien Stadt Emden. Ostfriesland liegt an der Küste der Nordsee und umfasst neben dem Festland auch die Inseln Borkum, Juist, Norderney, Baltrum, Langeoog und Spiekeroog. Es ist ein dünn besiedelter ländlicher Raum mit einer Bevölkerungsdichte von rund 148 Einwohnern pro km², was unter dem Bundesdurchschnitt und unter dem Durchschnitt des Landes Niedersachsen liegt. Wirtschaftlich ist die Region auch vom Tourismus geprägt, insbesondere auf den Inseln und in den Küstenorten. Eine starke kulturräumliche und wirtschaftliche Stellung hat auch die Landwirtschaft.

Über Jahrhunderte waren Wasserstraßen für Ostfriesland die wichtigsten Verkehrswege – aufgrund ihrer peripheren Lage wurde die Region jeweils spät an das Eisenbahnnetz und an das Autobahnnetz angeschlossen. In Ostfriesland gibt es eine Vielzahl von Kulturgütern, darunter historische Orgeln, romanische Kirchen, eine reichhaltige Museumslandschaft sowie eine vielfältige Kulturszene. Hinzu kommen die historische Tradition der Friesischen Freiheit und die Auszeichnung des Wattenmeers als UNESCO-Weltnaturerbe.

DER VEREIN / TRÄGER

Die „Ostfriesische Landschaft" ist ein Regionalverband für Kultur, Wissenschaft und Bildung mit einer bis ins Mittelalter zurückreichenden Geschichte. Hauptaufgabe heute ist die Kulturpflege, für die 2006 ein Kulturnetzwerk gegründet wurde. Die Koordination und Leitung dieses Netzwerkes wurde vom Regionalverband „Ostfriesische Landschaft" sowie der Ostfriesland Tourismus GmbH übernommen. Dem Kulturnetzwerk haben sich viele Partner aus Kultur, Touristik und Kommunalpolitik angeschlossen. Alle drei Jahre werden sogenannte Themenjahre durchgeführt; die bisherigen drei Themenjahre (2007, 2010, 2013) wurden mit je 500.000 Euro durch die Kulturförderung des Landes Niedersachsen gefördert. Diese Förderung ist ausgelaufen und eine alternative Förderung konnte noch nicht gefunden werden.

DAS PROJEKT

Die Themenjahre sind ein wichtiger Bestandteil der Arbeit des Kulturnetzwerkes, an denen sich viele Projekte und Vereine aus den Sparten Musik, Theater, Literatur, bildende Kunst und Soziokultur beteiligen. Teilweise wurden für die Themenjahre auch neue Projekte entwickelt oder Vereine gegründet. Das Kulturnetzwerk will mit den Themenjahren die Rahmenbedingungen für ein lebendiges Miteinander verbessern und die touristischen Potenziale der Region bestmöglich ausschöpfen. Zugleich soll auch das Bewusstsein der Bevölkerung für die regionalen Attraktionen und die gemeinsame Kultur gefördert werden.

Volkstanzgruppe Westoverledingen

Plakat zum Themenjahr 2013 "Land der Entdeckungen"

Veranstaltung zur Dorfgeschichte von Pewsum

Die einzelnen Projekte und Initiativen profitieren von einem breit angelegten Marketing, einer koordinierten bundesweiten Werbung, einer intensiven Pressearbeit sowie einer Beratung rund um den Inhalt und die Gestaltung ihrer Beteiligung. Besondere Unterstützung erhalten kleine Projekte, die ansonsten wenige Möglichkeiten für eigenes Marketing haben. Jedes Themenjahr hatte einen anderen Schwerpunkt; für das Jahr 2013 lautete das Motto „Land der Entdeckungen". Es drehte sich vorrangig um Geschichte und Archäologie auf der ostfriesischen Halbinsel.

Insgesamt wurden bei Veranstaltungen und Ausstellungen im Rahmen des Projektes „Land der Entdeckungen" ca. 478.000 Besucher gezählt. Beteiligt hatten sich 105 Partner aus Kultur und Tourismus an 60 Standorten. An der Gestaltung der Angebote haben sich ca. 3.000 Menschen als festangestellte oder ehrenamtliche Helfer/innen beteiligt. Die Projekte fanden auf der gesamten Ostfriesischen Halbinsel statt; einige Kultureinrichtungen im Bereich der Oldenburgischen Landschaft wirkten ebenfalls mit.

Während des Themenjahres haben verschiedene Initiativen und Projekte ein selbstgestaltetes Programm vorgestellt. Schwerpunkt dabei war die Pflege des Brauchtums, der Tradition und des gemeinschaftlichen Lebens. Im Wettbewerb „Land und Leute" der Wüstenrot Stiftung wurde stellvertretend für das Themenjahr 2013 des Kulturnetzwerks der Ort Westgroßefehn mit seinen Attraktionen vorgestellt; diese Präsentation zeigte beispielhaft das Selbstverständnis der gemeinsamen Initiative und den Zusammenhalt zwischen allen Beteiligten.

Besucher auf dem Museumsschiff in Westgroßefehn   Vorführung von Webtechniken in Westgroßefehn

FAZIT

Die Ostfriesische Landschaft erfüllt regionale Aufgaben auf den Gebieten der Bewahrung und Weiterentwicklung von Kultur, Wissenschaft und Bildung in und für Ostfriesland, vor allem durch die Unterstützung entsprechender Angebote und Projekte im Zusammenwirken mit anderen Einrichtungen und Organisationen. Sie wirkt damit als Hüterin der friesischen Überlieferung und im Rahmen der geschichtlichen und kulturellen Zusammenhänge des friesischen Küstenraumes. Der 2013 im Themenjahr „Land der Entdeckungen" entwickelte Zusammenhalt konnte an vielen Orten langfristig gesichert werden und trägt ganz wesentlich dazu bei, die Lebensqualität zu stärken.

SONDERANERKENNUNG

Uffenheim
Regional versorgt – Energie und Nahversorgung in Bürgerhand eG

Gemeinschaftsauto in der Gemeinde Emskirchen   Die Gründerinnen der Genossenschaft

BEGRÜNDUNG DER JURY

Die Genossenschaft „Regional Versorgt – Energie und Nahversorgung in Bürgerhand eG" wurde mit dem Ziel gegründet, regionale Versorgungsstrukturen aufzubauen und zu erhalten, um die Lebensqualität der Menschen im ländlichen Raum zu stärken. Für die wirtschaftliche Tragfähigkeit der Angebote wird auf eine breite Beteiligung der Bürgerinnen und Bürger und eine möglichst breite Akzeptanz in der Bevölkerung gesetzt.

Die Genossenschaft wurde 2012 gegründet; die Initiative dazu leitete sich auch aus dem Wunsch ab, auf die Reaktorkatastrophe in Fukushima mit einer Stärkung der Region und der regionalen Kreisläufe reagieren zu können. Deshalb setzt die Genossenschaft bei der Verwirklichung ihrer Projekte zwar auf eine breite Themenvielfalt; neben ökonomischen spielen jedoch vor allem soziale und ökologische Zielsetzungen eine wichtige Rolle. Zu den konkreten Projekten gehören der Altstadtmarkt in Uffenheim, ein Gemeinschaftsauto als Einstieg in ein auf ländliche Strukturen angepasstes Carsharing sowie Dachflächen für Photovoltaikanlagen. Zukünftig will sich die Genossenschaft vermehrt sozialen Themen widmen.

Die Jury spricht der regional orientierten Genossenschaft, deren Projekte überwiegend in kleinen Gemeinden realisiert werden, eine Sonderanerkennung aus.

Büroeingang der Genossenschaft

Im Altstadtmarkt gibt es Waren des täglichen Bedarfs

DER ORT

Die Stadt Uffenheim liegt in Mittelfranken im Landkreis Neustadt an der Aisch – Bad Windsheim. Sie ist Sitz der Verwaltungsgemeinschaft (VG) Uffenheim, zu der acht weitere Gemeinden gehören. Uffenheim selbst hat rund 6.200 Einwohner/innen, die übrigen Gemeinden der VG zusätzlich rund 7.500. Uffenheim besitzt eine gute Infrastruktur mit Schulen, Fach- und Einzelhandel sowie zahlreichen Dienstleistungen.

DER VEREIN / TRÄGER

Die Idee des Projekts geht auf eine Auseinandersetzung mit den Herausforderungen zurück, die aus den Folgen des demografischen Wandels, dem Verlust an ländlicher Infrastruktur oder den Auswirkungen des Klimawandels entstehen. Die Nuklearkatastrophe in Fukushima war dann der konkrete Auslöser für die Gründung der Genossenschaft „Regional versorgt – Energie und Nahversorgung in Bürgerhand" im Oktober 2011; die Eintragung erfolgte im März 2012. Zunächst waren es 37 Gründungsmitglieder, inzwischen sind es knapp 90 Mitglieder. Als Rechtsform wurde eine eG gewählt, weil von Beginn an auch wirtschaftliche Tätigkeiten vorgesehen waren. Ein Anteil kostet 100 Euro und es müssen mindestens fünf Anteile gezeichnet werden.

DAS PROJEKT

Das Einsatzgebiet der Genossenschaft erstreckt sich über den ganzen Landkreis; die Landkreisgrenzen übergreifende Projekte sind angedacht und möglich. Ein Ziel der Genossenschaft ist es, eine „Lebensqualität-Rendite" zu erwirtschaften, worunter eine ökologische, soziale und ökonomische Rendite verstanden wird. Sie soll aus der wirtschaftlichen Förderung und Betreuung der Mitglieder mit Hilfe des Ausbaus regionaler Versorgungsstrukturen erreicht werden. Ferner will die Genossenschaft mit ihrer Arbeit durch möglichst viele Impulse innerhalb des Landkreises bewirken, dass ein ähnlichen Zielen dienendes Engagement von Personen und anderen Institutionen gefördert wird.

Ein Projekt der Genossenschaft ist der Ausbau und die Vermarktung von Energie aus regenerativer Erzeugung und dezentralen Kraft-Wärme-Anlagen. Die Genossenschaft hat hierfür Dachflächen mit Photovoltaikanlagen ausgestattet, deren Besitzer von vergünstigtem Strom sowie von der Pacht für die Flächen profitieren. In Zukunft will sich die Genossenschaft auch an einem Windrad-Projekt

Dachflächen mit Photovoltaikanlagen – ausgestattet von der Genossenschaft

Büroräume der Genossenschaft

beteiligen. Außerdem will die Genossenschaft die sparsame Verwendung von Energie fördern. Ein erster Schritt zur Erreichung des Ziels wurde durch die Anschaffung eines Gemeinschaftsautos in der Gemeinde Emskirchen getätigt, die das Projekt unterstützt: Das Auto wurde von gezeichneten Anteilen gekauft und kann durch die Mitglieder der Genossenschaft und deren Familien genutzt werden.

Zusätzlich soll die Versorgung mit Waren des täglichen Bedarfs verbessert werden. Mit der Schließung der Schlecker-Märkte ist auch in Uffenheim die letzte innerstädtische Einkaufsmöglichkeit für Waren des täglichen Bedarfs weggefallen. Die Genossenschaft hat deshalb in Zusammenarbeit mit dem Gewerbeverein und zwei ehemaligen Mitarbeiterinnen des Schlecker-Markts eine haftungsbeschränkte Unternehmergesellschaft gegründet. Mit Hilfe eines Nachhaltigkeitspreises und ca. 200 stillen Anteilseignern konnten 87.000 Euro als Gründungskapital gesammelt werden. Der Markt wurde im Juli 2013 im Stadtzentrum im ehemaligen Schlecker-Markt eröffnet; insgesamt wurden dabei sechs Arbeitsplätze geschaffen.

Innenansicht des Altstadtmarktes

Zukünftig will sich die Genossenschaft auch sozialen und kulturellen Themen widmen. Hierzu wird ein Verein gegründet, der Veranstaltungen in den Bereichen Kunst und Kultur plant und durchführt. Für eine Verbesserung der Betreuung von Kindern und Jugendlichen bestehen Überlegungen, Kooperationen mit Kindergärten und Schulen einzugehen. Defizite werden in den Bereichen des Mehrgenerationenwohnens, der Betreuung von Älteren und in der Tagespflege gesehen. Auch in diesem Bereich will sich die Genossenschaft engagieren. Zunächst soll jedoch die Zusammenarbeit mit den Kommunen der Verwaltungsgemeinschaft forciert werden und diese als Mitglieder der Genossenschaft gewonnen werden.

FAZIT

Die Genossenschaft „Regional Versorgt" erschließt Potenziale für eine regionale Wertschöpfung auf zwei Ebenen. Zum einen über das Ziel, die Lebensqualität in der Region zu steigern und eine sogenannte Lebensqualität-Rendite zu erreichen, wofür die Versorgung mit regenerativen Energien eine wichtige Rolle spielt. Zum anderen durch den Aufbau des Altstadtladens mit sechs Arbeitsplätzen.

Bei der Gründung der Genossenschaft und beim Aufbau des Altstadtmarktes wurde auf eine breite Beteiligung gesetzt und damit auch eine Akzeptanz der Projekte in der Bevölkerung erreicht. Nicht nur die Mitglieder der Genossenschaft haben sich in zwei Jahren mehr als verdoppelt, sondern es wurden auch 200 Anteile an der Unternehmergesellschaft für den Altstadtmarkt aus der Bevölkerung gezeichnet.

SONDERANERKENNUNG

Mecklenburg
Kreativstammtisch Mecklenburg – regionale
Synergien durch Kunst, Kultur und Tourismus

Messeauftritt von Kreativ-Saison e.V.

Besuch bei einer Netzwerkpartnerin

BEGRÜNDUNG DER JURY

Der Verein Kreativsaison e.V. versucht seinem Namen ein entsprechendes Programm folgen zu lassen. Hierzu werden unkonventionelle Wege beschritten, beispielsweise zur Förderung eines nachhaltigen, sozialverantwortlichen Tourismus. Als Instrument wurden die sogenannten Kreativstammtische entwickelt, die den lokalen Austausch zwischen der Kreativwirtschaft in der Region, Vertretern aus der Tourismusbranche, Gemeindevertretern sowie den Bürgerinnen und Bürgern fördern.

Der Verein wurde 2012 von wenigen Personen gegründet und ist eine noch junge Initiative, die durch eine ambitionierte Herangehensweise jedoch schon zahlreiche Bürgerinnen und Bürger einbinden und stabile Vernetzungsstrukturen bilden konnte. Trotz der für junge Projekte typischen Finanzierungsprobleme wird der eingeschlagene Weg fortgesetzt. Die Jury vergibt an den Verein, der zwar in Rostock ansässig ist, mit seinen Angeboten jedoch vor allem in kleinen Gemeinden aktiv wird, eine Sonderanerkennung.

DIE REGION MECKLENBURG

Mecklenburg ist Teil des Bundeslandes Mecklenburg-Vorpommern und hat ca. 1,15 Millionen Einwohner/innen. Rostock sowie die Metropolen Hamburg und Berlin wirken in die Region hinein, ebenso die Metropolregion Kopenhagen-Malmö sowie Stettin mit seinem grenzüberschreitenden Ballungsraum. Mecklenburg ist ein beliebtes Urlaubsziel, wozu bisher vor allem die Ostseeküste mit ihren Seebädern und das Mecklenburger Seenland mit seiner reichhaltigen Natur beitragen.

DER VEREIN / TRÄGER

Der Verein Kreativsaison e.V. wurde 2012 mit dem Ziel gegründet, einen nachhaltigen und sozialverantwortlichen Tourismus für Mecklenburg zu gestalten. Dafür soll die kulturelle Vielfalt des Landes dargestellt und gefördert werden. Im Verein engagieren sich junge Menschen aus den Berufssparten Eventmanagement, Marketing und Fotografie sowie eine Tourismus- und Kulturmanagementstudentin und eine Reiseveranstalterin. Mit der Gründung des Vereins soll auf gegen-

Plakat des Vereins Kreativsaison e.V.

Diskussion bei einem Kreativstammtisch

Gesprächsrunde/Workshop von „Kreativen"

wärtige und zukünftige Herausforderungen reagiert werden, darunter die großen Entfernungen zwischen den Städten, der saisonal geprägte Tourismus und die Abwanderung junger Menschen.

Die Förderung eines Kreativtourismus und die Vernetzung von Gemeinden, Künstlern, Regionalplanern und Bürgern sollen neue Chancen für die Region schaffen. Mitwirkende sind vor allem junge Personen, die eine berufliche Basis in der Kreativwirtschaft suchen. In den ersten zwei Jahren erhielt die Initiative eine Förderung des Europäischen Sozialfonds; für die Kreativstammtische konnte ein Unternehmen als Sponsor gewonnen werden. Der Verein wirkt auch an LEADER-Workshops in der Region mit, um seine Aktivitäten finanzieren zu können.

DAS PROJEKT

Hauptaktivitäten des Vereins „Kreativsaison" sind die Netzwerkarbeit („Kreativstammtisch"), die Produktentwicklung im Kultur- und Kreativtourismus – gemeinsam mit Künstlern, Kreativen und Touristik-Experten werden neue, kreative Urlaubs-angebote entwickelt – und die Vermarktung und Kommunikation im ländlichen Raum Mecklenburg. Partner des Vereins sind neben dem Tourismusverband Mecklenburg-Vorpommern auch Hotels und andere Institutionen und Unternehmen, die an neuen touristischen Angeboten interessiert sind.

Der Verein sieht sich als Schnittstelle zwischen Kultur, Tourismus und Regionalentwicklung. Der Kreativtourismus wird als Marktlücke gesehen; durch attraktive Angebote sollen neue Zielgruppen in die Region gelockt und die touristische Infrastruktur gefördert werden. Für Künstler/innen in der Region werden zusätzliche Einkünfte angestrebt und für die Region insgesamt eine Steigerung der Attraktivität, vor allem in der Nebensaison.

Für das Marketing der Aktionen werden vor allem die sozialen Medien genutzt. Facebook, Twitter oder einschlägige Blogs bieten eine geeignete und bisher kaum genutzte Plattform. Ein gelungenes Beispiel wie diese Ziele erreicht werden können, war eine sogenannte Blogger-Reise, deren Teilnehmer/innen auf ihren Internetseiten über ihre Erlebnisse in Mecklenburg berichteten, um weitere Gäste für die Region zu interessieren. Außerdem wurde von einer Agentur ein Film über diese Reise gedreht.

Eine weitere Hauptaufgabe des Vereins ist die mit den Kreativstammtischen verbundene Netzwerkarbeit. Sie soll als Vernetzung von Akteuren aus unterschiedlichen Branchen und Gemeinden

Besitzer eines Hofcafés als Netzwerkpartner

dabei helfen, gemeinsam einen nachhaltigen Kultur- und Kreativtourismus für den ländlichen Raum in Mecklenburg zu entwickeln. Der erste Kreativstammtisch fand im Frühjahr 2013 statt; inzwischen gibt es Stammtische monatlich an wechselnden Orten. Dabei werden gezielt auch periphere Gemeinden einbezogen, um einen regionsübergreifenden Netzwerkaufbau zu ermöglichen.

Der Kreativstammtisch hilft Gemeinden auch dabei, für bestehende Gebäude/Einrichtungen neue Nutzungsperspektiven zu generieren oder neue, kreative Angebote, beispielsweise Festivals, zu etablieren. Neue Projektideen entstehen, neue Zielgruppen werden erschlossen und die Bekanntheit der Angebote vor Ort wird verbessert. Dies stärkt die Infrastruktur und die Ortszentren ebenso wie den sozialen Zusammenhalt. Vor allem für junge Kreativunternehmen aus dem ländlichen Raum bietet der Stammtisch neue Beteiligungsmöglichkeiten für ihre Ideen, Arbeiten und Projekte. Die Teilnahme von jungen engagierten Menschen aktiviert wiederum die Dorfgemeinschaft und bietet die Chance für die Entwicklung nachhaltiger Zukunftsstrategien.

FAZIT

Der Verein Kreativsaison e.V. stellt mit seiner Ausrichtung auf neue Medien einen innovativen Ansatz dar. Gezielt werden Chancen zur Überwindung von Defiziten in den Gemeinden Mecklenburgs in den Fokus genommen. Durch die Verknüpfung von Kreativwirtschaft und Tourismus soll für kulturinteressierte Besucher die Attraktivität der Region verdeutlicht werden und im Idealfall steigt damit die regionale Wertschöpfung. Mangels eines Marketingbudgets wird alternativ ein zielgruppenspezifisches Marketing betrieben, in dem Berichte über die Aktionen des Vereins in den sozialen Medien und in einschlägigen Blogs veröffentlicht werden. Damit versucht der Verein, eine neue Perspektive für den Tourismus und für die Regionalentwicklung zu eröffnen.

ENGERE WAHL

Lenningen und Owen
Unser Netz – Netzwerk zur Koordination sozialer Aufgaben

Der Marktplatzbrunnen in Oberlenningen wurde von Rat & Tat restauriert   Wanderausflug des Männerstammtisches

DER ORT

Lenningen und Owen liegen im Landkreis Esslingen im Bundesland Baden-Württemberg, rund 35 Kilometer von Stuttgart entfernt. In der Gemeinde Lenningen mit sieben Ortsteilen leben rund 13.000 Einwohner, Owen hat insgesamt rund 3.400 Einwohner.

Beide Gemeinden liegen am Rand der Schwäbischen Alb. Die Gemeindegebiete umfassen sowohl Täler als auch Hochebenen. Vielfältige Infrastrukturangebote befinden sich in den Hauptorten Lenningen und Owen, die Ortsteile der beiden Gemeinden sind hingegen weniger gut ausgestattet. Insbesondere für die Bevölkerung in den etwas abseits auf der Alb gelegenen Ortsteilen ist es oft schwierig, sich vor Ort zu versorgen. Mobile Einkaufsmöglichkeiten schaffen hier eine gewisse Abhilfe.

DER VEREIN / TRÄGER

Ausgangspunkt für die Gründung des Vereins „Unser Netz e.V." war der Arbeitskreis „Älter werden in Lenningen", welcher 2004 durch den Bürgermeister ins Leben gerufen wurde. Im Arbeitskreis sollten Lösungsansätze für das Wohnen im Alter diskutiert werden. Eine Fragebogenaktion zeigte, dass die meisten Älteren so lange wie möglich zu Hause wohnen bleiben möchten, aber auch, dass eine große Hilfe- und Unterstützungsbereitschaft durch Bürgerinnen und Bürger vorhanden war. Um die Nachbarschaftshilfe zu erhalten und zu stärken, sollte ein soziales Netzwerk aufgebaut werden. Am 9. Mai 2005 wurde schließlich der Verein „Lenninger Netz e.V." gegründet, noch im gleichen Jahr wurde das Projekt „Betreutes Wohnen zu Hause" gestartet. 2011 ist die Gemeinde Owen dem Lenninger Netz beigetreten.

Das Budget des Vereins setzt sich aus Mitgliedsbeiträgen und Entgelten für die angebotenen Leistungen, einem Zuschuss der beiden Kommunen in Höhe von je 1.500 Euro und aus einer finanziellen Unterstützung durch den Landkreis und das Land Baden-Württemberg zusammen.

DAS PROJEKT

Von Beginn an war das wichtigste Ziel, eine soziale Vernetzung der Bürgergemeinschaft auf lokaler und regionaler Ebene herzustellen. Zunächst lag der Fokus stärker auf der Lebenssituation der älteren Menschen, inzwischen sind alle Altersgruppen einbezogen, um das Miteinander der Generationen zu fördern. Ein weiteres Ziel ist die Stärkung der Lebensqualität in den Mitgliedsgemeinden sowie die Unterstützung von Familien in schwierigen Lebenssituationen.

Die Schwerpunkte des Lenninger Netzes sind die Entwicklung und Umsetzung von Hilfeangeboten für ältere Menschen und Familien, die Lösung von aktuellen sozialen Aufgaben, die Koordination und Vernetzung vielfältiger sozialer Angebote sowie die Förderung und der bedarfsgerechte Ausbau aller Aktivitäten der Alten-, Behinderten- und Familienarbeit.

Die Aktivitäten wurden nach und nach entsprechend den personellen Ressourcen aufgebaut. Bisher wurden Projekte wie das Betreute Wohnen zu Hause, eine Anlauf- und Beratungsstelle „Rat und Tat" in Form eines Pflegestützpunktes und eine Seniorenwohnanlage aufgebaut. Hinzu kommen Angebote aus dem Bereich Pflege und Betreuung (Unterstützung pflegender Angehöriger, Sturzprophylaxe, Ausbildung von Demenzbegleitern) sowie Angebote zur gesellschaftlichen Integration (Männerstammtisch, Unterstützung alleinstehender Frauen, Lebensstufenakademie).

Inzwischen gibt es zahlreiche weitere Initiativen, die vom Verein und den Projekten inspiriert oder angestoßen wurden; Vereinsmitglieder kommen mit Vorschlägen zu einer Erweiterung der Angebote auf den Vorstand des Vereins zu. Zahlreiche neue Kooperationsprojekte mit Nachbarkommunen oder dem Landkreis konnten auf der Basis der bisher gewonnenen gemeinsamen Erfahrungen gestartet und umgesetzt werden.

Im Lenninger Netz sind insgesamt ca. 80 Ehrenamtliche tätig. Beispielsweise engagieren sich 22 Personen für das Betreute Wohnen zu Hause, weitere 25 Ehrenamtliche für „Rat und Tat". Wichtig sind die regelmäßigen Treffen der Ehrenamtlichen mit Fallbesprechungen, Fortbildungen und gemeinsamen Exkursionen. Durch die gezielte Suche von (ehemaligen) Fachkräften, die auch für ehrenamtliche Tätigkeiten zur Verfügung stehen, können inzwischen auch Unterstützungsleistungen in der Pflege (Demenz, sozialpsychiatrische Leistungen) erbracht werden.

Jubiläumsfeier des Lenninger Netzes

Zu Themen, die in Zukunft angegangen werden sollen, gehören die Stärkung der Familienkompetenz, ein Ausbau des Miteinanders der Generationen und eine weitere Vernetzung der bestehenden Angebote. Der Verein versteht sich als lernendes System, das laufend neue Anregungen aufgreift und umsetzt. Er wird mittlerweile von den Einwohnern der Gemeinden als diejenige Institution wahrgenommen, an die man sich mit Ideen und Konzepten wenden kann, aber auch als die Institution, die hilft, wenn man als älterer Mensch oder als Familie Probleme hat.

FAZIT

Im Rahmen des Vereins „Unser Netz e.V." leisten Bürgerinnen und Bürger durch ihr ehrenamtliches Engagement einen wesentlichen Beitrag zur Verbesserung der Hilfe- und Unterstützungsangebote in den Gemeinden. Ausgehend von einem Angebot des Betreuten Wohnens zu Hause wurden in den letzten zehn Jahren zahlreiche weitere Angebote entwickelt, welche die soziale Infrastruktur der Gemeinden stärken. Bemerkenswert ist auch die vielfältige Kooperation über die Gemeindegrenzen hinweg. Der Verein ist mit seiner Anlauf- und Beratungsstelle und seinen zahlreichen Angeboten inzwischen eine aktive Drehscheibe für alle Fragen rund um die soziale Daseinsvorsorge in den Gemeinden geworden. Er ist damit auch ein Vorbild für andere Gemeinden, wenn diese ihre soziale Infrastruktur weiterentwickeln wollen.

ENGERE WAHL

Dedinghausen
Gemeinsam Zukunft schaffen

Flyer zur Gründung der Dorfladen-Genossenschaft

Initiatoren werden von der Jugendredaktion der örtlichen Zeitung interviewt

DER ORT

Dedinghausen ist ein Stadtteil von Lippstadt, hat rund 1.900 Einwohner/innen und liegt im Kreis Soest im Bundesland Nordrhein-Westfalen. Der Ortsteil gehört zum östlichen Rand des Stadtgebietes; er ist ca. vier Kilometer vom Ortskern entfernt. Dedinghausen ist durch landwirtschaftliche Betriebe geprägt, dazu gibt es einige kleine Büros von Architekten und Anwälten. Im Ort befinden sich zudem kleine Geschäfte der Nahversorgung sowie vier Gastronomiebetriebe.

TRÄGER

Die Verantwortlichen des Projekts setzen sich aus den Mitgliedern einer Gruppe von engagierten Bewohnern zusammen, deren Initiative darauf ausgerichtet ist, zukünftig erwarteten Herausforderungen wie fehlender Infrastruktur oder sich wandelnden sozialen Zusammenhängen durch selbstverantwortliches Handeln zu begegnen.

DAS PROJEKT

Zentrales Anliegen der Initiative ist die Sicherung von Lebensqualität und Daseinsvorsorge durch den Aufbau und die Vernetzung von ökonomischen, ökologischen und sozialen Wertschöpfungsinitiativen. Als Schlüssel dazu wird von der Initiativgruppe die Weiterentwicklung der Selbstverantwortungskultur, die Schaffung von Räumen für Dialoge und die Entwicklung von Strukturen gesehen, in die Menschen ihre Talente und ihr schöpferisches Potenzial einbringen können.

In einem 2012 begonnenen Prozess wurden zunächst sechs Handlungsfelder identifiziert und innerhalb der Bevölkerung des Stadtteiles diskutiert. Die Handlungsfelder waren: Versorgen und Begegnen, Teilhabe und Vielfalt, Leben und Helfen, Lernen und Kultur, Natur und Umwelt sowie Dialog und Forum.

Um möglichst viele Bewohner/innen mit einbeziehen zu können, wurden sogenannte Dorfkonferenzen geplant, deren Erste im Dezember 2012 stattfand. Unter großer Beteiligung der Dorfgemeinschaft wurde der Ist- und Sollzustand für den Ort ermittelt. In den Jahren 2012 und 2013 fanden weitere Dorfkonferenzen statt, in welchen verschiedene Ideen wie Bürgernetzwerk, Dorfladen etc. vorgestellt wurden. Ebenso sollten Fragen zur Zukunft des Dorfes beantwortet werden, z. B. was die Bürgerinnen und Bürger für ihre Lebensqualität benötigen und was sie gegebenenfalls für andere einbringen könnten. Weitere Dorfkonferenzen sind für die nächsten Jahre geplant

Ausgehend von den Dorfkonferenzen entstanden Projekte, die durch Arbeitskreise weitergeführt werden. An der Umsetzung dieser Projekte beteiligten sich auch Bewohner/innen, welche bis dahin nicht in Vereinen oder dem Dorfleben aktiv waren.

So wurde eine Dorfladen-Genossenschaft in Form einer Unternehmergesellschaft gegründet, von den Bürgerinnen und Bürgern können Anteile gezeichnet werden. Angestrebt wurde die Zeichnung von 300 Anteilen, welche Ende 2014 erreicht wurde und somit auch das benötigte Kapital für das Projekt. Die Fertigstellung des Dorfladens ist in 2015 geplant. Das Konzept sieht vor, dass der

Treffen des Arbeitskreises Bürgernetzwerk

Gründungsteam des Bürgernetzwerkes

Dorfladen zukünftig nicht nur eine Einkaufsmöglichkeit für die Einwohnerinnen und Einwohner der Gemeinde sein soll, vielmehr soll er ein Treffpunkt mit einer möglichst großen Palette an Serviceangeboten (Post, Apotheken-Abhol-Service, Kaffeeecke, Hol- und Bringservice) sein.

Weitere Projekte sind das Bürgernetzwerk Dedinghausen, eine organisierte Nachbarschaftshilfe mit Bürgerbüro, welches einmal pro Woche geöffnet hat und Hilfesuchende und Hilfeanbieter untereinander vermittelt. Eine Dorfuniversität wurde zusammen mit Engagierten aus den benachbarten Dörfern Rixbeck und Esbeck gegründet. Ziel ist es, die Vielfalt an Fähigkeiten, Erfahrungen und Wissen in den Dörfern zu bündeln und weiterzugeben. Der Dorfgarten in Dedinghausen soll die Möglichkeit bieten, allen Interessierten zu zeigen, wie und wo verschiedene Gemüsekulturen wachsen. Wer möchte, kann sich im Rahmen seiner Möglichkeiten auch aktiv beteiligen. Das geerntete Gemüse soll später im Dorfladen angeboten werden.

Insgesamt soll eine „inklusive" dörfliche Gesellschaft entstehen, in welcher Offenheit, Vielfalt und Teilhabe als grundlegende Werte gelebt werden; sie soll auch die Grundlage für den gesamten Dorfentwicklungsprozess darstellen.

FAZIT

Mit dem von einer Initiativgruppe angestoßenen Dorfentwicklungsprozess will sich der Stadtteil Dedinghausen zukunftsfähig entwickeln. Dabei wird bewusst versucht, sich gegenüber allen Bevölkerungsgruppen zu öffnen und ihnen eine gesellschaftliche Teilhabe zu ermöglichen. Dies gilt nicht nur für Seniorinnen und Senioren, sondern auch für Menschen mit einer Behinderung. Durch das Engagement vieler Bürgerinnen und Bürger wird eine breite Identifikation mit dem Entwicklungsprozess geschaffen. Das Projekt macht deutlich, dass es auch kleinen, engagierten Initiativgruppen ohne große finanzielle Mittel gelingen kann, grundlegende Veränderungen in einem Ort zu bewirken.

ENGERE WAHL

Hohenhameln
Hand in Hand – eine starke Gemeinschaft für mehr Lebensqualität

Schulung der Polizei zum Thema Demenz Rollator Sicherheitsprüfung in der Begegnungsstätte "Mittelpunkt"

DER ORT

Die Gemeinde Hohenhameln liegt im Landkreis Peine im Bundesland Niedersachsen und hat rund 9.000 Einwohner in elf Ortsteilen. Die Gemeinde liegt in der Börderegion, einer alten, einst von wichtigen Handelswegen durchzogenen Kulturlandschaft im Dreieck zwischen Hannover, Hildesheim und Peine. Wirtschaftlich ist Hohenhameln durch kleine und mittelständische Betriebe geprägt.

Der Ort verfügt über alle Angebote der Nahversorgung, Kindergärten (auch in den Ortsteilen), Grund-, Real- und Hauptschule. Die medizinische Versorgung durch Allgemeinmediziner und Zahnärzte ist ebenso vorhanden wie ambulante Pflegedienste, Therapiepraxen und Apotheken; für pflegebedürftige Ältere gibt es zwei Seniorenwohn- und -pflegeheime.

DER VEREIN / TRÄGER

Im Rahmen eines ILEK-Prozesses (Integriertes Ländliches Entwicklungskonzept) wurde vor dem Hintergrund der demografischen Veränderungen im Jahr 2012 der gemeinnützige Verein „Generationenhilfe Börderegion e.V." nach einem Vorbild in der Gemeinde Riedlingen mit dem Ziel gegründet, unter dem Motto „Hand in Hand" bürgerschaftliches Engagement zu vermitteln. Im Oktober 2014 hatte der Verein bereits 257 Mitglieder. Im Verein können sich Mitglieder helfen lassen oder sich gegenseitig helfen. Helfer können ihr Entgelt beim Verein in ein Zeitguthaben umwandeln, um später bei Bedarf selber entsprechende Hilfen abzurufen, oder sie können sich einen Teil des Geldes auszahlen lassen, um ihre Rente aufzustocken. Unter dem Namen „Seniorengenossenschaft" funktionieren derartige Generationenhilfen in anderen Orten bereits mit großem Erfolg. Der Verein finanziert sich über Mitgliedsbeiträge und Spenden.

Präventionskurs „Bewegung im Sitzen"

Gemeinsames Essen des Koch-Clubs

DAS PROJEKT

Schwerpunkt der Arbeit des Vereins ist, Hilfe für ältere und hilfebedürftige Menschen zu günstigen Konditionen durch Vereinsmitglieder anzubieten. Damit soll auch das nachbarschaftliche Umfeld in den Ortschaften gestärkt und der Vereinsamung entgegengewirkt werden. Auch sollen schnelle und unbürokratische Hilfen in vorübergehenden Notsituationen möglich sein.

Die Angebote des Vereins reichen von Begleitdiensten, beispielsweise zum Arzt oder zu kulturellen Veranstaltungen, über Wohnberatung bis hin zur Entlastung pflegender Angehöriger. Für jeden Einsatzbereich gibt es Bereichsleiter, die sich um die Organisation kümmern. Für die Verantwortlichen im Verein sind insbesondere die aufsuchenden Hilfen ein wichtiger Zugang zu den älteren Gemeindebürgerinnen und -bürger, um die Hemmschwelle zu senken und einen weiteren Hilfebedarf zu äußern.

Die Bezieher der Hilfeleistungen müssen Mitglieder im Verein sein; sie zahlen für jede Hilfestunde 8 Euro an den Verein. Die Helfer erhalten 6 Euro pro geleisteter Stunde, die sie in ein Zeitguthaben umwandeln können, das sie später bei Bedarf abrufen, oder sie können sich das Geld auszahlen lassen. Der Verein verfügt derzeit über rund 100 Helferinnen und Helfer, die sich für verschiedene Tätigkeiten gemeldet haben. Über eine Telefonzentrale können die Hilfen angefordert werden.

Ein weiterer Schwerpunkt der Vereinsarbeit ist die Begegnungsstätte „Mittelpunkt", in welcher regelmäßig Veranstaltungen zu unterschiedlichen Themen stattfinden. Pro Monat kommen ca. 250 Teilnehmerinnen und Teilnehmer, um an Kochkursen, Bewegungsangeboten, Kursen im Umgang mit technischen Geräten oder am Kaffeenachmittag teilzunehmen. Das monatliche Programm wird jeweils über Internet, Gemeindeblatt oder Tageszeitung veröffentlicht. Die Angebote des Vereins werden regelmäßig weiterentwickelt, vor allem durch neue Ideen und Initiativen der Vereinsmitglieder.

Ergänzend zu den schon bestehenden Leistungen des Vereins wurden Fördergelder von der Robert Bosch Stiftung genutzt, um im Rahmen des Projekts „Hohenhameln auf dem Weg zur demenzfreundlichen Kommune" Schulungen für Mitarbeiter von Dienstleistungsunternehmen zum Thema Demenz durchzuführen. Inzwischen wurden außerdem 15 Vereinsmitglieder zu Demenzhelfern ausgebildet, welche niedrigschwellige Hilfe für Menschen mit Demenz und ihre Angehörigen leisten.

Aktuell wird das „Kümmererprojekt" umgesetzt, bei welchem der Verein eng mit dem Landkreis Peine und der Gemeinde Hohenhameln zusammenarbeitet, um die Beratung von Seniorinnen und Senioren und deren Angehörigen zu gesundheitlichen oder sozialen Themen zu verbessern. Weiter bestehen Überlegungen, ein ehemaliges, derzeit leerstehendes Altenpflegeheim in ein Wohnprojekt für mehrere Generationen umzubauen.

FAZIT

Der Verein „Generationenhilfe Börderegion e.V." hat nach Vorbildern anderer Gemeinden ein Angebot entwickelt, das Leistungen für ältere Menschen erbringt, die diese in die Lage versetzen, zu Hause wohnen zu bleiben. In diesem Rahmen wurde auch ein funktionierendes System mit Zeitguthaben aufgebaut. Der Verein ist nicht bei diesen Hilfeangeboten stehen geblieben, sondern er verwirklicht immer weiter neue Ideen und Konzepte. Damit ist er selbst zu einem Vorbild für andere Kommunen geworden und zeigt, dass eine weitreichende Hilfe für Ältere nicht vom Einsatz umfangreicher finanzieller Mittel abhängt.

ENGERE WAHL

Harsdorf
Gesundheitsbahnhof Harsdorf

Außenansicht Gesundheitsbahnhof Harsdorf   Außenansicht Gesundheitsbahnhof Harsdorf

DER ORT

Harsdorf ist eine Gemeinde im Landkreis Kulmbach im Bundesland Bayern. Die Gemeinde hat ca. 1.000 Einwohner und besteht aus insgesamt 14 Ortsteilen. Die nächstgelegene größere Stadt ist Bayreuth, die etwa 13 Kilometer südlich der Gemeinde liegt. Harsdorf ist an die Bahnstrecke Bayreuth-Neuenmarkt-Wirsberg mit einer stündlichen Zuganbindung angeschlossen und hat einen eigenen Haltepunkt.

Vor Ort gibt es einen Bäcker, einen Kindergarten und ein Gemeindezentrum, welches Platz für Vereine und die Feuerwehr bietet. Rund 50 Jahre lang gab es keinen Arzt vor Ort.

DER VEREIN / TRÄGER

Träger des Projekts ist die Gemeinde Harsdorf; sie hat ein am Ortsrand befindliches Bahnhofsgebäude im April 2013 erworben. Das Ziel, wieder einen praktizierenden Arzt in Harsdorf anzusiedeln, bestand bereits seit Jahren und nach einer kurzen Konzeptionsphase konnte im August 2013 die Finanzierung durch den Gemeinderat genehmigt und Ende August mit dem Umbau begonnen werden.

DAS PROJEKT

Das ehemalige Bahnhofsgebäude stammt aus dem Jahr 1907 und ist ein original erhaltenes gründerzeitliches Gebäude. In den 1930er-Jahren wurde es durch ein Stellwerk ergänzt. Im Erdgeschoss befanden sich ein Betriebsraum, eine Schalterhalle und ein Wartesaal. Im ersten Obergeschoss und im Dachgeschoss befanden sich Wohnungen. Das Gebäude wurde bis 2012 von der Bahn genutzt, stand dann einige Zeit leer, bevor es von der Gemeinde erworben wurde, um es seiner neuen Nutzung als Arztpraxis zuzuführen. Ein interessierter Arzt wurde schnell gefunden. Es handelt sich um einen „bekennenden" Eisenbahnfan, der seine Praxis aus der Stadt Kulmbach nach Harsdorf verlegte und im Februar 2014 im Erdgeschoss neu eröffnete. Im ersten Stock wurde eine Physiotherapiepraxis eingerichtet, im Dachgeschoss konnten zwei barrierefreie Wohnungen errichtet werden. Auch diese konnten schnell vermietet werden, es gab eine rege Nachfrage.

Umbaukonzept und Raumbedarf des Gesundheitsbahnhofes wurden in enger Abstimmung mit dem Arzt erarbeitet. Das Konzept einer Landarztpraxis hatte der Mediziner bereits in früheren Jahren entwickelt und der umgebaute Bahnhof bot ihm die Möglichkeit, es zu realisieren.

Die Landarztpraxis soll dabei gleichzeitig als Mittelpunkt und als Treffpunkt der Gemeinde funktionieren. Zu diesem Zweck wurde das Wartezimmer so ausgestaltet, dass es multifunktional nutzbar ist und von außen einen zusätzlichen, separaten Zugang hat. So können ergänzend zur Arztpraxis auch Kurse (z. B. Kochen, Ernährung etc.) angeboten werden, ebenso Kunstausstellungen oder kulturelle Veranstaltungen. Die Aufenthaltsqualität im Wartezimmer wird durch ehemalige ICE-Sitze bestimmt und auch innerhalb der Praxis finden sich viele Details rund um das Thema Bahn, die teilweise auch aus der Bürgerschaft stammen. Ein altes Stellwerk zeigt die Öffnungszeiten der Arztpraxis an.

Der Arzt arbeitet eng mit der Physiotherapiepraxis im ersten Stock zusammen. Weiter wurde eine Kooperation mit zwei Apotheken aus umliegenden Gemeinden eingegangen, um die Medikamentenversorgung der Patienten zu gewährleisten. Die Patienten des Arztes kommen sowohl aus der Gemeinde als auch aus dem Umland.

Bei der Umgestaltung des Gartens und der Außenanlagen des Gesundheitsbahnhofes wurde seitens der Bürger viel im Rahmen ehrenamtlichen Engagements geleistet, ebenso wird die Pflege der Anlage von Ehrenamtlichen übernommen.

Das gesamte Projekt, einschließlich des Erwerbs des Grundstücks hat ein Investitionsvolumen von rund einer Million Euro. Große Teile davon wurden im Rahmen der Städtebauförderung finanziert, ebenso gab es Förderungen durch die Oberfrankenstiftung, die Landesstiftung Denkmalschutz und den Landkreis Kulmbach. Die Gemeinde Harsdorf hat insgesamt einen Eigenanteil von 500.000 Euro aufgebracht.

FAZIT

Das vordringliche Ziel seitens der Gemeinde, nach 50 Jahren wieder einen praktizierenden Arzt anzusiedeln, wurde erreicht. Die vergleichsweise hohen Aufwendungen rechtfertigen sich aus Sicht der Gemeinde durch die Verbesserung der Daseinsvorsorge. Durch die Sanierung des alten Bahnhofsgebäudes konnte ein ortsbildprägendes Element in der Gemeinde erhalten werden. Die Gestaltung und Pflege der Außenanlagen wird von Ehrenamtlichen übernommen, sodass der prominente Ort in der Gemeinde stets ein Aushängeschild ist. Das Projekt Harsdorf zeigt, dass die oft von Gemeinden gewünschte Ansiedlung eines Allgemeinmediziners zwar möglich, aber mit einem erheblichen finanziellen Aufwand und ehrenamtlichem Engagement verbunden ist.

Eingangsbereich des Gesundheitsbahnhofs

Wartezimmer der Arztpraxis mit ICE-Sitzen

ENGERE WAHL

Sulzfeld
Der Sulzfelder Bürgerbahnhof –
ein Bürgerprojekt von Anfang an

Innenansicht des ausgebauten Bürgerbahnhofs Eröffnungsfeier des Bürgerbahnhofs mit der Bürgermeisterin Sarina Pfründer

DER ORT

Sulzfeld ist eine Gemeinde mit rund 4.500 Einwohnern im Landkreis Karlsruhe im Bundesland Baden-Württemberg. Alle wichtigen Angebote der Nahversorgung, Ärzte sowie Grund- und Hauptschule und drei Kindergärten befinden sich am Ort, der an das S-Bahnliniennetz des Karlsruher Verkehrsverbundes angeschlossen ist.

DER VEREIN / TRÄGER

Träger des Sulzfelder Bürgerbahnhofs ist die Genossenschaft „Bürgerbahnhof Sulz-feld eG"; die Gemeinde ist Eigentümerin des Gebäudes. Um die Finanzierung der Renovierung des alten Bahnhofsgebäudes in Sulzfeld sicherzustellen, wurde die Genossenschaft im September 2011 gegründet. Viele Einwohner zeichneten Anteile, sodass die Sanierung und der Umbau des Bürgerbahnhofs mit insgesamt 345.000 Euro unterstützt werden konnte. Für die Zukunft ist vorgesehen, den Mitgliedern der Genossenschaft auch eine Dividende auszuschütten. Entscheidend für den Erfolg des Projekts war aber die ehrenamtliche Mitarbeit vieler Helfer/innen bei der Sanierung des Bahnhofs.

DAS PROJEKT

Das Bahnhofsgebäude wurde 1878 für die Eisenbahn errichtet, deren Trasse von Karlsruhe nach Heilbronn durch Sulzfeld führte und später bis nach Nürnberg verlängert wurde. Es handelt sich um einen Sandsteinbau, der lange als Fahrkarten- und Expressschalter mit Wartehalle diente. Bis zur Schließung 1990 hatte sich ein kleines Lokal in dem Bahnhofsgebäude etabliert, danach stand das Gebäude leer. Lediglich die Wohnungen im Obergeschoss wurden teilweise noch genutzt. Durch den Leerstand verfiel das Gebäude nach und nach; für viele Bürger wurde es ein „Schandfleck" im Ort.

Die Gemeinde hat das Bahnhofsgebäude 2005 von der Bahn gekauft, ohne dafür eine konkrete Nutzungsmöglichkeit zu sehen. Es wurden Sicherungsmaßnahmen durchgeführt, um das Gebäude zu erhalten; für eine umfassende Sanierung fehlte der Gemeinde jedoch das Geld. Eine Initiative aus der Bevölkerung und vom Gewerbeverband der Gemeinde bot daraufhin an, den Bahnhof in Eigenregie zu renovieren.

Hierfür wurde ein Nutzungskonzept erstellt, aus dem sich unter Beteiligung und Eigenleistung vieler Einwohner/innen der Bürgerbahnhof entwickelte. Er besteht aus folgenden Elementen: Ein Saal mit angeschlossener Showküche stellt die zentrale Nutzung für das Erdgeschoss dar; er bietet Platz für 50 Personen und dient zusätzlich als Begegnungszentrum.

Vinothek im Bürgerbahnhof

Renovierungsarbeiten am Bahnhofsgebäude

Daneben gibt es einen kleineren Saal, der als Vinothek genutzt wird. Hier erhalten die ortsansässigen Winzer die Möglichkeit, ihre Produkte zu präsentieren. Beide Räume können für Feste und Feiern angemietet werden, zudem besteht die Möglichkeit für Bewirtung und Catering. Die Showküche hat sich aktuell in Richtung eines etwas erweiterten Restaurantbetriebs entwickelt, jedoch wird auf die örtliche Gastronomie Rücksicht genommen.

Im Obergeschoss des Bürgerbahnhofs ist eine Praxis für Naturheilkunde und medizinische Kosmetik, ein Küchenstudio, eine Rentenberatung sowie ein Büro für Photovoltaikanlagen angesiedelt. Zusätzlich wurde ein Anbau mit Toiletten erstellt, zu denen auch eine von außen zugängliche öffentliche Toilette gehört.

In den Räumlichkeiten des Bürgerbahnhofs findet eine Vielzahl von Veranstaltungen statt: Sitzungen des Gemeinderates, Bürgerversammlungen, private Feste und Kochkurse.

FAZIT

Das Projekt „Bürgerbahnhof Sulzfeld" kann als gelungene Umsetzung einer Initiative von engagierten Menschen betrachtet werden, die durch ihr eigenes Handeln ein von Verfall und Leerstand betroffenes Gebäude sanieren und einer neuen Nutzung zuführen wollten. Die Unterstützung durch die Gemeinde wurde aktiv gesucht und war auch in allen Phasen der Projektentwicklung und des Umbaus vorhanden; eine Einbindung der Gemeinde in die Finanzierung, den Betrieb und Unterhalt des Bürgerbahnhofs wurde jedoch nicht angestrebt und erwies sich auch als nicht notwendig. Der Bürgerbahnhof Sulzfeld ist damit ein Beispiel für finanzielles und aktives Bürgerengagement und die Möglichkeiten, die sich aus einer Bürgerinitiative für eine Gemeinde mit knapp 5.000 Einwohnern ergeben können.

ENGERE WAHL

Lütetsburg
Schlossparkserenade

Vorprogramm der Schlossparkserenade mit Stelzenläufern   Picknick der Besucher der Schlossparkserenade

DER ORT

Die Gemeinde Lütetsburg liegt mit knapp 800 Einwohnern auf der ostfriesischen Halbinsel im Bundesland Niedersachen. Die Gemeinde ist von der Landwirtschaft geprägt, ebenso spielt der Tourismus eine große Rolle. Lütetsburg schließt direkt an das Gebiet der Stadt Norden sowie an den Flecken Hage an und kann von den Infrastruktureinrichtungen der beiden größeren Orte profitieren, in denen eine Vielzahl von Einzelhandelsgeschäften sowie Einrichtungen für die Betreuung von Kindern zu finden sind.

DER VEREIN / TRÄGER

Die Schlossparkserenade wird durch den Förderverein des Stadtorchesters Norden organisiert, der seinen Ursprung in einer Feuerwehrkapelle hat. Durch die Einnahmen aus dem Kartenverkauf werden die Kosten der Schlossparkserenade gedeckt; gehen die Erlöse darüber hinaus, so fließen sie an die Bürgerstiftung Norden, die sie für wohltätige Zwecke verwendet.

DAS PROJEKT

Alle zwei Jahre findet im Schlosspark Lütetsburg die Schlossparkserenade statt. Dabei präsentieren sich im Vorprogramm zahlreiche Künstler und Gruppen aus Ostfriesland auf fünf Bühnen mit Aufführungen aus den Sparten Chor, Ballett oder Akrobatik. Zu den Mitwirkenden gehören u. a. die Jugendmusikschule sowie Kindergärten und Schulen aus der Umgebung. Das Abendprogramm wird durch das Stadtorchester Norden gestaltet, das inzwischen aus über 150 Mitgliedern in vier Orche-

Konzert des Orchesters mit Alphornbläsern   Ballettaufführung bei der Schlossparkserenade

stergruppen besteht und durch befreundete Musiker oder Künstler aus der Kunstschule Norden verstärkt wird. Zusätzlich werden Ballettszenen und Tanzchoreografien aufgeführt. Der Höhepunkt nach den Musikaufführungen ist ein Feuerwerk, das durch einen ehemaligen Lehrer geplant und organisiert wird.

Das Schlossgelände, auf dem die Serenade stattfindet, stellt der private Besitzer kostenfrei zur Verfügung. Bei der Durchführung der Veranstaltung findet eine enge Zusammenarbeit mit der örtlichen Feuerwehr, dem Deutschem Roten Kreuz und dem Mehrgenerationenhaus Norden statt. Inzwischen ist in Verbindung mit dem Nachmittagsprogramm eine ausgeprägte Picknickkultur entstanden; viele Speisen werden von Besuchern mitgebracht oder von Vereinen als gastronomisches Angebot zur Verfügung gestellt. Pro Jahr kommen etwa 3.500 bis 4.000 Besucher/innen.

Der Eintrittspreis zur Schlossparkserenade wird mit 8 Euro an der Abendkasse möglichst gering gehalten, um die Musik für alle erlebbar zu machen; für Kinder und Jugendliche ist der Eintritt frei. Die ersten Stuhlreihen werden zusätzlich gegen eine Spende von 24 Euro „verkauft". Der Erlös der Veranstaltung wird der Bürgerstiftung Norden zur Verfügung gestellt. Die Bürgerstiftung unterstützt Projekte in der Stadt und im Altlandkreis Norden aus verschiedenen Sparten, darunter Bildung und Erziehung, Kultur, Umwelt, Naturschutz oder Sport. Sie nutzt das Geld, um Kindern und Jugendlichen aus ökonomisch schwachen Familien eine musikalische Ausbildung zu finanzieren. Beispielsweise werden Instrumente und Unterricht an der Musikschule für Kinder und Jugendlichen aus ökonomisch schwachen Familien finanziert.

Mit der Schlossparkserenade soll erreicht werden, dass Menschen verschiedener Generationen über das Thema Musik zusammentreffen, sich mit verschiedenen Musikrichtungen auseinandersetzen und bei den Besuchern und Teilnehmern ein weitergehendes musisches Interesse geweckt wird. Darüber hinaus dient die Veranstaltungsreihe dazu, bei musikbegeisterten Personen ein Interesse an einer ehrenamtlichen Mitarbeit zu wecken und diese dann generations- und regionsübergreifend in die aktive Orchesterarbeit einzubinden.

Ein weiteres Projekt ist die jährliche Sommerschule, die in Zusammenarbeit mit der Musikschule des Landkreises Aurich/Norden, der Musikalischen Akademie und dem Mehrgenerationenhaus gestaltet wird. In einem Zeitraum von zehn Tagen wird hier intensiver Musikunterricht für Kinder, Jugendliche und Erwachsene durchgeführt. Bei ökonomisch schwachen Familien wird die Teilnehmergebühr von der Bürgerstiftung übernommen. Viele Teilnehmerinnen und Teilnehmer der Sommerakademie werden Mitglied eines der vier Orchester des Stadtorchesters. Auf diese Weise wird auch der Nachwuchs für die Schlossparkserenade gesichert.

FAZIT

Die Schlossparkserenade findet großen Anklang in der Bevölkerung und bei den zahlreichen Besucherinnen und Besuchern aus der Region. Viele Bürgerinnen und Bürger aus dem Ort werden bei der Durchführung der Serenade eingebunden und engagieren sich ehrenamtlich. Durch die Veranstaltung wird der Zusammenhalt gestärkt und es können Mittel beschafft werden, die von einer Bürgerstiftung für die Ausstattung der Musikschule mit Instrumenten, zur Übernahme von Kurgebühren und andere wohltätige Zwecke verwendet werden. Das Projekt zeigt, dass durch eine gute Idee und viel ehrenamtliches Engagement auch in kleinen Orten ohne kommunale oder staatliche Zuschüsse zusätzliche finanzielle Mittel für Musikausbildung und die notwendigen Instrumente bereitgestellt werden können.

ENGERE WAHL

Gemeinde Südbrookmerland
Geschichte erleben auf der Route 900

Dörp-Museum der Route 900

Fahne mit Logo der Route 900

DIE ORTE

Die Dörfer der Gemeinde Südbrookmerland liegen in Ostfriesland zwischen den Städten Aurich und Emden im Bundesland Niedersachsen. Die Gemeinde entstand 1972 im Rahmen der Gemeindegebietsreform durch den Zusammenschluss von zehn bis dahin selbstständigen Gemeinden. Mit 18.509 Einwohnern in heute zehn Ortsteilen ist Südbrookmerland die drittgrößte Gemeinde des Landkreises Aurich. Südbrookmerland wird durch Landwirtschaft und Tourismus am Großen Meer, dem viertgrößten Binnensee Niedersachsens, geprägt. Alle wichtigen Infrastruktur-einrichtungen, darunter Nahversorgung, Bildungseinrichtungen und medizinische Angebote sind in den größeren Ortsteilen der Gemeinde vorhanden.

DER VEREIN / TRÄGER

Die Südbrookmerland Touristik GmbH hat gemeinsam mit fünf Südbrookmerlander Kulturinstitutionen die Radwanderroute „Route 900" entwickelt und finanziert. Die Route ist 31,5 km lang und verbindet sieben Museen und Ausstellungen.

Der Hintergrund für diese Idee war, dass nach der Zusammenlegung der zuvor eigenständigen Gemeinden viele Infrastruktureinrichtungen wie Schulen oder Versorgungseinrichtungen in den größeren Ortsteilen zentralisiert wurden und in den kleineren Ortsteilen verschwanden. Mit dem Ziel, gemeinsam die Kultur in den verschiedenen Ortsteilen zu fördern, wurde die Route 900 eingerichtet.

Moormuseum Moordorf

DAS PROJEKT

Die ostfriesische Halbinsel ist stark durch den Tourismus an der Küste und auf den Inseln geprägt. In den letzten Jahren gab es jedoch eine Veränderung im Konsumverhalten der Touristen, vermehrt rückt die Kultur der gesamten Halbinsel in den Fokus der Besucher/innen. Insbesondere der Fahrradtourismus nimmt zu, nicht zuletzt, da durch die E-Bikes auch Ältere lange Strecken zurücklegen können. Gleichzeitig wuchs bei der Bevölkerung des Südbrookmerlandes der Wunsch, die eigene Kultur zu schützen und die Identität zu erhalten. Es gründeten sich zahlreiche Vereine, darunter auch die fünf Vereine der Route 900 (Kulturkreis tom brook e.V., Verein Gulfhof Ihnen e.V., Moormuseum Moordorf e.V., Dörpmuseum Münkeboe e.V., Gedenkstätte KZ-Engerhafe e.V.).

Die Route 900 führt auf 31,5 km zunächst an fünf, inzwischen an sieben verschiedenen Museen und Ausstellungen vorbei, welche die 900-jährige Geschichte des Südbrookmerlandes abbilden. Das Motto der Route ist „Geschichte erleben". Eine Karte mit der Routenführung und den Öffnungszeiten der angeschlossenen Kulturträger ist kostenlos an allen Stationen sowie in der Tourist-Information erhältlich, zusätzlich wurde die Route mit Schildern ausgestattet. Derzeit bestehen Überlegungen, eine Ladestation für Elektrofahrräder einzurichten.

Das Moormuseum Moordorf ist das größte Museum der Gemeinde und oft die erste Anlaufstelle für Besucher der Route 900. Das Moormuseum befasst sich mit der Moorkolonisation in Ostfriesland von 1767 bis 1960. Der Kulturkreis tom brook e.V., deckt die Häuptlingszeit in Friesland ab. Die Haus- und Hofgeschichten ab 1547 bis heute werden durch den „Gulfhof Ihnen" abgedeckt, ein typisches ostfriesisches Bauernhaus, das auch für kulturelle Veranstaltungen genutzt wird. Eine KZ-Gedenkstätte liegt gegenüber dem „Gulfhof Ihnen" und ist in einem früheren Pfarrhaus und auf dem ehemaligen Barackengelände des Konzentrationslagers untergebracht. Die Gedenkstätte soll daran erinnern, dass im Jahr 1944 etwa 2.000 niederländische Häftlinge des KZ-Neuengamme zur Befestigung Aurichs einen Panzergraben ausheben mussten. Das Dörpmuseum gibt es seit 1992 und zeigt in fünf Abteilungen die Dorfgeschichte zwischen 1850 und 1950.

Aus der Kooperation dieser Einrichtungen sind inzwischen auch weitere Projekte entstanden; beispielhaft dafür stehen gemeinsame Feste, die Präsentation der Route 900 auf der örtlichen Gewerbeschau oder die Mitwirkung beim Projekt „Land der Entdeckungen" der Ostfriesischen Landschaft im Jahr 2013. Zuletzt haben sich zwei weitere Einrichtungen der Route 900 angeschlossen; dies sind die Vereine Haus der Geschichte e.V. sowie Mühle Wiegboldsbur e.V.

Zukünftig wollen die Vereine der Route 900 noch mehr Bürgerinnen und Bürger von Südbrookmerland in ihre Arbeit einbeziehen. Damit soll erreicht werden, dass diese sich in den Museen und Vereinen engagieren und sich somit mit der Geschichte ihres Gemeindegebietes identifizieren. Auf diese Weise soll der Fortbestand der Museen und Vereine gesichert werden. Ein Fokus soll dabei auf den Jugendlichen der Gemeinde liegen. Dazu wurde auch schon das Programm „Heimatlotsen" entwickelt, welches das Ziel hat, Jugendliche für die Geschichte und Kultur ihrer Region zu gewinnen. Inzwischen helfen im Moormuseum und im Dörpmuseum jeweils 20 bis 30 Jugendliche mit.

FAZIT

Das Projekt ist ein Beispiel für die Zusammenarbeit von Vereinen mit dem örtlichen Touristikmarketing, aus der ein Alleinstellungsmerkmal für die Region und eine touristische Attraktion entstehen konnte. Das Projekt der Route 900 beinhaltet auch ein Potenzial für weitere Entwicklungen im Rahmen touristischer Angebote, das in der Zukunft ausgeschöpft werden kann.

ENGERE WAHL

Wachendorf
Garten- und Landschaftspark Rosarium

Sandabbau auf dem Gelände des Rosariums   Die ersten Heckenrosen blühen im Rosarium

DER ORT

Wachendorf ist ein Ortsteil der Stadt Syke mit rund 500 Einwohnern im Landkreis Diepholz im Bundesland Niedersachsen. Im Ort gibt es einen Gasthof; für Touristen bietet der Campingplatz rund 80 Stellplätze für Wohnwagen, Wohnmobile oder Zelte. Die Museumsbahn „Kaffkieker", die zwischen Syke und Eystrup verkehrt, hat in Wachendorf einen Haltepunkt. Größter Betrieb ist die über die Region hinaus bekannte Baumschule Wolters. Der Kindergarten in Wachendorf ist im ehemaligen Schulgebäude untergebracht, ein leerstehendes Gebäude wurde durch zahlreiche ehrenamtliche Helfer zu einem Dorfgemeinschaftshaus umgebaut.

TRÄGER

„Rosarium" ist als Garten- und Landschaftspark geplant und soll künftig als touristischer Anziehungspunkt dienen. Träger des Projekts „Rosarium" ist eine Aktiengesellschaft, die von einer Gruppe engagierter Bürgerinnen und Bürger im März 2007 gegründet wurde. Die Aktien im Wert von je 100 Euro konnten von den Einwohnern des Ortes erworben werden.

Zusätzlich wurde eine gGmbH gegründet, in der ein Kooperationspartner des Projekts, die Behindertenwerkstatt „Delme-Werkstätten gGmbH" Mitgesellschafter wurde. Die Initiatoren und weitere sechs Privatpersonen sind über einen als gemeinnützig anerkannten Verein ebenfalls Gesellschafter der gGmbH.

Mit dieser komplexen rechtlichen Konstruktion konnten die vorhandenen Finanzierungsmöglichkeiten ausgeschöpft werden. Die örtliche Baumschule Wolters hat sich mit Bäumen und Pflanzen im Wert von 250.000 Euro eingebracht. Weitere Finanzierungsquellen sind Stiftungen, Darlehen, Spenden und der Sandabbau auf dem künftigen Parkgelände. Die Stadt Syke beteiligt sich nur ideell an dem Projekt.

DAS PROJEKT

Das Konzept für das „Rosarium" baut auf Überlegungen aus dem Jahr 2000 auf. Damals hat sich die Bevölkerung von Wachendorf mit der Situation und der zukünftigen Entwicklung ihres Ortsteils auseinandergesetzt. Aus diesen Überlegungen ging eine Arbeitsgruppe hervor, deren Vision es war, aus dem kleinen Ort Wachendorf ein Rosendorf zu machen. Hintergrund ist eine am Ort ansässige traditionsreiche Landschaftsgärtnerei, welche für ihre Rosenzüchtungen bekannt ist.

Im Jahr 2005 wurden zahlreiche Rosenbeete im ganzen Ort angelegt, jährlich wird eine Rosenschau durchgeführt. Die Konzeption zu einem Garten- und Landschaftspark mit dem Leitthema „Rose" wurde im Rahmen der Bewerbung des Ortes für die Landesgartenschau 2006 entwickelt. Die Bewerbung für die Landesgartenschau blieb erfolglos, die Idee des „Rosariums" wurde aber von einer Gruppe von Bürgerinnen und Bürgern aufgenommen und zu einem Projekt entwickelt.

Das Rosarium steht derzeit noch am Anfang und soll auf einem ca. 6 ha großen Gelände am Rande von Wachendorf realisiert werden. Besitzer des Geländes ist ein Landwirt, der das Gelände bis vor kurzem für den Ackerbau nutzte.

Inzwischen wird dort Sandabbau betrieben; der Verkaufserlös wird dabei zwischen Landwirt, Sandabbaubetrieb und dem Projekt „Rosarium" aufgeteilt. Parallel zum Sandabbau laufen bereits Arbeiten für die Modellierung des Geländes. Es wurden Wege und Objektfelder abgesteckt und erste Pflanzungen vorgenommen.

Das Rosarium soll als Garten- und Landschaftspark mit dem Leitthema „Rose" ausgebaut werden und zu einer touristischen Attraktion werden. Schau- und Themengärten mit unterschiedlichen Rosensorten, Streuobstwiesen, Spielplätzen, ein Labyrinth, ein Marktplatz sowie Ruhezonen sollen entstehen. Das Rosarium soll dadurch sowohl als Ort der Entspannung als auch der Begegnung dienen. Synergieeffekte mit dem benachbarten Campingplatz werden erwartet.

Kooperationsprojekt mit den Delme-Werkstätten und dem Berufsbildungswerk Bremen bei der Bepflanzung des Rosariums

Erste Bepflanzungen im Rosarium

Das Rosarium soll außerdem für Menschen mit Behinderung eine Chance für Qualifizierung, Training und Arbeit bieten. Hierfür werden langfristige Kooperationen mit den Delme-Werkstätten gGmbH und dem Berufsbildungswerk Bremen angestrebt. Im Jahr 2015 sollen die regelmäßigen Arbeiten der Delme-Werkstätten beginnen, 2014 wurde durch das Berufsbildungswerk Bremen die Randbepflanzung des Rosariums fertiggestellt.

Neben dem Garten- und Landschaftspark sieht das Konzept des Rosariums ebenfalls eine Gastronomie mit Biergarten sowie eine kulturelle Nutzung vor. Zur Verfügung steht ein bereits restauriertes Fachwerkhaus aus dem Jahr 1750.

FAZIT

Das Projekt zeigt, dass kleine Gemeinden durch eine konsequente Ausschöpfung ihrer örtlichen Kompetenzen und aller finanziellen Möglichkeiten schrittweise auch größere, finanziell ehrgeizige Zukunftsprojekte entwickeln können. Es ist gleichzeitig ein wichtiges Beispiel für die Öffnung und Integration von Behindertenwerkstätten in die regionalen Wirtschaftskreisläufe und für den Aufbau vollwertiger Arbeitsplätze für Menschen mit Behinderung im ländlichen Raum.

ENGERE WAHL

Ründeroth
Renaturierung des alten Freibads in Ründeroth zu einem Mehrgenerationenpark

Naturkindergarten im Mehrgenerationenpark Ründeroth

DER ORT

Ründeroth liegt rund vier Kilometer östlich von Engelskirchen am Fluss Agger im Oberbergischen Kreis. Der Ort hat ca. 3.400 Einwohner/innen und wurde 1975 mit der Gemeinde Engelskirchen zusammengeschlossen. In Ründeroth gibt es drei Schulen; viele Infrastruktureinrichtungen stehen in Engelskirchen zur Verfügung.

TRÄGER

Träger des Mehrgenerationenparks „Aggerstrand" auf dem Gelände und in den Gebäuden des ehemaligen Freibads ist die Gemeinde Engelskirchen. Gelände und Gebäude sind im Besitz der Gemeinde. Der 2009 neu gewählte Bürgermeister hat das Projekt der Umgestaltung des alten Freibads aufgenommen; in der Finanzierung des Umbaus wurde die Gemeinde von der Bürgerstiftung „Wir für uns" unterstützt, die Zuwendungen für das Projekt gesammelt hat. Ein weiterer Finanzierungsanteil kam aus Förderungen und durch den Träger des Jugendzentrums (AWO) sowie aus der Umlage-Finanzierung der Kreisjugendpflege.

DAS PROJEKT

Das Freibad in Ründeroth entstand in den 1930er-Jahren. Nach einem verheerenden Hochwasser 2011 wurde das Bad endgültig geschlossen; die Gebäude standen leer und waren von Verfall und Vandalismus bedroht. Für viele ältere Ründerother/innen war das Freibad ein wichtiger, mit vielen Erinnerungen verbundener Platz im Ort. Entsprechend wurden die Pläne begrüßt, das alte Freibad

Mehrgenerationenpark mit Beachvolleyballfeld

zu einem Mehrgenerationenpark umzubauen. Die Ideen für eine neue Nutzung entstanden in Zusammenarbeit mit einem studentischen Entwurfsseminar; wichtigstes Ziel war dabei, eine Nutzung für alle Generationen zu finden. Nach komplexen Planungen und Abstimmungen konnte in Zusammenarbeit mit der AWO das Konzept des „Aggerstrandes" als Mehrgenerationenpark umgesetzt werden.

Ein weiteres Ziel war es, Jugendliche, ortsansässige Schulen und Vereine sowie große Teile der Bevölkerung an der Errichtung des Mehrgenerationenparks zu beteiligen. Entstanden ist ein Jugendzentrum, ein Naturkindergarten sowie ein Generationenpark. Die Gebäude des alten Freibads wurden hierfür von Grund auf saniert und teilweise neu aufgebaut. Die Räume für den Kindergarten wurden neu errichtet; das Außengelände für das Jugendzentrum wurde in Zusammenarbeit mit Jugendlichen neu geplant und neben der Renaturierung des Ufers der Agger wurden mit Eigenleistungen der Bevölkerung u. a. ein Beachvolleyballfeld, eine Kletterwand, ein Schachfeld und ein Basketballfeld geschaffen.

Im Raum zwischen zwei Gebäuden befindet sich eine große, zum Verweilen einladende Sonnenterrasse und in den Sommermonaten gibt es zudem auch ein kleines Café. Ein Mehrzweckraum kann von Vereinen für Veranstaltungen genutzt werden. Die sanitären Einrichtungen wurden in dem Gebäude so angeordnet, dass sie gleichermaßen für Café, Mehrzweckraum und Mehrgenerationenpark zugänglich sind.

Eingangsbereich des Mehrgenerationenparks mit Jugendzentrum

Der Naturkindergarten ist als Außengruppe des AWO-Kindergartens auf einem Teil der früheren Liegewiesen entstanden; im ehemaligen Eingangsgebäude des Freibades wurden außerdem neue Räumlichkeiten geschaffen, in welchen sich die Kinder bei schlechtem Wetter zurückziehen können. Weitere Grundstücksteile für den Kindergarten wurden durch einen Grundstückstausch mit einer ortsansässigen Firma erschlossen, die im Gegenzug einige Betriebskindergarten-Plätze erhalten hat.

Der Generationenpark ist in erster Linie als Treffpunkt für Jung und Alt, als Freizeitschwerpunkt in der Gemeinde gedacht. Das Angebot im Generationenpark richtet sich aber auch an die Bewohner/innen aus anderen Gemeinden sowie an Touristen, die einen Tagesausflug zum Generationenpark machen, der im Sommer täglich bis 22:00 Uhr geöffnet ist.

FAZIT

Das Projekt ist auf junge Familien, Jugendliche und Vereine ausgerichtet, welche die verschiedenen Angebote und Räumlichkeiten nutzen können. Die Nutzungsmischung ist ein Gewinn für die Gemeinde, und zwar sowohl als Ort der Begegnung der unterschiedlichen Nutzer, als auch aus den einzelnen (neuen) Angeboten selbst heraus. Die zentrale Lage wurde für ein neues, vielseitig nutzbares Naherholungsareal genutzt. Entstanden ist ein Infrastrukturangebot für verschiedene Generationen ohne finanzielle Belastung des Gemeindehaushaltes.

ENGERE WAHL

Brunow
Garten der Generationen

Frischetheke im Bauernmarkt

Innenansicht im Bauernmarkt: Café und Einkaufsmöglichkeit

DER ORT

Die Gemeinde Brunow gehört zum Amt Grabow und liegt im Landkreis Ludwigslust-Parchim im Bundesland Mecklenburg-Vorpommern. Sie besteht aus den Ortsteilen Bauerkuhl, Klüß und Löcknitz und hat rund 260 Einwohner. Die nächstgrößere Stadt ist Ludwigslust, welche rund 20 Kilometer westlich von Brunow liegt. Der Brunower Bauernmarkt, ein Dorfladen mit allen Waren des täglichen Bedarfs und einer Postfiliale, bietet die einzige Einkaufsmöglichkeit für Lebensmittel. Bis 2005 gab es einen Kindergarten vor Ort, welcher aufgrund sinkender Kinderzahlen geschlossen werden musste. In Brunow gibt es eine aktive Dorfgemeinschaft, die in der Kirchengemeinde, der Ortsfeuerwehr, dem Landfrauenverein und der Dorfjugend organisiert ist.

TRÄGER

Eine Gruppe von Bürgern hat sich informell zusammengeschlossen und will die Idee eines „Gartens der Generationen" auf einer Wiese hinter dem Bauernmarkt verwirklichen. Hierzu hat die Agrargenossenschaft zusammen mit ehrenamtlichen Helferinnen und Helfern erste Schritte unternommen, um aus der Wiese einen Treffpunkt für die Bürgerinnen und Bürger zu gestalten. Als Projekttitel wurde „Garten der Generationen" gewählt, da sich alle Einwohner/innen an dessen Entstehung beteiligen sollen und der Garten auch für alle Generationen nutzbar sein soll.

Areal für den Garten der Generationen

Pflasterarbeiten für die Terrasse im Garten der Generationen

DAS PROJEKT

Insgesamt fehlt es im Ort an Treffpunkten für die Bevölkerung. In den letzten Jahren hat sich der Dorfladen zu einem zentralen Austausch- und Informationspunkt entwickelt. Zunächst lediglich eine Verkaufsstelle für Futtermittel und Kartoffeln der örtlichen Agrargenossenschaft, wurde das Sortiment auf Wunsch der Bevölkerung um viele Waren des täglichen Bedarfs erweitert. Zudem wurden Sitzgelegenheiten eingerichtet, es gibt Kaffee und Kuchen und einen Imbiss. Zusätzlich gibt es einen Mittagstisch, welcher täglich von ca. 20 Personen in Anspruch genommen wird, vor allem von den Älteren des Dorfes und von Familien. Inzwischen konnten im Bauernmarkt auch zwei Arbeitsplätze geschaffen werden.

Um den Dorfladen als Treffpunkt weiter zu fördern, sollen die Außenanlagen so gestaltet werden, dass sie Platz für alle Generationen bieten und die Kommunikationsmöglichkeiten im Ort erweitern. Insbesondere für die Kinder und Jugendlichen des Ortes wird ein solcher Treffpunkt benötigt. Nachdem es in Brunow keinen Kindergarten und keine Schule mehr gibt, gehen die Kinder und Jugendlichen in der Regel nahe des Arbeitsplatzes der Eltern in Kindergarten oder Schule, sind somit in vielen unterschiedlichen Einrichtungen untergebracht und verlieren den Kontakt untereinander. Für die Initiatoren des Projektes war es deshalb wichtig, einen Platz im Ort zu schaffen, an dem sich die Kinder und Jugendlichen treffen und austauschen können.

Bislang wird hierzu der Platz vor dem Bauernmarkt genutzt, der jedoch an einer Durchgangsstraße liegt. Von der Agrargenossenschaft wurde deshalb in Verbindung mit freiwilligen Helfern ein auf der Rückseite des Bauernmarktes liegender Platz neu angelegt, in dessen Ergänzung auch eine Wiederbelebung des alten Obstgartens geplant ist. Aus der Bevölkerung gibt es weitere Angebote zur Arbeit an dem neuen Generationenpark, durch den auch die gemeinschaftlichen Aktivitäten im Ort gestärkt werden sollen. Bedarf wird hier auch im Zusammenwachsen von Einheimischen und Zugezogenen gesehen; an dieser Stelle soll ein neu gegründeter Förderverein ansetzen.

FAZIT

Der Dorfladen mit Poststelle soll zusammen mit dem im Aufbau befindlichen „Garten der Generationen" zukünftig einen Treffpunkt für alle Generationen im Ort darstellen und den sozialen Zusammenhalt im Dorf fördern. Das Projekt zeigt, wie mit einfachen Mitteln und örtlichem Engagement eine für die sozialen Kontakte der Dorfbewohner notwendige Infrastruktur aufgebaut wird, insbesondere für Kinder, Jugendliche und Ältere.

ENGERE WAHL

Wahlhausen
Erneuerung und Flurordnung

Stätte der Begegnung zur Erinnerung an den Tag der Grenzöffnung

LPG Verwaltung 1981

DER ORT

Wahlhausen liegt im Landkreis Eichsfeld an der Werra im Bundesland Thüringen, unmittelbar an der Grenze zu Hessen. Die Gemeinde hat 320 Einwohner/innen und gehört zur Verwaltungsgemeinschaft Hanstein-Rusteberg. Wahlhausen profitiert von der Infrastruktur des nur wenige Kilometer entfernt liegenden größeren Kurortes Bad Sooden-Allendorf (Werra-Meißner-Kreis, Hessen). Die Städte Göttingen und Kassel liegen jeweils rund 40 Kilometer entfernt.

TRÄGER

Träger der Projekte im Rahmen der Erneuerung des Dorfs und der Flurneuordnung ist die Gemeinde Wahlhausen. Insgesamt wurden in Wahlhausen vier Millionen Euro in die Flurneuordnung und die Dorferneuerung investiert. Die Gemeinde hat auch eigene Mittel in verschiedene Projekte eingebracht, z.B. in die Erneuerung des Sportlerheims.

DAS PROJEKT

Bei dem für den Wettbewerb eingereichten Projekt handelt es sich um die seit der Wende über viele Jahre dauernden Aktivitäten der Gemeinde Wahlhausen, ihren Ort zukunftsfähig zu gestalten und neu aufzustellen. Wahlhausen lag auf dem Gebiet der DDR, innerhalb des 500 Meter breiten Schutzstreifens der innerdeutschen Grenze. In den 1960er-Jahren verschwanden privates Handwerk und Gewerbe vollständig aus dem Ort. Die Landwirtschaftliche Produktionsgenossenschaft (LPG) war alleiniger Arbeitgeber und hatte den staatlichen Auftrag, die Landwirtschaft in Wahlhausen zu intensivieren, die von vergleichsweise günstigen klimatischen Bedingungen profitieren konnte. Ohne Rücksicht auf vorhandenes oder ehemaliges Privateigentum entstanden neue Produktionsgebäude, Stallungen und Werkstätten. Privater Wohnungsbau war bis etwa 1980 im Grenzgebiet verboten.

Nach der Wende wurden als Grundvoraussetzung für die weitere Arbeit zunächst die Eigentumsverhältnisse geklärt. In enger Zusammenarbeit zwischen Gemeinde und Bürgern wurde ein Entwicklungskonzept formuliert. Als Zielpunkt wurde festgelegt, dass sich die zukünftige Entwicklung des Ortes auf den Ortskern konzentrieren soll. Die vorhandene Bausubstanz, insbesondere die ehemaligen LPG-Bauten, sollten einer sinnvollen neuen Nutzung zugeführt werden. Auf diese Weise sollten Leerstand und Ruinen vermieden werden. Die Bevölkerung wünschte sich zudem eine aktive Beteiligung bei der Planung und Umsetzung von Maßnahmen sowie eine ausgewogene Balance zwischen neuer Wohnbebauung und Gewerbe im Ort. Während eines Flurneuordnungsverfahrens, das von 1995 bis 2012 lief, wurden Gebäude und Bodeneigentum (wieder) zusammengeführt. Parallel dazu erfolgten Maßnahmen der Dorferneuerung, die auch private Hausbesitzer zur Renovierung ihrer Anwesen nutzten.

Auf diese Weise konnten viele Projekte verwirklicht werden, die das Dorf attraktiv für die Neuansiedlung von Firmen und Neubürgern machten. Unter anderem wurde die ehemalige LPG-Verwaltung zu einer modernen Kindertagesstätte ausgebaut, es wurden Rad- und Fußwege in die hessische Nachbarstadt Bad Sooden-Allendorf gebaut sowie ein Pflegezentrum für Senioren und eine

LPG-Gebäude in Wahlhausen 1988

Umgenutztes LPG-Gebäude

Sanierte Kirche von Wahlhausen 2014

Kirche von Wahlhausen 1988

neue Feuerwehrwache. Zur Erhaltung und Renovierung der ortsbildprägenden Wahlhäuser Kirche wurde ein Verein gegründet. In vielen ehrenamtlich geleisteten Arbeitsstunden und durch Spenden konnte die Kirche wiederhergestellt werden und wird nun als Veranstaltungsort genutzt. Aus der ehemaligen LPG entwickelte sich eine Agrargenossenschaft, welche heute noch vier Mitglieder hat, die in Viehzucht und Ackerbau beschäftigt sind.

FAZIT

Nach der Wende wurde das grenznahe Dorf Wahlhausen durch Flurneuordnung und Dorferneuerung zukunftsfähig entwickelt. Der Prozess der Flurneuordnung und Dorferneuerung wurde dazu genutzt, die Infrastruktur des Ortes auszubauen. Es wurden ein Fachpflegezentrum und eine Kindertagesstätte errichtet. Es ist auch gelungen, eine Reihe von neuen Betrieben anzusiedeln und rund 150 Arbeitsplätze am Ort zu schaffen, die zur Wertschöpfung in der Region beitragen. Die aus der Bevölkerung formulierten Ziele konnten umgesetzt werden und die damit entstandene Wohn- und Lebensqualität im Ort spiegelt sich auch in den steigenden Einwohnerzahlen wider.

I. DIE ZUKUNFT VON KLEINEN GEMEINDEN

II. ANGEBOTE UND INITIATIVEN

III. THESEN

IV. DER WETTBEWERB

V. PROJEKTDOKUMENTATION

ANHANG

Liste der Wettbewerbsbeiträge

PLZ / Ort	Thema	Träger	Kurzbeschreibung
POSTLEITZAHLEN 00000			
03054 Cottbus, OT Döbbrick	Erarbeitung und Weiterführung der Ortsteilchroniken für die Stadtteile Döbbrick / Maiburg-Skadow und Weiterführung der Heimatstube Skadow	Heimatverein Döbbrick / Maiburg-Skadow e.V.	Der Heimatverein widmet sich insbesondere der Pflege von Traditionen und Brauchtum und der Förderung des Denkmalschutzes. Dabei werden für die genannten Ortsteile Chroniken entwickelt, ebenso wurde eine Heimatstube eingerichtet, welche das dörfliche Leben und das sorbisch-wendische Brauchtum dokumentiert.
03229 Altdöbern	Werterhalt des Gemeindebades Altdöbern – Bürgerinitiative	Förderverein Gemeindebad Altdöbern e.V.	119 Jahre altes Schwimmbad musste 2010 aufgrund fehlender finanzieller Mittel geschlossen werden. Mit Hilfe des ehrenamtlichen Einsatzes des Fördervereins konnte das Bad ein Jahr später wiedereröffnet werden. Durch Veranstaltungen, die im Bad durchgeführt werden, wurde auch wieder ein den Ort belebender Mittelpunkt geschaffen.
04618 Göpfersdorf	Sanierung und Umnutzung eines denkmalgeschützten Bauernhofes	Gemeinde Göpfersdorf	Die Gemeinde Göpfersdorf ist in der Region eine der wirtschaftlich stärksten Gemeinden. Wesentlicher Entwicklungsfaktor ist dabei die Sanierung und Umnutzung des „Kulturgut Quellenhof" mit einem umfangreichen Veranstaltungsprogramm des Heimatvereins Göpfersdorf e.V. (Theater, Kochkurse, Filme, Vernissagen).
04758 Cavertitz, OT Trebtitz	Verein zum Ökologischen Gewässerschutz Treptitz e.V.	Verein zum Ökologischen Gewässerschutz Treptitz e.V.	Die Einwohner von Treptitz haben gemeinsam, organisiert in einem Verein, eine nachhaltige Lösung der Abwasserentsorgung entworfen. Dabei wurden die 43 Grundstücke an zwei Gruppenkläranlagen angeschlossen, das dazu nötige Kanalsystem wurde in Eigenleistung verlegt. Gleichzeitig wurden die Haushalte auch an die örtliche Biogasanlage angeschlossen. Auf diese Weise kann sowohl Geld gespart als auch CO_2-Ausstoß verringert werden.

04838 Laußig	Wohnhof Seniorengemeinschaft	Gemeinde Laußig	Die Gemeinde will für die älter werdende Bevölkerung ein Wohn- und Lebensmodell entwickeln. Dabei soll zunächst mit einer vielfältigen Öffentlichkeitsarbeit die Diskussion zu neuen Wohnformen angeregt und unter Einbeziehung der Bürger ein Standort ausgewählt werden. Dies ist die Grundlage für die Gewinnung von interessierten Senioren. Die Gemeinde ist derzeit auf der Suche nach dem passenden Gebäude.
04862 Mockrehna, OT Langenreichenbach	Umnutzung eines abrissreifen Gebäudes zum Ausbildungszentrum für Feuerwehrnachwuchs	Ortschaftsrat Langenreichenbach	Mit viel ehrenamtlichem Engagement der Dorfgemeinschaft wurde das leerstehende Sanitärgebäude eines ehemaligen Schwimmbades zu einem Ausbildungszentrum für den Feuerwehrnachwuchs umgebaut und somit auch das Nachwuchsproblem bei der Feuerwehr gelöst. Das Gebäude wird auch für andere Veranstaltungen wie Vereins- und Dorffeste sowie Lagerfeuer und Zeltlager genutzt.
04895 Falkenberg / Elster	Hand in Hand	Lokales Bündnis „Hand in Hand"	Die Stadt hat gemeinsam mit verschiedenen Kooperationspartnern (Schule, Kindergarten, Vereinen, Ärzten etc.) ein Lokales Bündnis für Familie gegründet, und sich somit auf den Weg zu einer familienfreundlichen Stadt gemacht. In die Angebote des Bündnisses werden auch die Senioren der Stadt eingebunden und es wird Wert auf generationenübergreifende Arbeit gelegt.
04924 Uebigau-Wahrenbrück, OT Domsdorf	Entwicklung des technischen Denkmals und Besucherbergwerkes Brikettfabrik Louise zu einem Transformationszentrum in der Energiewende	Stadt Uebigau-Wahrenbrück	Derzeit wird das technische Denkmal und das Besucherbergwerk Brikettfabrik Louise als Führungs- und Veranstaltungsort sowie außerschulischer Lernort genutzt. Er soll jedoch zunehmend als Transformations- und Transferort im Sinne einer nachhaltigen Ressourcenwirtschaft und für den Klimaschutz entwickelt werden. Im Moment wird ein ganzheitliches Entwicklungskonzept mit 38 Einzelmaßnahmen erstellt.
06198 Salzatal, OT Zappendorf	Gemeinsam statt Einsam; Unser Museumsrat gibt uns Zukunft in Zappendorf	Gemeinde Zappendorf	Die Gemeinde hat im Jahr 2001 in den Räumen und auf dem Gelände eines ungenutzten Bauernhofs im Ortsteil Müllerdorf ein Landwirtschafts- und Heimatmuseum gegründet, welches durch den Museumsrat gepflegt wird. Mit der Zeit wurden das Museum zum Treffpunkt im Ort und der Museumsrat zum Organisator der kulturellen und sozialen Veranstaltungen vor Ort.

PLZ / Ort	Thema	Träger	Kurzbeschreibung
06258 Schkopau, OT Hohenweiden	Von Traditionsfest zur Plattform vielfältiger Begegnung	Verein Dorfgemeinschaft Hohenweiden 2013 e.V.	Jedes Jahr zu Pfingsten wurde von der Gemeinde, nun aus finanziellen Gründen vom Verein, ein Fest für die Bevölkerung organisiert. Dies hat schon eine lange Tradition im Ort und wird lange im Voraus durch die Dorfgemeinschaft vorbereitet. Diese rein ehrenamtlichen Tätigkeiten haben die Gemeinschaft im Dorf gefestigt und in Notsituationen (Hochwasser) ist der Zusammenhalt selbstverständlich.
06578 Kannawurf	Urbane Migranten – ein baufälliges Schloss wird zum Kulturzentrum für eine ganze Region	Künstlerhaus Thüringen e.V.	„Urbane Migranten" wollten ein Künstlerhaus gründen und stießen 2007 auf das stark baufällige Renaissanceschloss Kannawurf. Es wurde damit begonnen, das Schloss zu sanieren und in den Räumlichkeiten ein Begegnungszentrum für Kunst und Kultur zu initiieren. Seitdem organisiert der Verein ca. 25 Veranstaltungen pro Jahr, das Programm besteht aus Theater, klassischen Konzerten, Kabarett uvm. Nächste Projekte sind die Sanierung und anschließende Bewirtschaftung des Renaissancegartens.
06638 Karsdorf	Unser Mehrgenerationenhaus – Ort der Begegnung im ländlichen Raum	MGH Karsdorf	Mehrgenerationenhaus im ländlichen Raum, welches für die Region wichtiger sozialer Mittelpunkt ist. Kleine Hilfen im Alltag für Senioren, gesellschaftliche Teilhabe, generationenübergreifende Angebote, Bildung und Integration.
06889 Stadt Wittenberg, OT Jahmo	Willkommen bei Erna	Förderverein Jahmo e.V.	In dem kleinen Ortsteil Jahmo der Lutherstadt Wittenberg wurde ein Stallgebäude vom Förderverein Jahmo e.V. in den Treffpunkt „Willkommen bei Erna" umgebaut. Dieser ist mit seinen Veranstaltungen sozialer Mittelpunkt des Ortes geworden.
06895 Zahna-Elster, OT Dietrichsdorf	Naturkindergarten „Lebendiges Dietrichsdorf" e.V.	Lebendiges Dietrichsdorf e.V.	Der Verein übernahm 1996 die Trägerschaft des örtlichen Kindergartens, nachdem die Gemeinde die Einrichtung nicht länger halten konnte. Dabei werden Arbeiten, wie Wäsche waschen oder das Renovieren des Spielplatzes, von den Eltern übernommen. Der Verein kann inzwischen zwei Erzieherinnen und eine Putzkraft finanzieren. Das Gebäude des Kindergartens stellt die Gemeinde zur Verfügung.

06905 Bad Schmiedeberg, OT Trebitz	Attraktive ländliche Region	Trebitzer Dörferbund 2013 e.V.	Im Dorf Trebitz ist in den letzten Jahren eine Vielzahl wichtiger Infrastruktureinrichtungen weggefallen, ebenso musste der Veranstaltungssaal aufgrund baulicher Mängel geschlossen werden. So wurde der Verein gegründet, um zunächst das Gebäude zu übernehmen, zu sanieren und nutzbar zu machen. Es wurde ein Tag der offenen Tür veranstaltet, woraufhin viele Bewohner des Ortes Hilfe angeboten haben und somit die Sanierung des Hauses in Angriff genommen werden kann.
07334 Kamsdorf	Kunst in Kamsdorf – KUNSTRAUM und Garten der Labyrinthe	KUNSTRAUM Kamsdorf / Förderverein Kunst in Kamsdorf e.V.	„Kunst in Kamsdorf – Kunstraum und Garten der Labyrinthe" wurde von zwei Privatpersonen geschaffen, um Kunst in der Gemeinde zu etablieren und professionelle Kunst zu ermöglichen. Hierzu wurde inzwischen eine Plastik im öffentlichen Raum installiert, der Gemeindesaal renoviert und mit einer englischen Künstlerin wurden Labyrinthe auf dem Kirchhof in Kamsdorf geschaffen.
07426 Bechstedt	Neue Allmende – Zukunftsbausteine für Dorf, Landschaft und Gemeinschaft	KulturNaturHof Bechstedt e.V.	Der KulturNaturHof Bechstecht ist Zentrum des gleichnamigen Vereins, welcher sich zur Aufgabe gemacht hat, Projekte in den Bereichen Kultur- und Landschaftspflege, Verwertung regionalen Streuobstes, Bildung und Tourismus, Kulturveranstaltungen und Energieversorgung umzusetzen. Grundprinzip ist dabei die Allmende-Idee, also das gemeinschaftliche Nutzen durch Pflegen von Ressourcen.
08340 Schwarzenberg	Projekt „Erzgebirgische Aussichtsbahn" (EAB)	Erzgebirgische Aussichtsbahn	Mit Hilfe von ehrenamtlichem Engagement konnte die einzigartige Eisenbahnstrecke zwischen Schwarzenberg und Annaberg-Buchholz (Verbindung quer zu den Tälern) erhalten werden. Nun wird diese touristisch genutzt und befördert in fünf bis sechs Fahrtwochenenden bis zu 25.000 Gäste.
09619 Mulda, OT Zethau	Themendorf „Wir flachsen"	„Grüne Schule grenzenlos" e.V.	Der Verein „Grüne Schule grenzenlos" organisiert Veranstaltungen rund um das Thema „Wir flachsen": alte Handwerkstechniken, Liederabende mit erzgebirgischem Liedgut, Seminare zum Thema Brot und regionale Produkte. Teilnehmer sind Schulklassen, Touristen und Bürger. Zentrum der Aktivitäten ist das Flachsmuseum, welches durch den Verein rekonstruiert wurde.

PLZ / Ort	Thema	Träger	Kurzbeschreibung
POSTLEITZAHLEN 10000			
14778 Beetzseeheide, OT Ketzür	Verein zur Erhaltung der Bockwindmühle Ketzür e.V.	Verein zur Erhaltung der Bockwindmühle Ketzür e.V.	Die Mühle aus dem Jahr 1859 wurde seit 1955 nicht mehr genutzt und ist langsam verfallen. Immer wieder wurden Teile renoviert, bis sich 2001 der Verein gegründet hat, um die Mühle dauerhaft zu erhalten und der Öffentlichkeit zugänglich zu machen. Es werden nun regelmäßig Veranstaltungen in der Mühle durchgeführt, diese reichen vom Brotbacken bis hin zu Führungen durch die Mühle.
14913 Niederer Fläming	Campus der Generationen	Gemeinde Niederer Fläming	Am Standort der Grundschule soll zur Sicherung der Daseinsvorsorge ein Betreuungsangebot für Senioren, ein Kindergarten und Hort, eine Arztpraxis und ein Dorfladen etc. entstehen. Erste Bauschritte wurden schon realisiert. Ziel ist auch die Ausschöpfung von Flächenpotenzial und Leerstandsvermeidung.
15526 Bad Saarow	Gemeinde Bibliothek	Amt Scharmützelsee	Der im Jahr 2008 neu gewählte Bürgermeister fand in der Gemeindeverwaltung Kisten voll mit Büchern. Um diese Bücher der Öffentlichkeit wieder zugänglich zu machen, wurde eine Kooperation mit der Hoffnungstaler Stiftung Lobental eingegangen. Die Stiftung stellte Räume zur Verfügung, die Gemeinde jährlich 300 Euro und ehrenamtliche Bürger halfen, die Bibliothek einzurichten. Im April 2014 konnte die Bibliothek eröffnet werden. Damit konnte ein Treffpunkt für Jung und Alt geschaffen werden.
16259 Heckelberg-Brunow, OT Beerbaum	Konzept „Geschichte des Dorfes Beerbaum" mit dem Schwerpunkt „Wohnen und Leben auf dem Lande um 1800"	Kulturverein „Kurmark" e.V.	Der Kulturverein „Kurmark" e.V. hat sich der Rettung kulturhistorischer Baudenkmäler, der kulturellen Traditionen und der Geschichte der Dörfer des Oberen Barnim verschrieben. Nächstes Projekt soll das Landarbeiterhaus in Beerbaum sein, welches als Museum und Café genutzt werden soll. Dabei sollen regionale Produkte angeboten werden und die Geschichte Beerbaums sicht- und erlebbar gemacht werden. Ziel ist die Schaffung eines Treffpunktes.
16775 Gransee	Wo(hl)fühlen in Gransee	Amt Gransee und Gemeinden für die Stadt Gransee	Anfangs sollte ein Spielplatzentwicklungskonzept erarbeitet werden, doch es stellte sich heraus, dass es nicht nur um Orte für Kinder und Erwachsene, sondern auch für Jugendliche und Senioren gehen soll und um öffentliche Plätze, an denen sich die Granseer gerne aufhalten. So wurde ein partizipativer Stadtgestaltungsprozess gestartet mit Fragebogenaktion, Veranstaltungen und Aktionstagen.

17111 Sarow, OT Törpin	Törpin darf nicht sterben	Törpiner Forum e.V.	Angebote für die Bürger, die ihren Lebensabend zu Hause im Dorf verbringen wollen so lange es geht. Ein Bürgerbus wurde eingerichtet, die alte Schule mit einem Vereinsraum, Bibliothek und Internet ausgebaut. Assistenzsysteme für Ältere und Dienstleistungen am Ort sind angedacht. Zwei geförderte Arbeitsplätze wurden geschaffen.
17179 Behren-Lübchin, OT Wasdow	FreiRaum	Initiative zur Förderung künstlerisch-kultureller Bildungsprojekte im ländlichen Raum	Der Verein Quietjes (= Fremde auf Plattdeutsch) wurde von Zugezogenen gegründet, um gemeinsam eine kulturelle Vielfalt für das Dorf zu schaffen. Dies soll mit Angeboten aus dem Bereich Bildung, internationale Begegnung, traditionelle Handwerkskunst sowie gemeinsame Gestaltung von Dorffesten erreicht werden.
17192 Varchentin	Umstrukturierung des Feuerwehrgebäudes in ein Mehrgenerationenhaus	Gemeinde Varchentin	Die Freiwillige Feuerwehr des Ortes Varchentin hat sich aufgrund von mangelndem Interesse aufgelöst. Die Garage der Feuerwehr soll nun anderweitig genutzt und zu einem Mehrgenerationenhaus umgebaut werden. Ebenso soll wieder Platz für das Dorffest geschaffen werden.
17279 Lychen	Floßfahrt	Lychener Flößer e.V.	Der Verein hat es sich zum Ziel gemacht, die traditionelle Flößerei in der Gemeinde auch als Touristenmagnet zu erhalten. Hierzu wurde ein Museum in einem alten Haus errichtet, der Verein hat sich für die Anerkennung von Lychen als Flößerstadt eingesetzt und es werden auch regelmäßig Floßfahrten durchgeführt.
17309 Koblentz	Sanierung des ehemals von Eickstedtschen Mausoleums in Koblentz	Verein Mausoleum Koblentz i.G.	Die Gemeinde Koblentz ist Eigentümerin des Mausoleums, welches mit Hilfe des Vereins „Mausoleum Koblentz" renoviert und mit Leben gefüllt werden soll. Schwerpunkte sind Bildung für Kinder und Jugendliche, Seniorentreff, ebenso Ausstellungen, Darbietung von Musik sowie Vorträge uvm.
17506 Bandelin	Kinder Tanz- und Schauspielgruppe	Gemeinde Bandelin	Tanz- und Schauspielgruppe besteht seit zwei Jahren. Da es in dem Dorf keine anderen kulturellen Angebote für Kinder gab, war die Nachfrage sehr groß, sodass eine Kooperation mit dem Verein Pampa e.V. eingegangen wurde. So konnte das Angebot gesichert und z.B. Auftritte bei den verschiedenen Dorffesten organisiert werden.

PLZ / Ort	Thema	Träger	Kurzbeschreibung
18276 Lohmen	Erhalt der Attraktivität des Arbeitens, Lebens und Wohnens in unserer kleinen Gemeinde	Bürgermeister der Gemeinde Lohmen	Seit 15 Jahren unternimmt die Gemeinde Aktivitäten zur Stärkung der Wirtschaftskraft und des sozialen Zusammenhalts: Vom Leerstand bedrohte Gebäude werden einer neuen Nutzung zugeführt, so wird die Infrastruktur für Vereine erhalten. Ebenso wurde eine Familienservice-Agentur eingerichtet, die mobile Händler koordiniert sowie haushaltnahe Dienstleistungen vermittelt. Zahlreiche Prämierungen. Planung eines „digitalen Wohnzimmers".
18516 Süderholz	Landwerke Süderholz – „Wir für uns!"	Gemeinde Süderholz	Derzeit ist in der Gemeinde die Gründung des Vereins „Landwerke Süderholz e.V." geplant. Dieser soll dazu beitragen, die Versorgung mit Strom und Wärme zu gewährleisten, als auch die darüber hinausgehenden Angebote für die Lebensqualität, die nicht aus dem Gemeindehaushalt finanzierbar sind, zu unterstützten. Die Idee ist als Dienstleistungsmarkt zu verstehen.
19205 Roggendorf, OT Breesen	Pflege und Erhaltung des Agrarmuseums für die Nachwelt	Verein zur Förderung der Bauernstube und des Agrarmuseums Breesen e.V.	Der Verein sammelt Gegenstände im Agrarmuseum mit Hilfe ehrenamtlichen Engagements und bereitet sie auf. Ebenso werden verschiedene Aktionstage rund um alte Handwerkstechniken durchgeführt. Das Museum wird von vielen Schulklassen und Reisegruppen besucht.
19217 Dechow	Lebendiges Dechow	Förderverein der Gemeinde zu Dechow e.V.	In Dechow wurde ein ehemaliger Gasthof zum Dorfgemeinschaftshaus („Dorfhaus") umgebaut. Dort finden nicht nur viele Veranstaltungen statt, ebenso gibt es Übernachtungsmöglichkeiten und einen Infopunkt „Natura2000". Gemeinschaftliche Aktionen haben einen hohen Stellenwert, durch die Stärkung des Tourismus soll eine Stelle geschaffen werden.
19217 Thandorf	Entgegen dem demografischen Wandel – Thandorf eine Erfolgsgeschichte	Dorfverein Thandorf e.V.	Der Dorfverein Thandorf e.V. gründete sich, um die Dorfidentität zu stärken. Aktivitäten des Vereins sind z.B. die Bereicherung des gemeinschaftlichen Zusammenlebens, Förderung des Sports, der Ortsgeschichte und Brauchtums uvm. Konkrete Beispiele sind „Dörfer zeigen Kunst" oder die Trafobar, die kleinste „Kneipe" Nordwestmecklenburgs.
19372 Brunow	Garten der Generationen	Initiativgruppe „Brunower Bauernmarkt"	Ein ehemaliger Dorfkonsum wurde von der örtlichen Agrargenossenschaft zum Dorflanden „Brunower Bauernmarkt" umgebaut; weiter sollen jetzt die Außenanlagen gestaltet werde, es soll ein Dorftreffpunkt als „Garten der Generationen" entstehen.

19372 Ziegendorf	Offenes Pfarrhaus Ziegendorf	Gemeinde Ziegendorf	Die Landfrauen sind in der kleinen Gemeinde Ziegendorf der Motor der gesellschaftlichen Teilhabe. Sie organisieren die Bibliothek und Veranstaltungen, pflegen den historischen Pfarrgarten (welcher schon Preise gewonnen hat), besuchen die Senioren der Gemeinde oder organisieren Veranstaltungen für die Dorfgemeinschaft. Zuzug von außerhalb wäre erwünscht, um Leerstände zu beseitigen, soziales Leben ist der Motor dafür.
19374 Mestlin	JugendKulturRaum	Denkmal Kultur Mestlin e.V.	In Mestlin gibt es eine aktive Theatergruppe für Jugendliche, diese haben in einer Aufführung die Jugendarbeit der Gemeinde kritisiert. Somit wurde bei der Gemeindeverwaltung ein Bewusstsein geschaffen, mehr für die Jugendlichen des Ortes zu tun. In Planung ist nun ein Jugendpark, bei dessen Finanzierung und Gestaltung sich die Jugendlichen aktiv mit einbringen.
19376 Siggelkow	Zukunft Gemeinde Siggelkow	Verein Zukunft Siggelkow e.V.	Um den negativen Folgen des demografischen Wandels entgegenzuwirken, hat sich ein Verein gegründet. Dieser ist in der gesamten Gemeinde, also auch in den Ortsteilen aktiv. Es wurden Arbeitsgruppen gebildet, aus welchen verschiedene Projekte hervorgehen. U.a. sind dies: Tauschbörse, Informationsblatt, Masterplan zur langfristigen Selbstversorgung mit (Wärme-)Energie und Vermittlungsservice für hauswirtschaftliche Dienstleistungen.

POSTLEITZAHLEN 20000

21037 Kirchwerder, OT Krauel-Ohe	Freundeskreis Hof Eggers in der Ohe e.V.	Freundeskreis Hof Eggers in der Ohe e.V.	Der Hof Eggers in der Ohe ist einer der ältesten Bauernhöfe in der Region und wird von einem Ehepaar erhalten und mit ökologischer Landwirtschaft bewirtschaftet. Der Freundeskreis hat sich das Ziel gesetzt, den Hof zu bewahren, die Natur durch ökologische Landwirtschaft zu schützen und kulturelle Aktivitäten durchzuführen: Öko-Lehrpfad, Hoffeste, Kulturveranstaltungen, Streichelzoo und historische Gerätschaften sind Beispiele.
21514 Kankelau	Mi.t.mi e.V. Alltagshilfen von Minsch to Minsch, Kankelau und Umgebung	Mi.t.mi e.V.	Verein organisiert kleine Hilfen im Alltag für hilfebedürftige Menschen in 13 Dörfern. Ebenso wird einmal pro Woche ein öffentlicher Mittagstisch mit regionalen Produkten angeboten. Die Helfer/-innen des Vereins können sich ihre geleisteten Stunden auszahlen lassen oder ein Zeitguthaben ansparen.

PLZ / Ort	Thema	Träger	Kurzbeschreibung
21514 Witzeeze	Kulturzentrum Gemeinde Witzeeze	Gemeinde Witzeeze	In Witzeeze wurde im Jahr 2003 ein Kulturzentrum errichtet, der Kulturausschuss der Gemeinde füllt dies mit Programm. Neben kulturellen Angeboten werden in dem Haus auch sportliche Trends etabliert oder verschiedene Märkte angeboten. Das Kulturzentrum kann sich inzwischen durch die Hilfe vieler Ehrenamtlicher selber tragen.
23999 Kirchdorf	Gemeinsame Pflege von Tradition und Bewältigung des Alltags der Senioren auf der Insel Poel	Poeler Leben e.V.	Der Verein mit 400 Mitgliedern kümmert sich um das gesellschaftliche Leben in der Gemeinde Kirchdorf und ist seit 2008 Träger des MGHs. Es werden verschiedene Veranstaltungen für Jung und Alt durchgeführt, um die Generationen miteinander zu verbinden, einsame Senioren in den Dörfern werden besucht und informiert und Brauchtum wird erhalten.
24161 Altenholz, OT Stift	Entwicklung des Ortsteiles Altenholz-Stift	Gemeinde Altenholz und Initiative „Gemeinsam für Stift"	Im Ortsteil Stift geht immer mehr Nahversorgungsinfrastruktur verloren und somit stehen schon jetzt viele Läden im Ortszentrum leer. Aus dieser Situation heraus wurde die Bürgerinitiative „Gemeinsam für Stift" gegründet, die es sich zur Aufgabe gemacht hat, die Lebensqualität vor Ort zu erhalten. Erster Schritt war, die Gemeinde in das Städtebauförderungsprogramm „Aktive Stadt- und Ortsteilzentren" aufzunehmen.
24361 Groß Wittensee	Zukunftsstrategie Daseinsvorsorge für die Gemeinden und das Amt Hüttener Berge	Amt Hüttener Berge für alle amtsangehörigen Gemeinden	Das Amt Hüttener Berge hat in Zusammenarbeit mit seinen 16 ehrenamtlich verwalteten Gemeinden die Zukunftsstrategie Daseinsvorsorge erstellt. Es hat zwei Zielsetzungen: Handlungsbedarfe im Hinblick auf den demografischen Wandel deutlich machen und die Gestaltungs- und Entscheidungsmöglichkeiten aufzeigen. Das Konzept wird nun als Zwischenschritt gesehen, über 200 Bürger sind in Arbeitsgruppen organisiert.
24634 Padenstedt	Familienzentrum Padenstedt	Familienzentrum Padenstedt	Das Familienzentrum in Padenstedt wurde im September 2014 eröffnet. Um zu wissen, was im Zentrum angeboten werden soll, wurde im Vorfeld eine Bürgerbefragung durchgeführt und auf deren Basis ein Programm entworfen. Es umfasst z.B. musikalische Frühförderung, Computer für Erwachsene und Plattdeutsch für Alt und Jung.

25491 Hetlingen	Marschtreff Hetlingen	Marschtreff Hetlingen eG	In der Gemeinde Hetlingen wurde vor einigen Jahren der letzte Tante-Emma-Laden geschlossen. Durch die Initiative von Bürgern wurde eine Genossenschaft gegründet, mit deren Hilfe ein neuer Dorfmittelpunkt mit Nahversorgung geschaffen wurde. Neben Lebensmitteln und Lieferdienst bietet der Dorfladen ein Café als Treffpunkt. Es sollen Angebote wie ein PC-Platz zur Internetnutzung, ein Seniorencafé oder Näh- und Malkurse geschaffen werden.
25797 Wöhrden	Lütt und Groot Wöhrden e.V.	Lütt un Groot Wöhrn e.V.	Nachdem die Grundschule in dem Ort geschlossen wurde, mussten die Schulkinder weite Wege auf sich nehmen und konnten sich nicht mehr in den Vereinen engagieren. Viele traditionelle Kinderfeste fielen somit aus. Der Verein Lütt un Grot e.V. hat sich zur Aufgabe gemacht, diese Feste wiederzubeleben und nachhaltig zu sichern.
25860 Horstedt	Schoolgoorn op platt / Nauturerlebnisraum Schule	Förderverein der Grundschule Horstedt e.V.	In der Grundschule der drei Gemeinden Horstedt, Arlewatt und Olderup wurde das Thema Umweltbildung in die Nachmittagsbetreuung der Grundschule eingebracht. Hierzu wurde eine kleine Streuobstwiese in den Schulgarten integriert, die Kinder werden in Planung, Anlage und Bewirtschaftung mit einbezogen. Mit Eltern, Lehrern und Bürgern (Landwirte, Jäger etc.) der Gemeinde wird naturkundliches Wissen vermittelt.
25876 Schwabstedt	Sag zweimal „Ja" in Schwabstedt!	Evangelische Kirchengemeinde Schwabstedt	Ein idyllisches Gebäudeensemble mit einem standesamtlichen Trauzimmer im historischen Glockenturm sowie mit einer Kirche bieten für die Gemeinde Schwabstedt ideale Voraussetzungen, den Hochzeitstourismus anzukurbeln. Auf diese Weise konnten zahlreiche Arbeitsplätze gesichert werden, beispielsweise im ortsansässigen Hotel sowie bei den Dienstleistungsangeboten (Friseur, Bäcker etc.). Zudem werden mit Hilfe der Dorfbewohner Hochzeitsmessen organisiert. Inzwischen hat sich die Zahl der Hochzeiten in dem Dorf verfünffacht.
25924 Emmelsbüll-Horsbüll	Mobilität und Mehrgeneration	Jugendförderverein „Seebrise" e.V.	Der Verein fördert die Jugendarbeit (Veranstaltungen, Treffpunkte, Jugendbus / Bürgerbus) sowie die Mitgestaltung und Beteiligung der Kinder und Jugendlichen an Planungen der Gemeinde. Somit wird die Bereitschaft zu weiterem Engagement sowie die Verantwortung und Identifikation der Jugendlichen mit ihrer Gemeinde gefördert.

PLZ / Ort	Thema	Träger	Kurzbeschreibung
26441 Jever, OT Sandelermöns	Dorffest / Schleppertreff	Dorfbürgerverein Sandelermöns und Umgebung	Nachdem der Kindergarten im Ort geschlossen wurde, gründete sich der Dorfbürgerverein, um den leerstehenden Kindergarten als Begegnungsstätte zu nutzen. Dieser ist nun Ausgangspunkt für das dörfliche Leben, verschiedene Feste und Veranstaltungen. Auch eine Ferienbetreuung für Kinder konnte auf die Beine gestellt werden.
26506 Norden, OT Utlandshörn	Funktechnisches Museum Norddeich Radio	Funktechnisches Museum Norddeich Radion e.V.	Die Küstenfunkstelle Norddeich Radio war lange Zeit für deutsche Schiffe auf den Weltmeeren eine Möglichkeit der Kommunikation mit der Heimat. In dem ehemaligen Gebäude von Norddeich Radio hat der Verein nun ein Funktechnisches Museum eingerichtet, welches Besucher aus ganz Deutschland zu verzeichnen hat.
26524 Lütetsburg	Schlosspark Serenade in Lütetsburg 2015	Gemeinde Lütetsburg, Förderverein Stadtorchester Feuerwehr Norden	Um verschiedene Generationen für Musik zu begeistern, findet alle zwei Jahre im Schlossgarten die „Lütetsburger-Schlosspark-Serenade" statt. Organisiert wird die Serenade durch den Förderverein unter Einbindung der örtlichen Schulen, Musik- oder Kunstgruppen, welche auf dem Fest auftreten. Der Erlös der Veranstaltung wird der Bürgerstiftung Norden zur musikalischen Ausbildung von Kindern und Jugendlichen zur Verfügung gestellt.
26529 Südbrookmerland, OT Engerhafe	Ausbau der „Alten Pastorei" zu einem Zentrum für Geschichte, Kultur und Kommunikation des Ortes Engerhafe	Kulturkreis Südbrookmerland	Der Verein will aus einem Gebäudeensemble aus der Alten Pastorei, der Johanneskirche und dem „Gulfhof Ihnen" ein multifunktionales Geschichts-, Kultur- und Kommunikationszentrum gestalten. Dabei sollen ein Gemeindesaal, ein Raum für Sitzungen und Tagungen oder auch Räume für den KZ-Gedenkverein entstehen.
26555 Dornum	Wiederbelebung der örtlichen Aktivität der ostfriesischen „Herrlichkeit Dornum"	Bürgerverein Herrlichkeit Dornum e.V.	Ziele des Vereins sind in erster Linie die Förderung der Orts- und Heimatpflege, von Kunst und Kultur sowie des Denkmalschutzes und der Denkmalpflege. Hierzu werden Bepflanzungs-, Aufräum- und Säuberungsaktionen durchgeführt oder Sitzbänke aufgestellt. Ebenso werden Veranstaltungen wie der Tanz in den Mai organisiert.
26603 Aurich	Lesen an allen Orten	Lesetoll e.V.	Der Verein Lesetoll organisiert Vorlesungen in Seniorenheimen, Kindergärten oder Grundschulen, ebenso werden Literaturfestivals organisiert. Dabei sollen nicht nur die Zuhörer zum Lesen motiviert werden, sondern es soll auch die plattdeutsche Sprache weitervermittelt und somit erhalten werden.

26603 Aurich	Kulturtouristisches Themenjahr „Land der Entdeckungen 2013", Modellprojekt zur Vernetzung von Kultur und Tourismus in Ostfriesland	Ostfriesische Landschaft, Kulturagentur	Das „Kulturnetzwerk Ostfriesland" ist ein Zusammenschluss von Vertretern aus Kultur, Tourismus und Kommunalpolitik, mit der Aufgabe, alle drei Jahre ein kulturhistorisches Themenjahr durchzuführen. Im Jahr 2013 stand das Themenjahr unter dem Motto „Land der Entdeckungen".
26624 Südbrookmerland	Geschichte er-leben auf der Route 900	Kulturkreis „tom Brook" Oldeborg e.V. für Interessensgemeinschaft Zeit-Reise	Fünf Vereine haben sich zusammengeschlossen und zusammen mit dem örtlichen Tourismusverband die Route900 gegründet. Die Route900 – als eine Rundreise mit dem Fahrrad gedacht – führt über die Ortsteile der Gemeinde Südbrookmerland und greift die Geschichte vor der Zeit der Häuptlinge ab dem Jahr 1100 bis hin zum Nationalsozialismus auf.
26759 Hinte	Zeig Blumen	Verein für Bürgerbeteiligung „Krummhörn för Elk und Een" e.V.	Nachdem sich in der Krummhörn zunehmend eine Monokultur-Landschaft entwickelt hat, will der Verein den Artenreichtum von Flora und Fauna wieder herstellen. Hierzu sollen z.B. Blühwiesen im öffentlichen und privaten Raum angelegt werden. Erwartet werden eine touristische Aufwertung und sozialer Zusammenhalt in der Bürgerschaft.
26810 Westoverledingen	Straße der Orgelromantik am Emsdeich	Evangelisch-Reformierte Kirchengemeinde Esklum, Driever, Grotegaste	Um die Orgelrestaurierung zu finanzieren, haben sich die Kirchengemeinden Esklum, Driever, Grotegaste zur „Straße der Orgelromantik am Emsdeich" zusammengeschlossen. So gelang es, Geldgeber für die Restaurierung der romantischen Orgeln zu finden. Im Zuge der Arbeiten wurden immer wieder Veranstaltungen und Konzerte durchgeführt.
26919 Brake	Erhalt und Betrieb eines Raumes für vielfältige kulturelle Veranstaltungen in Brake an der Unterweser	Centraltheater Brake eG	Um das Kino zu erhalten, welches seit 1912 kommerziell betrieben wurde, gründete sich die Centraltheater Brake Genossenschaft. Diese erhielt den Kinostandort und nun wird ein umfangreiches Programm für alle Altersgruppen geboten. Dazu gehören neben den Filmvorführungen auch Aufführungen mit klassischer Musik, Jazz, Rock- oder Popmusik, Kleinkunst, Autorenlesungen uvm.
26931 Elsfleth, OT Sandfeld	Bürgerhaus Sandfeld	Bürgerverein „Rund um Sandfeld e.V." und Regionalmanagement „Wesermarsch in Bewegung"	Ehemaliges Feuerwehrhaus wurde vom Sandfelder Bürgerverein zu einem Bürgerhaus umgebaut, um dieses für Vorträge, Fortbildung, traditionelle Feste sowie die Vereine nutzbar zu machen. Bei der Finanzierung des Umbaus haben sich auch die anliegenden Gemeinden beteiligt, da diese auch zum Einzugsbereich des Bürgerhauses gehören sollen.

PLZ / Ort	Thema	Träger	Kurzbeschreibung
27330 Asendorf	... mal wieder näher am Leben ... – ein alter Bauernhof gestaltet Zukunft	Land & Kunst e.V.	Ein Künstlerehepaar aus Hannover hat das alte Hofensemble in Arbste gekauft und sorgt mit vielen Helfern aus der Dorfgemeinschaft dafür, dass die Gebäude erhalten werden und einen neuen Dorfmittelpunkt bilden. Daneben werden auf dem Hof auch Bildungs- und Freizeitangebote, Theaterworkshops oder Seminare organisiert.
27386 Kirchwalsede	Mobilitätszentrale	Gemeinde Kirchwalsede	Nachdem die Menschen im ländlichen Raum alltäglich auf ihr Auto angewiesen sind, wurde in Kirchwalsede die Mobilitätszentrale eröffnet, um eine Alternative zum eigenen Auto zu bieten. Im Vorfeld wurden moderierte Beteiligungsverfahren durchgeführt, bei welchen das Projekt entwickelt und in Eigenregie Aufgaben erledigt wurden (Versicherungsfragen, Fahrer etc.). Nun können sich die Bürger des Dorfes bei der Zentrale melden und Fahrten koordinieren lassen.
27404 Rhade	Dorf Treff Rhade, ein Haus für alle Generationen	Arbeitskreis „Zukunft für Rhade", Dorfladen Rhade w.V. i.G und Dorftreff Rhade e.V. i.G.	In Rhade wurden sowohl der Lebensmittelladen als auch die Gaststätte geschlossen. Daraufhin hat sich eine Initiative in dem Dorf entwickelt, diese will nun in einer alten Gaststätte neue Angebote schaffen, bei deren Gestaltung werden die Bürger intensiv mit einbezogen. So wurde geplant, eine Einkaufsmöglichkeit zu schaffen, Dienstleistungen wie ein Café oder auch einen Paketdienst einzurichten sowie eine Nachbarschaftshilfe ins Leben zu rufen.
27432 Oerel	Demografische Entwicklung und Strukturänderungen in den Dörfern	Gemeinde Oerel	Um die Gemeinde weiterhin für Unternehmen und junge Familien attraktiv zu gestalten, wurde in der Gemeinde Oerel mit Unterstützung der Bürger eine schnelle Internetversorgung eingerichtet. Ebenso wurde ein leerstehender Hof zu einem MGH umgebaut, des Weiteren wurden Mehrgenerationen-Wohnungen errichtet. Auch der Erhalt der KiTa wird durch die Gemeinde unterstützt. Geplant ist zudem ein Altenpflegeheim mit 30 Plätzen.
27619 Schiffdorf, OT Geestenseth	Der Ozeanblaue Zug	Das Letzte Kleinod	Mit dem Ozeanblauen Zug steht der Künstlergruppe „Das letzte Kleinod" eine Spielstätte zur Verfügung, welche in rund 30 Bahnhöfen im Elbe-Weser-Dreieck genutzt werden kann. Im Zug werden Theaterstücke aufgeführt (Kinder und Erwachsene), ebenso werden Workshops oder Sommercamps angeboten. Recherchen und Zeitzeugen liefern die Grundlage der Stücke.

28857 Syke, OT Wachendorf	Garten- und Landschaftspark Rosarium Wachendorf	Garten- und Landschaftspark Rosarium Wachendorf e.V.	Auf dem Gelände einer Sandgrube soll der Garten- und Landschaftspark „Rosarium" mit dem thematischen Schwerpunkt „Rose" entstehen. Dieser soll nicht nur ein touristischer Anziehungspunkt werden, sondern auch ein Arbeits- und Bildungsort für Menschen mit Behinderung.
29456 Hitzacker (Elbe)	Leute vom Land kommen zum Zug(e)	Kulturbahnhof Hitzacker-KuBa e.V.	Nachdem die Bürger von Hitzacker erfahren haben, dass ihr Bahnhofsgebäude versteigert werden sollte, wurde innerhalb kürzester Zeit ein Verein gegründet und durch viel bürgerschaftliches Engagement der nötige Betrag gesammelt, um das Gebäude selbst zu ersteigern. Das Gebäude wurde zum Kulturbahnhof umgebaut und bietet nun Platz für Tanz, Theater, Seminare, ein Atelier, ein Café und eine Selbsthilfewerkstatt.
29472 Damnatz	Kulturtenne Damnatz	Kulturtenne Damnatz	Um für die Bürger von Damnatz eine Kommunikationsplattform zu schaffen, wurde die Kulturtenne ausgebaut. Das unter Denkmalschutz stehende Gebäude wurde restauriert, es entstanden zwei Mietwohnungen. Die große Tenne und die offene Küche wurden zum Kommunikationszentrum ausgebaut. Nun finden verschiedene kulturelle Aktivitäten statt.
29493 Schnackenburg, OT Kapern	Förderverein Dorfgemeinschaftshaus Kapern e.V.	Förderverein Dorfgemeinschaftshaus Kapern e.V.	Die letzte Gastwirtschaft der Region wurde erworben und dem Förderverein überlassen, um diese als Dorfgemeinschaftshaus zu nutzen und mit Leben zu füllen. Der Verein will die Gemeinschaft der Bürger pflegen und stärken sowie die Jugend- und Seniorenarbeit fördern. So wurde mit Hilfe vieler ehrenamtlicher Helfer das Haus teilweise umgebaut, es werden Feste und Veranstaltungen organisiert. Weitere Umbaumaßnahmen sind geplant.
29553 Bienenbüttel, OT Edendorf	Kultur- und Begegnungsraum Edendorf	Unser Edendorf e.V.	Zur Förderung der Dorfgemeinschaft wurde in Edendorf ein generationenübergreifender „Kultur-und Begegnungsraum" umgesetzt und so der Dorfplatz gestaltet. Dabei wurde eine Skulptur von einem Künstler erbaut, eine baufällige Fachwerkscheune wurde renoviert und das historische Feuerwehrhaus bietet Raum für Veranstaltungen. Heute finden auf dem Dorfplatz viele gesellige Veranstaltungen statt, welche von der Dorfgemeinschaft organisiert werden.
29559 Gemeinde Wreestedt, OT Wieren	Wieren2030 – Eine Dörfergemeinschaft packt an	Wieren2030	Um dem demografischen Wandel zu begegnen, beschäftigt sich die Bürgerinitiative „Wieren2030" in verschiedenen Arbeitsgruppen mit den Themen: Versorgung, Leben und Wohnen, Verkehr und Wirtschaft.

PLZ / Ort	Thema	Träger	Kurzbeschreibung
POSTLEITZAHLEN 30000			
30419 Hannover	ZukunftsNAH – Zukunftschancen bedarfsgerechter Nahversorgung in ländlichen Räumen Niedersachsens. Module für Nahversorgungslösungen – eine Handreichung	Forschungsteam ZukunftsNAH der Abteilungs Planungs- und Architektursoziologie an der Fakultät für Architektur und Landschaft der Leibniz Universität Hannover	Im Forschungsprojektes ZukunftNAH wurden Szenarien und Konzepte innovativer und nachhaltiger Nahversorgung für ländliche Räume im Strukturwandel entwickelt, um entsprechende Prozesse anzustoßen. Es wurden die Wirkungen zwischen Nahversorgungsstrukturen, Raumsystemen und Einkaufsverhalten aufgezeigt, analysiert und bewertet. Praktisches Ergebnis sind die „Module für Nahversorgungslösungen".
30890 Barsinghausen, OT Barrigsen	Backhaus Barrigsen	Backhaus Barrigsen e.V.	Zunächst hatte der Verein zwei mobile Backöfen, um nach traditionellen Rezepten Brot zu backen. Inspiriert durch den Erfolg der Öfen wurde ein altes Fachwerkhäuschen ausgebaut und mit ehrenamtlicher Hilfe zu einem Backhaus umgebaut. Seitdem werden in dem Haus regelmäßige Veranstaltungen durchgeführt, beispielsweise gemeinsames Backen, Feste, Arbeitskreise oder Weinproben.
30890 Barsinghausen, OT Großgoltern	Freibad Goltern „Das Bad im Grünen"	Freibad Goltern e.V.	Das Freibad Goltern feiert nun seinen 50. Geburtstag, inzwischen hat die Stadt die Trägerschaft an den Verein Freibad Goltern e.V. übertragen, welcher komplett auf Fördergelder und Spenden angewiesen ist. So werden immer wieder Arbeitseinsätze organisiert, Kuchen auf verschiedenen Feiern verkauft sowie ein großes Fest zum 50. Jubiläum des Freibades organisiert.
31028 Gronau	Kunstwandeln	KulturKreis Gronau e.V.	In 2009 und 2011 wurde die Aktion „Kunstwandeln" in den zwei Dörfern Wallenstedt und Rheden durchgeführt. Dabei stellten Künstler ein Wochenende lang in den beiden Orten in Scheunen und Gärten aus, auf der 1km langen Verbindungsstraße gab es ein kulinarisches Angebot. In die Veranstaltung wurde die Dorfbevölkerung aktiv miteinbezogen.
31249 Hohenhameln	Hand in Hand – eine starke Gemeinschaft für mehr Lebensqualität	Generationenhilfe Börderegion e.V.	Der Verein Generationenhilfe Börderegion in Hohenhameln wurde 2012 gegründet. Schwerpunkte des Vereins sind zum einen verschiedene kleine Hilfen für Seniorinnen und Senioren zu Hause, zum anderen die Gestaltung des Programms einer Begegnungsstätte.

31535 Neustadt am Rübenberge, OT Bevensen	Spiel- und Grillplatz	Spiel- und Grillplatzinitiative Bevensen	Von einer privaten Initiative wurde 1996 ein Spielplatz erbaut. Dieser wurde nicht nur für die Kinder zum Treffpunkt im Ort, sondern hat auch Impulse für das Dorfleben gegeben. So finden heute vielseitige Aktionen wie ein Frauenstammtisch, Weihnachtsfeiern oder Grillfeste statt. Auch das Dorfgemeinschaftshaus hat neue Impulse erfahren und wurde durch die Initiative renoviert.
31592 Stolzenau	Historische Klosteranlage mit Sommergastronomie	Stiftung Kloster Schinna	Ziel der beantragenden Stiftung ist es, das alte Kloster für die Öffentlichkeit zugänglich zu machen. Derzeit wird dies mit Hilfe von Ehrenamtlichen saniert, ein Klostergarten ist in Planung und die landwirtschaftlichen Flächen werden für den Anbau von Tafeläpfeln und Holunder genutzt. Ebenso werden verschiedene kulturelle Veranstaltungen im Kloster durchgeführt, beispielsweise die Klosterparty, ökumenische Gottesdienste oder musikalische Vorführungen.
31737 Rinteln, OT Steinbergen	Ein Dorf bewegt sich	TSV Steinbergen v. 1910 e.V.	Unter dem Motto „Ein Dorf bewegt sich" veranstaltet der Sportverein „TSV Steinbergen v 1910 e.V." ein Wanderjahr für alle. Besonders angesprochen werden dabei die Kinder der Kindertagesstätte und der Grundschule, um einen Dialog zwischen den Generationen herzustellen.
31737 Rinteln, Stadtteil Hohenrode	„Der Wenthe-Hof"	Anna Arndt, Stefan Hackemesser	Der im Dorf zentral gelegene Wenthe-Hof ist historischer Mittelpunkt des Dorfes und soll nun renoviert und dabei ein neues kulturelles und soziales Zentrum für den Ortsteil Hohenrode und die umliegenden Dörfer werden. Dabei sollen vor allem generationenübergreifende sowie kulturelle Angebote auf die Beine gestellt werden. Geplant sind u.a. Feste wie Sommerfeste oder das Fest der Generationen, Vorträge, kleine Konzerte, ebenso soll eine Begegnungsstätte eingerichtet werden.
31863 Coppenbrügge	Evangelisches Familienzentrum „evfa"	Evangelisches Familienzentrum „evfa"	Zur Förderung der Lebensqualität und Attraktivität der Gemeinde wurde 2012 das evangelische Familienzentrum „evfa" eröffnet, die Angebote für Jung und Alt umfassen vier Säulen: Bildung, Begleitung, Beratung und Begegnung. Inzwischen ist das „evfa" zu einem Treffpunkt für den ganzen Ort geworden, auch viele Vereine engagieren sich in dem Zentrum. In regelmäßigen Abständen wird die Arbeit evaluiert und es werden Lücken im Angebot aufgedeckt.

PLZ / Ort	Thema	Träger	Kurzbeschreibung
32107 Bad Sulzuflen, OT Wülfer-Bexten	Wülfer-Bexten – ein kleiner Ortsteil hat Zukunft	Bürgerverein Wülfer-Bexten e.V.	2006 wurde der Schulstandort in Wülfer-Bexten aufgegeben. Auf Initiative der Bürger, Vereine und Institutionen wurde gemeinsam nach einer neuen Nutzungsmöglichkeit gesucht. Schließlich wurde die Schule zu einem Dorf- und Begegnungszentrum aller Generationen umgestaltet. Das soweit geschaffte Spektrum der Projekte sorgt für eine hohe Akzeptanz und Beteiligung der Bürger.
32457 Porta Westfalica	Lebens- und Wohnformen im Alter in ländlichen Gemeinden	Norbert Schulte GmbH & Partner	Die Norbert Schulte GmbH beschäftigt sich mit den Folgen des demografischen Wandels, indem sie gemeinschaftliche Lebens- und Wohnformen für Ältere, Bürgernetzwerke oder Zukunftswerkstätten schaffen. So auch in drei Ortsteilen der Stadt Porta Westfalica, in welchem vor allem barrierefreier, bezahlbarer Wohnraum fehlt. Durch eine Bürgergenossenschaft soll Abhilfe geschaffen werden.
32609 Hüllhorst	Treffpunkt in der Ortsmitte – Ein Haus für den Heimatverein	Heimatverein Schnathorst e.V. Gemeinde Hüllhorst	Der Heimatverein Schnathorst e.V. will den ortsbildprägenden, renovierungsbedürftigen, alten Hof pachten. Zukünftig soll im Hof das umfängliche Archivmaterial des Heimatvereins untergebracht werden, ebenso ein Lagerraum für Material (Ruhebänke, Streuobstwiese) und landwirtschaftliche Geräte. Auch die örtlichen Vereine sollten sich am Projekt beteiligen können.
32609 Hüllhorst, OT Oberbauernschaft	Oberbauerschaft 2020	Dorfgemeinschaft Oberbauerschaft e.V.	Ältere Bürger ziehen weg, wenn ihnen ihre eigene Immobilie zu groß wird. Deshalb wurde beschlossen, barrierefreie Wohnungen, eine Tagespflege sowie einen Einzelhandelsladen einzurichten, um so den Abwanderungstrend zu stoppen. Hierzu wurden schon Bürgerversammlungen einberufen und Entwürfe von Planungsbüros besichtigt.
32966 Wismar	Kreativstammtisch Mecklenburg – regionale Synergien durch Kunst, Kultur und Tourismus	Kreativsaison e.V.	Von dem Verein Kreativsaison e.V. wurden Kreativstammtische entwickelt, welche den Austausch zwischen der Kreativwirtschaft in der Region, Vertretern aus der Tourismusbranche, Gemeindevertretern und Bürgerinnen und Bürger fördern. Die Stammtische finden jeweils an verschiedenen Orten in Mecklenburg statt.

33129 Delbrück	Entwicklung dörflicher Strukturen durch Bürgerbeteiligung	Seniorenbeirat der Stadt Delbrück	In Delbrück wurden in allen Ortsteilen Dorfwerkstätten durchgeführt, um Zukunftsperspektiven für ihre einzelnen Dörfer zu entwickeln. Dabei haben sich die Teilnehmer mit den Stärken und Schwächen der Dörfer auseinandergesetzt, Projektlisten und Pläne entworfen, wie weitere Bürger in den Prozess integriert werden können und ein Motto für ihr Dorf gefunden.
34233 Fuldatal	Ein vom Verfall bedrohtes Backhaus wird restauriert und ein neuer Dorfmittelpunkt geschaffen	Geschichts- und Museumsverein Fuldatal e.V. (GUM)	Der Geschichts- und Museumsverein Fuldatal e.V. betreut in der Gemeinde die vorhandenen musealen Einrichtungen. Nun soll ein aus der zweiten Hälfte des 19. Jahrhunderts stammendes Backhaus vor dem Verfall bewahrt werden. Im Frühjahr 2014 wurden mit Hilfe von Ehrenamtlichen die Restaurierungsarbeiten durchgeführt, sodass das Backhaus im Juni 2014 eröffnet werden konnte.
34479 Breuna, OT Wettesingen	Bioenergiedorf Wettesingen	Wettesinger Energiegenossenschaft e.G.	Die Wettesinger Energiegenossenschaft wurde gegründet, um eine Nahwärmeversorgung auf Grundlage von Wärmeenergie bereitzustellen. In einem ersten Schritt wurden ein Biogaskessel, ein Pelletheizwerk und die Wärmeabnehmer im Ort durch ein Wärmenetz verbunden. Dabei wurden auch Leerrohre für Glasfaserkabel mitverlegt, um den Ort mit schnellem Internet zu versorgen. Die Biomasse ersetzt nun jährlich ca. 800.000 Liter Heizöl.
35066 Frankenberg-Schreufa	Errichten eines Mitmach-Museums zum Thema Wetter- und Klimawandel	Wettermuseum Alte Schule Schreufa e.V.	Verein will alte Schule in ein Wettermuseum umwandeln, verwirklicht wurde bisher der KiTa-Mitmachgarten, in welchem der ortsansässige Kindergarten u.a. Obst und Gemüse anpflanzt. Geplant ist neben dem Museum auch eine aktive Aufklärungsarbeit mir Vorträgen und Ausstellungen zum Thema Klimaschutz. Das Gebäude wurde vom Verein bereits gekauft und die Renovierungsarbeiten haben begonnen.
35285 Gemünden (Wohra)	Bürgertreff und Stadtmuseum	Museumsverein Gemünden e.V.	Ein leerstehendes, baufälliges Fachwerkhaus wurde von der Stadt zur Verfügung gestellt. Es wurde mit Hilfe des Vereins restauriert und zu einem Bürgertreffpunkt mit Museum umgestaltet. Vor allem der Bürgertreff wird rege von den Vereinen genutzt.

PLZ / Ort	Thema	Träger	Kurzbeschreibung
35321 Laubach, OT Freienseen	Dorfschmiede Freienseen	Dorfschmiede Freienseen gGmbH	Ziel ist es, ein Haus der Begegnung im Dorfzentrum mit Hilfe von ehrenamtlichem Engagement zu schaffen. Hier sollen verschiedene Angebote etabliert werden, bei denen Jung und Alt zusammenkommen, ebenso soll die Daseinsvorsorge gesichert werden. Bausteine sind: Tagespflege, Begegnungsstätte, Nahversorgung, Demenzbetreuung, Betreutes Wohnen.
35447 Reiskirchen, OT Lindenstruth	Dorftreff Lindenstruth	Dorfgemeinschaft Lindenstruth	Im Rahmen der Dorfentwicklung wurde die Dorfgemeinschaft Lindenstruth e.V. gegründet, welche den Dorftreff betreibt. Hier werden Krabbelgruppen, Kochkurse bis hin zu Seniorentreffs organisiert und Veranstaltungen durchgeführt. Die Angebote werden von der Dorfgemeinschaft rege genutzt.
36103 Flieden	Aktion Kinder im Königreich e.V.	Ortsbeirat – Ortsbezirk Flieden	Der Verein „Aktion Kinder im Königreich e.V." wurde gegründet, um schnelle und unbürokratische Hilfe für Kinder und Jugendliche zu leisten. Dazu gehört die Hilfe im Krankheits- und Behinderungsfall sowie Zuschüsse zu Freizeitfahrten oder Erholungsaufenthalten. Der Verein lebt von einer großen Unterstützungsbereitschaft der Bevölkerung.
36157 Ebersburg	Miteinander-Füreinander Oberes Fuldatal e.V.	Miteinander-Füreinander Oberes Fuldatal e.V.	Der Verein „Miteinander-Füreinander" hat es sich zur Aufgabe gemacht, ehrenamtliche Helfer zu finden, zu ermutigen und zu vermitteln, die sich für die Unterstützung hilfsbedürftiger Menschen einsetzen möchten. Projekte sind u.a. ein Erzählcafé, Wohnberatung, Nachbarschaftsfamilien, Leihgroßeltern.
36211 Alheim	Sicher in die Zukunft – GenerationenNetzwerk Alheim	Gemeinde Alheim	Im größten Ortsteil von Alheim hat sich das GenerationenNetzwerkAlheim gebildet, welches viele Aktivitäten für Jung und Alt anbietet, ebenso wurde eine Nachbarschaftshilfe gegründet. Als Veranstaltungsorte dienen ein Haus der Generationen, eine Seniorenwohnanlage und eine Grundschule sowie eine Kindertagesstätte.
36277 Schenklengsfeld	Wohnprojekt „Miteinander"	Beirat Miteinander	In der Gemeinde soll eine gemeinschaftliche Wohnform für ältere Menschen entstehen, welche mit vielen Tagesaktivitäten das Miteinander in der Gesellschaft stärkt. Leerstand soll dadurch beseitigt werden und Beschäftigungsmöglichkeiten entstehen.

36358 Herbstein	Erlebnisweg Stockhausen-Schadges	Magistrat der Stadt Herbstein	Gestaltung eines Erlebnisweges zwischen den Dörfern, welcher geologische, landschaftliche, kulturelle und bauliche Zusammenhänge durch Bauwerke und Skulpturen sichtbar macht.
37154 Northeim, OT Höckelheim	Museum „Alte Schmiede"	Vorstand des Heimat- und Museumsvereins Höckelheim e.V.	Die Mitglieder des Heimat- und Museumsvereins Höckelheim haben es sich zum Ziel gesetzt, die Geschichte des Dorfes für alle Generationen sichtbar und erfahrbar zu machen. Hierzu wurde das Museum „Alte Schmiede" eingerichtet und die lange dörfliche Tradition der Landwirtschaft und des Handwerks dargestellt. Es finden im Museum Veranstaltungen für Alt und Jung statt.
37181 Hardegsen, OT Asche	Bioenergiedorf Asche – Arbeitskreis „Wir für Asche"	Arbeitskreis „Wir für Asche"	Der Arbeitskreis „Wir für Asche" hat sich gegründet, um das Dorfleben wieder zu aktivieren und attraktiver für Außenstehende zu gestalten. Mit Hilfe des Engagements der Bürger wurden in den vergangenen Jahren verschiedene Projekte umgesetzt, u.a. der Bau des Dorfgemeinschaftshauses, einer Bioenergieanlage, die Verlegung eines Glasfaserkabels uvm. Hinzu kommen zahlreiche gemeinschaftliche Feste und Aktivitäten, die durch den Arbeitskreis organisiert werden.
37269 Eschwege, OT Niederdünzebach	Mehrgenerationen-Wohnanlage Niederdünzebach	iKEK-Arbeitsgruppe	Im Ortsteil Niederdünzebach soll eine Mehrgenerationenwohnanlage als Ausgangspunkt für ein gemeinwesenorientiertes Wohn- und Betreuungsprojekt gebaut werden. Hierzu soll das Dorfgemeinschaftshaus umgebaut und um acht Wohneinheiten erweitert werden. Weitere Elemente: Tagesbetreuung für Senioren, Schulungsraum für freiwillige Feuerwege, Dienstraum für Ortsvorsteher.
37318 Rohrberg	Kindergarten Rohrberg	Förderverein „Kleine Füße" Rohrberg e.V.	Um den örtlichen Kindergarten zu erhalten, wurde 2012 der Förderverein „kleine Füße" Rohrberg e.V. gegründet. Durch Veranstaltungen wie das Kinderfest und eine Motocross Show wurde Geld gesammelt, um das Gebäude des Kindergartens zu renovieren. Mit Hilfe des Geldes sowie vieler ehrenamtlicher Arbeitsstunden konnte schon die Außenfassade renoviert werden sowie die Sanitäranlagen. Die Zahl der Anmeldungen in dem Kindergarten steigt kontinuierlich an.
37318 Wahlhausen	Dorfentwicklung Wahlhausen	Gemeinde Wahlhausen	Nach der Wende wurde das grenznahe Dorf Wahlhausen durch Flurneuordnung und Dorferneuerung zukunftsfähig entwickelt. Seitdem kann eine steigende Einwohnerzahl verzeichnet werden.

PLZ / Ort	Thema	Träger	Kurzbeschreibung
38704 Liebenburg	Lewer Däle – Haus der Möglichkeiten	Kulturverein Lewer Däle Liebenburg e.V.	Der Kulturverein Lewer Däle Liebenburg e.V. betreibt seit 2008 ein soziokulturelles Zentrum in Liebenburg im ehemaligen Kindergarten. Das sog. „Haus der Möglichkeiten" bietet Veranstaltungen aus Musik, Kunst, Theater und Kleinkunst an, die Angebote werden dabei von Menschen aus dem Ort bzw. der Region gestaltet. Ebenso gibt es Kunstausstellungen und Fahrten für Senioren.
39307 Genthin, OT Parchen	1. Parchener Generationstage	Anne Nieter (Bürgerin)	In Parchen sollen 2015 erstmals die Generationstage durchgeführt werden. Hierzu ist ein großes Eröffnungsfest mit den örtlichen Vereinen geplant, an den darauffolgenden Generationentagen werden verschiedene Themen behandelt, die sowohl Alt und Jung betreffen.
39576 Stendal	JA! Junge Altmark	KinderStärken e.V.	Ziel ist, die kommunalen Kinder- und Jugendbeteiligungsstrukturen im ländlichen Raum zu stärken. Hierzu werden Workshops mit Kindern und Jugendlichen durchgeführt, bei welchen die Kinder zunächst mit Fotoapparaten und Videokameras Probleme in ihrem Wohnumfeld dokumentieren und die Ergebnisse dann den Verantwortungsträgern der Stadt Werben vorgestellt werden. Daraufhin werden Lösungsansätze diskutiert und lokale Aktionsgruppen initiiert.
39579 Bismark, OT Kläden	Sinnesoase für Demente im Schloss Kläden	Seniorentagesstätte Schloss Kläden e.V.	In unmittelbarer Nähe zu einer Seniorentageseinrichtung wird ein Schlosspark zu einer Sinnesoase für Demenzkranke umgestaltet. Dieser soll mit den verschiedenen Themenbereichen nicht nur den Senioren zugutekommen, sondern auch den Kindern der benachbarten KiTa sowie Touristen, welche die Altmark besuchen.
39606 Altmärkische Höhe, OT Kossebau	Neulandgewinner	Förderverein Wichtelhausen	Der Förderverein hat sich gegründet, um die bevorstehende Schließung des Kindergartens zu verhindern. Durch einen Preis der Robert-Bosch-Stiftung konnte eine neue Küche im Kindergarten eingerichtet werde. Nun werden Kochkurse abgehalten und Essen auf Rädern für Senioren wird angeboten. Nächstes Projekt ist, ein Mehrgenerationenhaus einzurichten mit Wohnungen und einer Tagesbetreuung, welche auch durch die Küche versorgt werden sollen.

39615 Hansestadt Werben	BürgerMobil Nachbarschaftshilfe Miteinander-Füreinander	Nachbarschaftshilfe Miteinander-Füreinander	Im Zuge einer Bürgerbefragung wurde deutlich, dass bei den älteren Bürgern von Werben und Altmärkische Wische ein hoher Bedarf an Mobilität und Beratung besteht. Im Zuge dessen wurde die Einrichtung eines Bürgermobils mit ehrenamtlichen Fahrern forciert, ebenso wird eine wöchentliche sozialmedizinische Beratung durch eine Ärztin angeboten. So wollen die beiden Dörfer das selbstbestimmte Leben zu Hause den Senioren möglichst lange erhalten.

POSTLEITZAHLEN 40000

41379 Brüggen, OT Bracht	„Bracht macht" – Kreative Konzepte und Aktivitäten	Arbeitsgruppe „Bracht macht" / IG unser Bracht	Eine Gruppe von Brachter Bürgern wollte den Inneren Ortskern beleben und die Identifikation der Bürger mit ihrem Ort erhöhen. So wurden verschiedene Projekte von und mit den Bürgern ins Leben gerufen, bei welchen vor allem das Thema Kunst und Kultur im Mittelpunkt steht (z.B. Fotoausstellung, Jugendkunst, Vorlesen).
45739 Oer-Erkenschwick, OT Klein-Erkenschwick	Tante Emma 2.0 / Seltersbude 2.0	Stadt Oer-Erkenschwick – Stadtentwicklung: Demografie und Wirtschaftsförderung	Im Ortsteil Klein-Erkenschwick soll ein Kiosk mit Lebensmitteln des täglichen Bedarfs entstehen. Ergänzend hierzu sollen die Bürger die Möglichkeit haben, digital Waren (auch aus der Region) bestellen zu können und sich an den Standort liefern zu lassen. So soll die Nahversorgung für den Stadtteil gesichert werden.
46399 Bocholt, OT Spork	Zukunftsfähige Quartiersentwicklung Bocholt-Spork	Spork Aktiv e.V.	Umfängliche Quartiersentwicklung (DHW – Förderung) durch Wegfall von Nahversorgung, bevorstehender Schließung des Schulstandortes sowie Abnahme der Bevölkerung. Die Bürger bündelten ihre Kräfte und gründeten den Verein Spork Aktiv e.V. Er bekommt Unterstützung durch den Verein „Leben im Alter e.V." Aktivitäten sind: Bürgerradweg, DORV-Zentrum, Wohnprojekt, Anlaufstelle, Veranstaltungen.
48301 Nottuln, OT Schapdetten	Bürgergenossenschaft „Dettener Dorfladen" iG	Bürgergenossenschaft „Dettener Dorfladen" iG	Um die Nahversorgung in der Gemeinde zu verbessern, wurde die Bürgergenossenschaft gegründet. Mit ehrenamtlicher Arbeit wurde eine ehemalige Bäckerei im Ortskern zu einem Dorfladen u.a. mit regionalen Produkten mit Café umgebaut. Eröffnung im Februar 2014.

PLZ / Ort	Thema	Träger	Kurzbeschreibung
48351 Everswinkel	Haus der Generationen Everswinkel „Ein Haus für alle"	Haus der Generationen – Gemeinde Everswinkel	Der Jugendtreff wurde mit Hilfe einer Planungsgruppe zu einem intergenerativen Treff umgestaltet. Es werden Aktivitäten angeboten wie handwerkliche Dienstleistungen von Senioren, Handykurse von Jungen für Ältere etc.
48432 Rheine, OT Rodde	Kommunikation stärkt ein Dorf	Initiative ProRodde	Die Initiative ProRodde hat das Ziel erreicht, den Grundschulstandort in Rodde zu sichern. Hierfür wurde eine Imagebroschüre gestaltet und veröffentlicht, welche auch eine engere Zusammenarbeit und Vernetzung von Vereinen und Bürgern zur Folge hatte. Um die Gemeinde noch attraktiver für Neubürger zu gestalten, erfolgte eine Bürgerbefragung, es sind Planungen für einen Dorfladen und einen Dorfrundgang mit Fest entstanden.
48612 Horstmar, OT Leer	Unser Dorfladen in Leer eG	Unser Dorfladen Leer EG	2012 schloss das einzige Lebensmittelgeschäft im Ortsteil Leer. Daraufhin ging aus einem „Runden Tisch" das Projekt des Dorfladens hervor, bei welchem sich 320 Bürger des Dorfes mit Anteilen beteiligten. Mit verschiedenen Partnern wurden Hürden (Bürokratie, Kassensystem etc.) gemeistert. Aufgaben des Vorstands der Genossenschaft werden die Kontrolle der wirtschaftlichen Entwicklung des Dorfladens sein sowie verkaufsfördernde Maßnahmen.
48739 Legden	Projekt „Älter werden im ZukuntfsDORF – Leben und Lernen über Generationen"	Gemeinde Legden	Ausgangspunkt waren die negativen Folgen des demografischen Wandels. Deshalb versucht die Gemeinde Lösungen für verschiedene Themenbereiche zu finden (ärztliche Versorgung, Pflege, Mobilität etc.). Einige Projektbausteine wurden schon umgesetzt, z.B. eine Demenz-Kampagne. Die Arbeitsschritte werden für die Übertragbarkeit in andere Gemeinden dokumentiert.
49124 Georgsmarienhütte	Tradition trifft Zukunft im Heimatverein Kloster Oesede am Beispiel der Erstellung des „Steiniger Turms"	Heimatverein Kloster Oesede e.V.	Der Heimatverein hat sich zum Ziel gemacht, das Wissen und die regionale Tradition und Geschichte zu erhalten. Hierzu wurde schon das Gebäude „Klosterpforte" erhalten und saniert, nächstes Projekt ist der „Steiniger Turm", welcher lange ein Wahrzeichen des Ortes war, jedoch abgerissen wurde. Dieser soll nun wieder neu erstellt werden.

49179 Ostercappeln	Das Ostercappelner Kaufhaus: Shoppen – Schlemmen – Entdecken!	Ostercappelner Kaufhaus	In der Gemeinde Ostercappeln wurde erkannt, dass die Wettbewerbsfähigkeit einer Gemeinde von der Attraktivität des Ortszentrums abhängt. So wurde 2010 das Ostercappelner Kaufhaus gegründet. Es besteht aus 35 teilnehmenden Geschäften, die sich an den Arbeitsweisen eines professionellen Kaufhauses orientieren und neben gestalterischen Maßnahmen auch neue Wegweisungen entwickelt haben, ebenso Maßnahmen wie ein Open Air Kino etc.
49716 Meppen, OT Schwefingen	Jugend bleibt im Dorf!	Jugendgruppe Schwefingen	Die Jugendlichen in Schwefingen haben keinen eigenen Treffpunkt. In Eigeninitiative haben sie geplant, das Dach des Dorfgemeinschaftshauses auszubauen und sich dort einen eigenen Treff einzurichten. Dies soll in Eigenleistung der Jugendlichen geschehen, die Gemeinde unterstützt bei der Baugenehmigung.
49808 Lingen, OT Biene, Holzhausen	Zukunftsbüro Wabe	Wabe e.V.	Das Zukunftsbüro Wabe ist ein dörfliches Netzwerk, das alle Aktivitäten im Rahmen des bürgerschaftlichen Engagements miteinander verknüpft. Dabei wird eng mit den bestehenden Vereinen und Institutionen zusammengearbeitet. Es ist dementsprechend eine Anlaufstelle für alle Bürgerinnen und Bürger mit den verschiedensten Anliegen. Ziel ist die Stärkung der Gemeinschaft.
49811 Lingen, OT Baccum	Perspektive Baccum – Baccumer Werkstattgespräche	Stadt Lingen (Ems) – Ortsrat Baccum	Der demografischer Wandel, die wirtschaftliche Situation und gesellschaftliche Veränderungen waren der Anlass, die Bürgerinnen und Bürger aus dem Dorf an Konzepten und Strategien zu beteiligen. Nach einem Workshop wurden gemeinsame Aktivitäten beschlossen und Arbeitsgruppen gegründet. Erste Aktionen erfolgten, um den Ort generationengerechter zu gestalten, z.B. Ortsbegehungen im Hinblick auf die Barrierefreiheit oder die Organisation von Festen.

POSTLEITZAHLEN 50000

51766 Engelskirchen, OT Ründeroth	Renaturierung altes Freibad Ründeroth zu einem Mehrgenerationenpark	Gemeinde Engelskirchen	Ein stillgelegtes Freibad wurde mit vielen ehrenamtlichen Helfern zu einem Mehrgenerationenpark mit Naturkindergarten und Jugendtreff umgebaut und ist nun ein Treffpunkt für Kinder, Jugendliche, Familien und Senioren. Es werden regelmäßig Veranstaltungen durchgeführt, im renaturierten Fluss wurde eine öffentliche Badestelle geschaffen.

PLZ / Ort	Thema	Träger	Kurzbeschreibung
52134 Herzogenrath, Stadtteil Straß	Unterstützungsnetzwerk VERGISSMEINNICHT in der Pfarre St. Josef e.V.	Unterstützungsnetzwerk VERGISSMEINNICHT in der Pfarre St. Josef e.V.	Die Nachbarschaftshilfe VERGISSMEINNICHT ist Anlaufstelle für alle Menschen im Quartier, die Hilfe brauchen oder helfen wollen. Dabei geht es um nachbarschaftliche Hilfen wie kleine Hilfen im Haushalt oder bei der Gartenarbeit. Dabei werden auch die verschiedenen Dienste, welche im Stadtteil tätig sind, vernetzt. So kann der Dienst ein breites Spektrum an Hilfen anbieten.
52385 Nideggen, OT Wollersheim	Dorfladen Wollersheim	Dorfgemeinschaft Wollersheim UG	Nachdem der nächste Lebensmittelladen 16 km entfernt ist, haben im Ortsteil Wollersheim die Bürger in Eigenregie einen Dorfladen erbaut. Sowohl der Bau als auch der Betrieb des Dorfladens wird ehrenamtlich organisiert. Der Dorfladen bietet Platz für einen Treffpunkt. Organisiert werden einen Fahr- und Lieferdienst für Lebensmittel.
53572 Unkel	Leben und Arbeiten in einem reizvollen Rheinstädtchen	Grundstücksgemeinschaft Dr. Agnes Justen-Horsten, Heinrich Justen GbR	Im historischen Ortskern der Stadt Unkel soll ein Gebäude umgebaut und renoviert werden. Es soll dort künftig ein Café entstehen, in welchem auch kulturelle Angebote vorgehalten werden sollen, darüber soll eine Arztpraxis entstehen, ebenso werden zwei barrierefreie Wohnungen eingerichtet.
53619 Rheinbreitbach	Freiwilligenbörse Rheinbreitbach / Mehrgenerationenhaus	Gemeinde Rheinbreitbach	Das ehrenamtliche Engagement in der Gemeinde Rheinbreitbach wird durch die Freiwilligenbörse koordiniert. So konnten schon Projekte wie „Senioren als Tischpaten in der Grundschule" oder eine Hausaufgabenbetreuung erfolgreich umgesetzt werden. Um diese Hilfen zu erhalten und auszubauen, wurde im Gemeinderat einstimmig beschlossen, ein Mehrgenerationenhaus zu bauen.
53639 Königswinter, OT Rauschendorf	Rauschendorfer Platz der Generationen	Bürgerverein Rauschendorf-Scheuren	Auf einem verwilderten Grundstück inmitten des Dorfes Königswinter-Rauschendorf haben die fünf Vereine des Dorfes gemeinsam einen „Platz der Generationen" gebaut. Dieser ist ausgestattet mit einer Multifunktionsfläche, einer Boulebahn und Ruhebänken. Die für den Umbau benötigten 12.000 Euro haben die Vereine durch Spenden sowie das Mitsommernachtsfestival im Juni 2013 erwirtschaftet.

53947 Nettersheim	LEADER Projekt E-ifel mobil	Das LEADER-Projekt E-ifel mobil	Das LEADER-Projekt E-ifel mobil testet und etabliert Organisationsformen für die geteilte Nutzung von Fahrzeugen im ländlichen Raum. In fünf verschiedenen Dörfern haben sich die Bürger zusammengeschlossen, um Elektroautos und Pedelecs zu testen. Der Verleih der Autos wird zentral im Dorf verwaltet, die Nutzung erfolgt zu einem günstigen Preis. Zusätzlich werden auch Mitfahrangebote geplant. Bislang besteht großes Interesse.
54441 Mannebach	Das Mannebacher Mobilitätsmodell „Das Experiment"	Ortsgemeinde Mannebach	Zu den Themen Gesundheit, Altersarmut und regionale Mobilität wurden in der Gemeinde verschiedene Aktionen ins Leben gerufen: Das Dorfmobil (ein Bürgerbus), die Gesundheitshütte, in welcher Sportangebote für Jung und Alt vorhanden sind, Seniorenbegleitung oder die Konzeption eines Wohnkonzepts für die Gemeinde.
54570 Niederstadtfeld	Initiative „Niederstadtfelder helfen einander"	Gemeinde Niederstadtfeld	Im Dorf Niederstadtfeld gibt es immer mehr Leerstand sowie Ferienhäuser und -wohnungen, sodass eine informelle Nachbarschaftshilfe fehlt. Um den Hilfebedarf abzudecken wurde die Initiative „Niederstadter helfen einander" gegründet, welche Hilfebietende an Hilfesuchende vermittelt. Viele Bürger aus dem Dorf bieten im Rahmen dieser Initiative kleine Hilfeleistungen an, z.B. Hilfe bei der Gartenarbeit.
54634 Bitburg	Zukunfts-Check Dorf	Kreisverwaltung des Eifelkreises Bitburg-Prüm stellvertretend für die acht Ortsgemeinden	Der Eifelkreis Bitburg-Prüm spürt zunehmend die Folgen des demografischen Wandels. Hier setzt die Initiative des Landkreises bzw. der LEADER Aktionsgruppe Bitburg-Prüm mit der Initiative „Zukunfts-Check Dorf" an. Es sollen im Sinne der Selbsthilfe für die Gemeinden örtliche Chancen und Herausforderungen erkannt und Strategien entwickelt werden.
54636 Bitburg	Initiative Baukultur Eifel	Beauftragter für Baukultur Eifelkreis Birburg-Prüm	Ziel der Initiative ist es, die reiche Bautradition der Eifel zu erhalten und zeitgemäß weiterzuentwickeln. Dabei soll das Bewusstsein für qualitätsvolles, regionalbezogenes Bauen gefördert werden und gute Projekte und deren Bauherren herausgestellt werden. Dies erfolgt über intensive Öffentlichkeitsarbeit unter Einbezug von Schulen, Sponsoring durch Sparkasse und die wöchentliche Vorstellung von guten Beispielen.

PLZ / Ort	Thema	Träger	Kurzbeschreibung
55452 Hergenfeld	Hergenfelder Kuckucksweg	Ortsgemeinde Hergenfeld	Rund um die Gemeinde Hergenfeld wurde der Kuckucksweg errichtet, ein Rundwanderweg, der den Wechsel des Landschaftscharakters rund um das Dorf erlebbar macht. Der Weg wird von den örtlichen Vereinen gepflegt, jährlich findet ein Wanderwettbewerb statt. Besucher kaufen auch im Dorfladen ein.
55599 Stein-Bockenheim	Tanzcafé 60plus	Ortsgemeinde Stein-Bockenheim	Jeden Monat treffen sich die älteren Bürger der Gemeinde Stein-Bockenheim zum Tanzcafé 60plus. Dabei sollen sowohl die Neubürger mit einbezogen als auch ein Treffpunkt für die Senioren geschaffen werden. Das Angebot erfährt einen regen Zuspruch, auch bei der Gestaltung können sich die Senioren einbringen.
55765 Birkenfeld	Elektro-Bürgerauto der Verbandsgemeinde Birkenfeld	Verbandsgemeinde Birkenfeld	Das Elektro-Bürgerauto ermöglicht den Bürgern der Verbandsgemeinde (mit 31 Ortsgemeinden), die nicht mehr in der Lage sind, selbst Auto zu fahren oder den ÖPNV zu nutzen, weiterhin mobil zu bleiben. Dabei werden die Bürger von Bürgern gefahren, der Service ist kostenfrei. Bislang gibt es 19 ehrenamtliche Fahrer.
55767 Brücken	Gemeinde Brücken	Gemeinde Brücken	Die Gemeinde Brücken ist in den letzten Jahren stetig gewachsen, dieser Trend schwächte sich jedoch nach und nach ab. Mit verschiedenen kleinen Einzelprojekten will die Gemeinde nun eine Grundlage schaffen, dass der Ort weiterhin für Neubürger attraktiv bleibt. Hierzu gehören u.a. Spielplätze, öffentliche Treffpunkte, Baumpflanzaktionen uvm. Sieger im Wettbewerb „Unser Dorf hat Zukunft" auf Kreisebene.
56244 Kuhnhöfen	Verbesserung und Erhalt der Infrastruktur	Ortsgemeinde Kuhnhöfen	Schon lange Zeit haben die Menschen aus den beiden Dörfern für eine intensive Bindung der beiden Ortsteile gesorgt. Zu diesem Zweck wurde stets der Fußweg zwischen den Dörfern genutzt, dieser ist jedoch an einigen Stellen vor allem bei Nässe kaum zu passieren. Die Gemeinde plant nun, diesen Weg zu befestigen und somit den Austausch der Dörfer zu erhalten.

56290 Beltheim, OT Mannebach	Gründung einer Genossenschaft und Betrieb eines Biomasse-Heizkraftwerks mit Nahwärme-Versorgung	Energie für Mannebach eG	Um unabhängig vom Heizöl zu werden, wurde im Dorf Mannebach die Genossenschaft „Energie für Mannebach" gegründet. Es wurde ein Biomasse-Heizkraftwerk mit Unterstützung der Gemeinde sowie der Hilfe von Ehrenamtlichen und regionalen Firmen erbaut. Finanziert wurde es durch den Kauf von Genossenschaftsanteilen der Bürger und Unternehmen. Inzwischen werden 20 der 42 Häuser mit Wärme versorgt.
56294 Münstermaifeld, OT Mörz	Interessengemeinschaft Mörz	Interessengemeinschaft Mörz e.V.	Die Interessengemeinschaft Mörz e.V. fördert und initiiert immer wieder neue Projekte, um die jetzige Geschlossenheit der Dorfgemeinschaft zu erhalten und pflegen. Beispiele hierfür sind: Kindergeld für Neugeborene, Bücherschrank, Veranstaltungen wie Vorlesetage, Rocknacht uvm.
56341 Filsen	Geschichte-Stammtisch	Gemeinde Filsen	Der Geschichte-Stammtisch verfolgt das Ziel, das Erfahrungswissen Älterer zur Dorfgeschichte zur Stärkung der Identität und Integration der Älteren zu nutzen. Es wird so auch eine Möglichkeit für Austausch und Kommunikation gegeben.
56446 Friedeburg, OT Wiesede	Langzeitprojekt ZUKUNFT: Unser Dorf hat Zukunft: Ökologisches und soziales Dorf	Dorfgemeinschaft Wiesede-Upschört e.V.	Seit 27 Jahren verfolgt der Verein Dorfgemeinschaft Wiesede-Upschört e.V. das Ziel, Wohnen, Leben und Arbeiten in der Gemeinde zu stärken. So konnte auch mit ehrenamtlichem Engagement z.B. der Schulstandort erhalten werden, es wurden Radwege ausgebaut, der Fremdenverkehr gefördert, ein Dorfgemeinschaftshaus ausgebaut uvm.
56459 Rotenhain	Generationennachmittage Rotenhain	Ortsgemeinde Rotenhain	Einzelperson organisiert monatliche Generationennachmittage mit verschiedenen kreativen Themen oder Vorträgen. Daraus sind Gruppen entstanden, die selber Aktivitäten durchführen.
56651 Brohtak, OT Oberzissen	Fenster zum Leben	Willi Löhr, Präventologe	Das Konzept rückt das Thema Prävention in den Mittelpunkt. Es soll in allen Generationen ein Gesundheitsbewusstsein entstehen. Hierzu werden Vorträge und Workshops durchgeführt sowie Mentoren ausgebildet. Es soll ein Generationenbüro aufgebaut werden.
56751 Gering	Offene Kinder und Jugendarbeit im Dorf	Die F.A.R.M. Sozialpädagogischer Lernort	Die F.A.R.M. ist eine private, ehrenamtliche Initiative, welche vor 13 Jahren ins Leben gerufen wurde. Der Schwerpunkt der Arbeit liegt dabei auf kreativen und umweltpädagogischen Projekten für Kinder und Jugendliche. Ebenso werden Techniken des Filzens und der Wollverarbeitung weitervermittelt.

PLZ / Ort	Thema	Träger	Kurzbeschreibung
56814 Greimersburg	Oose Lade	Oose Lade w.V.	In Greimersburg wurde von den Bürgern in einem freigewordenen Standort ein Dorfladen eingerichtet. Dieser wird mit Hilfe von vier Festangestellten und zahlreichen Ehrenamtlichen betrieben. Träger ist ein Verein. Verkauft werden auch regionale Produkte, Kooperation mit der Gastronomie.
56843 Lötzenbeuren	Lötzbeuren, Dorf – Mitte(n) im Garten	Ortsgemeinde Lötzbeuren	Die Dorfmitte von Lötzbeuren soll als grüne Mitte umgestaltet werden. Ziel dabei ist es, attraktive Räumlichkeiten und Freiflächen im Bereich der Ortsmitte zu schaffen, um dem „Miteinander" einen Raum zu geben. Es sollen historische Bausubstanz gesichert (Einrichtung eines Cafés) sowie ein Spielplatz für Kinder wiederbelebt und verschiedene Gärten eingerichtet werden.
57489 Drolshagen, OT Dumicke	Aqua-plan-ing – 59plusx Wasserorte	Projektgruppe Dumicketal	Drei Dörfer verbindet der Dumicker Bach. Dafür wurde ein Dorf- und Talentwicklungsprogramm angestoßen. Die Dörfer sind Aktionsräume für Ausstellungen z.B. zum Thema Wasser. Ziel ist die Schaffung einer hohen Wasserqualität in Verbindung mit Dorfentwicklung und Tourismus (wanderbares Dumicketal).
57610 Altenkirchen	UNIKUM – Der Regionalladen	Förderverein für nachhaltiges, regionales Wirtschaften	Mit einem Mietregalsystem soll regionalen Kunsthandwerkern sowie kleinen Manufakturbetrieben und Hofläden die Möglichkeit gegeben werden, Verkaufs- und Ausstellungsraum in der Stadt zu einem günstigen Preis zu mieten. Diese arbeiten dann auch ehrenamtlich bei der Ladenbetreuung mit.
57632 Flammersfeld	Senioren in der Ortsgemeinde	Ortsgemeinde Flammersfeld	Es werden verschiedene Aktivitäten für Senioren angeboten: ein wöchentlicher Treffpunkt, der rege genutzt wird, die Nachbarschaftshilfe mit ca. 80 Mitgliedern. In Planung ist ein Wohnprojekt, welches in Zusammenarbeit mit der Lebenshilfe durchgeführt werden soll. Es sollen behindertengerechter Wohnraum, betreutes Wohnen, Wohngemeinschaften und eine Pflegeeinrichtung entstehen.
58840 Plettenberg, Stadtteil Plettenberg Burg	Quartierskonzept Plettenberg Burg	Stadt Plettenberg – FG Stadt- und Umweltplanung	Die Siedlung „Burg" der Stadt Plettenburg ist besonders stark vom demografischen Wandel betroffen, sodass sich die Stadt entschlossen hat, in der Siedlung ein Quartierskonzept zu erarbeiten. Dabei sollten u.a. die Missstände aufgedeckt, Betroffene sensibilisiert, Wohn- und Lebensbedingungen für alle Menschen verbessert werden uvm. Hierfür wurden schon die Bewohner der Siedlung befragt und eine Arbeitsgruppe gegründet.

59227 Ahlen, OT Vorhelm und Dolberg	Handlungskonzept „Wohnen im Alter mit Gemeinschaft und Sicherheit" – Aufbau von Quartierszentren in Vorhelm und Dolberg	Stadt Ahlen, FB 5, Leitstelle „Älter werden in Ahlen"	Die Stadt Ahlen hat 2012 ein Handlungskonzept zur Weiterentwicklung des Wohnangebots für Menschen mit Hilfe- und Pflegebedarf aufgelegt. Dabei sollen auch in den Ortsteilen Vorhelm und Dolberg Quartierskonzepte umgesetzt werden. In den Quartierszentren sollen barrierefreie Wohnungen, betreutes Wohnen, Pflegewohnen und Wohnen für Demenzkranke verknüpft werden, ebenso soll eine Beratungsstelle und eine Nachbarschaftshilfe eingerichtet werden.
59558 Stadt Lippstadt, OT Dedinghausen	Gemeinsam Zukunft schaffen	Koordinationskreis Dorfentwicklung	Ziel der Dorfgemeinschaft in Dedinghausen ist es, fehlender Infrastruktur und sich wandelnden sozialen Zusammenhänge zu begegnen. Dabei wurden verschiedene Handlungsfelder identifiziert und konkrete Projekte geplant.

POSTLEITZAHLEN 60000

61206 Wöllstadt, OT Ober-Wöllstadt	Erwachsenenbläserklasse „InTakt"	Musikverein 1905 Ober-Wöllstadt e.V.	Nachdem der Musikverein immer wieder Anfragen von Erwachsenen für eine Instrumentenausbildung erhielt, wurde beschlossen, die Ausbildung für Kinder auch für Erwachsene zu konzipieren. Am ersten Projekttag nahmen schon 35 Personen teil, kurze Zeit später folgte der erste Auftritt. So konnte das Projekt das kulturelle Leben in der Gemeinde bereichern und es wurden auch weitere Gruppen gegründet.
63343 Neuberg	Seniorendependance im Ronneburger Hügelland	Gemeinde Neuberg	Vier kleine Gemeinden errichten eine dezentrale Pflegeeinrichtung unter einer gemeinsamen Leitung, um so Kosten zu sparen und den älteren Menschen ihrer Gemeinde weiterhin zu ermöglichen, in ihrer vertrauten Umgebung wohnen zu bleiben. Die einzelnen Pflegeeinrichtungen sollen auch Begegnungsstätten für die ortsansässigen Bürger und Vereine sein.
63683 Ortenberg, Stadtteil Bergheim	Energiedorf Bergheim eG	Energiedorf Bergeim eG	Ziel der Genossenschaft ist es, die Wärmeversorgung der rund 700 Einwohner des Dorfes mit umweltschonender und zukunftssicherer Energie sicherzustellen. Hierzu wurde ein Bürgerprojekt ins Leben gerufen, eine Holzhackschnitzelanlage aufgebaut und Wärmeleitungen verlegt. Weitere Planungen sehen vor, ein gemeinschaftliches E-Auto anzuschaffen, ebenso ist eine Fahrradweginitiative entstanden.
64678 Lindenfels	Sanierung „Fürther Tor", Teil der Stadtmauer	Stadt Lindenfels	Das denkmalgeschützte Fürther Tor in Lindenfels wurde mit Hilfe von ehrenamtlichem Engagement der Bevölkerung und ortsansässigen Firmen saniert.

PLZ / Ort	Thema	Träger	Kurzbeschreibung
65326 Aarbergen, OT Michelbach	Aufbau und Betrieb der Abenteuerfarm für Jung und Alt – ein Aktivplatz für alle Generationen	Abenteuerfarm Aarbergen e.V.	Der Verein Abenteuerfarm Aarbergen e.V. will auf einem ehemaligen Schrebergartengrundstück eine Abenteuerfarm für Kinder errichten. Dabei sollen soziale Kompetenzen, handwerkliche Fähigkeiten und Prozesse der Natur spielerisch erlernt werden. Hierzu sind zu bestimmten Öffnungszeiten Pädagoginnen vor Ort und es sollen verschiedene Themenbereiche entstehen.
65428 Rüsselsheim	Generations- und Kultur-übergreifende Freiflächen-gestaltung	Ideenschmiede – Nachbarschaft Böllensee	Es wurden Plätze und Orte geschaffen, an denen sich Menschen treffen, ins Gespräch kommen und ihr Wohnumfeld gemeinsam mitgestalten können. Konkret wurde dabei ein Gemeinschaftsgarten angelegt und eine Info-Tafel an einem viel frequentierten Platz aufgestellt. Weiteres Ziel der „Ideenschmiede – Nachbarschaft Böllensee" ist die Errichtung eines Nachbarschafts- und Familienzentrums.
65623 Hahnstätten	Heimatsammlung Hahnstätten	Museumsleitung Irmgard Degenhardt	In einem ehemaligen Bahnhof wurde ein Heimatmuseum errichtet. Hier können nicht nur die verschiedenen Sammlungen (Mineralien, alte Landkarten oder Handwerkskünste) betrachtet werden, sondern es werden auch verschiedene Aktivitäten durchgeführt. Beispiele hierfür sind das Erzählcafé für Senioren oder Nähkurse.
66482 Zweibrücken	Quartierstreff „Breitwiesen"	DRK Kreisverband Südwestpfalz e.V.	Im Stadtteil „Breitwiesen" wurde ein Quartierstreff eröffnet, welcher ein Treff- und Anlaufpunkt für die dortige Bevölkerung darstellt.
66606 St. Wedel, OT Hoof	Dorfentwicklung Hoof	Verein zur Dorfentwicklung Hoof e.V.	Zur Linderung der Folgen des demografischen Wandels wurden vom Verein „Dorfentwicklung Hoof" mehrere Maßnahmen ergriffen. Die geschlossenen Geschäfte wurden durch einen Dorfladen, ein Dorf-Bistro sowie einen Kommunikationstreff ersetzt. Ebenso werden kulturelle Feste organisiert. Das neueste Projekt ist die „Haushaltsnahe Betreuung – Heemer Betreuungshelferin".
66636 Tholey und Schmelz	Die Bohnentaler Muske(l)tiere – Wer hilft, wenn keiner aus der Familie vor Ort ist?	Aktionsgemeinschaft „Bohnental"	Um den Auswirkungen des demografischen Wandels entgegenzuwirken, haben sich fünf Orte aus zwei Gemeinden zusammengeschlossen und ein Netzwerk gegründet, welches Hilfen und Unterstützung für Senioren leistet, die durch professionelle Dienstleister nicht abgedeckt werden.

66822 Lebach, Stadtteil Eidenborn	Kulturzentrum Eidenborn	Kulturgemeinschaft Eidenborn	Nachdem 2006 die Grundschule in Eidenborn geschlossen wurde, wurde das Gebäude in ein Kulturzentrum umgebaut. Dies konnte mit Fördergeldern und vielen Stunden ehrenamtlicher Arbeit realisiert werden. Vor allem die Kulturgemeinschaft Eidenborn füllt nun in Zusammenarbeit mit den Vereinen des Dorfes das Gebäude mit kulturellen Veranstaltungen und regelmäßigen Angeboten.
67304 Eisenberg (Pfalz)	Wohnen nach Wunsch	Stadt Eisenberg	„Wohnen nach Wunsch" für Senioren und Familien umfasst vier Projekte. 1. Das Bürgerhaus soll zur Seniorenwohngemeinschaft umgebaut werden mit ambulantem Pflegestützpunkt. 2. Der Bau von Generationenwohnen. 3. Der Bau von Betreutem Senioren- und Generationenwohnen, Projekt 4: Der Bau von Seniorenwohnen auf hohem Niveau. Beteiligt sind die örtliche Sparkasse, Pflegeheime und Seniorenzentren.

POSTLEITZAHLEN 70000

71111 Waldenbuch, Stadtteil Glashütte	Schulhaus Glashütte	Förderverein Schulhaus Glashütte 2011 e.V.	Der Förderverein hat das alte Schulhaus für 1 erworben und renoviert es derzeit mit Hilfe von Ehrenamtlichen. Wenn es fertiggestellt ist, soll es der Bevölkerung zur vielfältigen Nutzung zur Verfügung stehen.
71546 Aspach, OT Rietenau	Kulturdorf Rietenau	Kulturausschuss Heimat und Kulturverein Rietenau e.V.	Der Heimat- und Kulturverein Rietenau e.V. führt verschiedene Aktionen zu Kunst, Theater und Musik in der Gemeinde durch. Dazu gehören Wochenend-Workshops oder das Stationentheater 25/1, welches vor allem historische und traditionelle Geschichten aus dem Ort aufgreift. Somit wurde im Dorf ein soziales Netzwerk geschaffen.
72070 Tübingen, Stadtteil Unterjesingen	Kunstdorf Unterjesingen	Organisationsteam Kunstdorf Unterjesingen	Sieben Privatpersonen organisieren alle zwei Jahre eine Kunstausstellung in Unterjesingen. Als Ausstellungsflächen werden private und öffentliche Räume genutzt. Künstler kommen aus dem Süden von Deutschland. Viele Unterjesinger engagieren sich bei der Durchführung der Veranstaltung.
72108 Rottenburg, OT Eckenweiler	Dorfhaus Eckenweiler	Ortsverwaltung Eckenweiler	Es wurde auf Initiative des Fördervereins „Eckenweiler Lebendiges Dorf", der Ortsverwaltung und der Stadtplanung ein Konzept für ein Dorfhaus erstellt. Mit Hilfe von vielen ehrenamtlich Tätigen wurde die Sporthalle mit angrenzendem Kindergarten renoviert und barrierefrei gestaltet und eine Blockhütte für Jugendliche errichtet. Ebenso hat die Gemeindeverwaltung einen Platz gefunden. Zahlreiche Veranstaltungen beleben das Dorfhaus.

PLZ / Ort	Thema	Träger	Kurzbeschreibung
72519 Veringenstadt	Offener Mittagstisch für Kinder, Familien und Senioren	Gemeinde Veringenstadt – Mehrgenerationenhaus	Mitarbeiter des Mehrgenerationenhauses haben einen offenen Mittagstisch für Kinder, Familien und Senioren etabliert. Ziel ist auch die Stärkung der Generationen untereinander. Dabei essen alle zusammen im Mehrgenerationenhaus. Gekocht wird dabei von Ehrenamtlichen und Praktikanten aus einer Behinderteneinrichtung, das Essen kann morgens flexibel bestellt werden.
73252 Lenningen	Netzwerk zur Koordination sozialer Aufgaben	Unser Netz e.V.	Der Verein koordiniert und vernetzt mit hohem ehrenamtlichem Engagement soziale und generationenübergreifende Aufgaben in Lenningen und Owen. Dies geschieht durch eigene Angebote, und durch die enge Zusammenarbeit von Organisationen, Vereinen, Kirchen und den Kommunen. Angebote sind u.a. Betreutes Wohnen zu Hause, Anlauf- und Beratungsstellen, der Kleinreparaturdienst oder der Männerstammtisch.
73450 Neresheim, OT Schweindorf	Alt + Jung gehören zusammen	Ortschaft Scheindorf	Schweindorf hat seit vielen Jahren ein aktives Vereinsleben von Alt und Jung und eine gute Dorfgemeinschaft. Bestes Beispiel hierfür ist der Bau des Dorfplatzes, bei welchem viele Bürger mit ehrenamtlicher Hilfe mitgewirkt haben.
73525 Schwäbisch Gmünd	DRK Bürgermobil Schwäbischer Wald mit den Gemeinden Durlangen, Spraitbach, Ruppertshofen	DRK Kreisverband Schwäbisch Gmünd	Das DRK Bürgermobil soll zur Verbesserung der Mobilität von älteren, mobilitätseingeschränkten Menschen dienen. Das Bürgermobil soll von ehrenamtlichen Bürgern gefahren werden und dadurch die Möglichkeit bieten, selber einkaufen zu gehen, den Friedhof zu besuchen oder Fahrten zum Arzt zu erledigen. Das Bürgermobilbüro soll täglich zwei Stunden besetzt werden.
75056 Sulzfeld	Der Sulzfelder Bürgerbahnhof – ein Bürgerprojekt von Anfang an	Gemeinde Sulzfeld in Kooperation mit der Genossenschaft Sulzfelder Bürgerbahnhof	Der alte Bahnhof in Sulzfeld wurde umgebaut und ein Treffpunkt mit Veranstaltungsräumen, Büroräumen und einer Heilpraktiker Praxis geschaffen. Ebenso wurde eine Vinothek mit den Produkten der örtlichen Winzer im Gebäude untergebracht.
75394 Oberreichenbach	Lebensqualität durch Nähe	Gemeinde Oberreichenbach	Seit 2009 setzt Oberreichenbach mit dem Projekt „Lebensqualität durch Nähe" auf aktive Bürgerbeteiligung, dabei wurden sechs Arbeitskreise geschaffen: Helfende Hände, Dorfgemeinschaftshaus, Nahversorgung und Mobilität, Jugend, Kino und Öffentlichkeitsarbeit. In den AKs arbeiten die Bürger zusammen mit der Gemeinde an verschiedenen Projekten. Es soll ein Haus gebaut werden, in dem sich alte und junge Menschen begegnen und es wurde bereits ein Elektro-Bürgerauto angeschafft.

76448 Durmersheim	Singspiel über den Gaukler Gottes von Dieter Baldo	Bickesheimer Klosterfestspiele e.V.	Jährlich werden die „Bickesheimer Klosterfestspiele" durchgeführt, bei welchen Profis neben Amateuren und Kindern ein Stück einüben und aufführen. Die 200 Zuschauerplätze sind schnell ausverkauft.
76833 Böchingen	Böchinger Sommercafé, Böchinger Herbst	Leben im Dorf e.V.	Der Verein „Leben im Dorf" wurde gegründet, um in Böchingen etwas zu bewegen. Es wurde ein „Sommercafé" auf dem im Jahr 2000 errichteten Dorfplatz ausgerichtet, welches in den Sommermonaten regelmäßig stattfindet. Das Angebot wurde um den „Böchinger Herbst" erweitert. Die Veranstaltungen sind feste Termine für die gesamte Dorfgemeinschaft geworden, bei welcher sich auch viele ehrenamtlich engagieren.
79227 Schallstadt, OT Mengen	Bürgerforum Mengen	Bürgerforum Mengen	Das Bürgerforum Mengen ist ein Zusammenschluss engagierter Bürger aus dem Ortsteil, welche den Ort und die vorhandenen Strukturen für die Zukunft erhalten und die Lebensqualität und das Miteinander im Ort verbessern wollen. Aktionen sind z.B. Feste für Jugendliche, Einkaufshilfen, Kulturangebote und die Gestaltung der Dorfmitte.
79252 Stegen	Projekt LEBENSRÄUME	Miteinander Stegen e.V.	Der Verein wurde 2007 gegründet, um mit ehrenamtlicher Nachbarschaftshilfe ergänzende Hilfen für junge und alte Menschen in der Gemeinde zu realisieren. Seit 2011 läuft das Projekt LEBENSRÄUME, dabei soll die soziale Infrastruktur am Ort ergänzt werden: Bürgerbüro, Ausbau des bestehenden sozialen Netzes, Tagesbetreuung sowie Wohngemeinschaften für Pflege- und Demenzbetreuung. Dies soll in einem Gebäude untergebracht werden.
79359 Riegel am Kaiserstuhl	Kommunale Initiative Bereit	Gemeinde Riegel	In der Gemeinde Riegel wurde mit dem Bereit-Büro eine Koordinationsstelle geschaffen, die bürgerinitiiertes Engagement koordiniert. So werden nachbarschaftliche Hilfen geplant, Veranstaltungen und gesellschaftliche Treffen für Jugendliche, junge Familien und Senioren.
79539 Lörrach	LAGR = LEADER Aktionsgruppe Rheinknie (in spe)	14 Gemeinden um den Verdichtungsraum Lörrach / Rheinfelden und Weil am Rhein	Die Leader Aktionsgruppe Rheinknie (in spe) erstellt derzeit ein Konzept für die Region rund um den Verdichtungsraum Lörrach / Rheinfelden und Weil am Rhein, um in die LEADER-Förderung 2014 bis 2020 aufgenommen zu werden. Dabei geht die Bewerbung von einer Gruppe lokal bekannter Akteure aus (Bottom Up Prinzip).

PLZ / Ort	Thema	Träger	Kurzbeschreibung
79677 Fröhnd	Bürgerhilfe Fröhnd „Wir helfen einander"	Gemeinde Fröhnd	Es wird eine Nachbarschaftshilfe gegründet, dabei sollen sich sowohl Jugendliche, als auch Familien und Senioren engagieren und von der Hilfe profitieren. Für Jugendliche wird eine Taschengeldbörse gegründet.

POSTLEITZAHLEN 80000

PLZ / Ort	Thema	Träger	Kurzbeschreibung
82538 Geretsried, OT Gelting	Dorfladen Gelting eG	Dorfladen Gelting eG	Nach der Schließung der Edeka Filiale in Gelting hat sich eine kleine Gruppe aktiver Dorfbewohner zusammengetan, um eine neue Einkaufsmöglichkeit im Ort zu etablieren. Ergebnis war der Dorfladen, welcher genossenschaftlich organisiert seit 2008 rege durch die Bürger genutzt wird. Ebenso ist der Laden ein Treffpunkt und es werden verschiedene Feste organisiert.
83259 Schleching	Dorfladen Schleching und mehr...	Gemeinde Schleching	Um die Nahversorgung für Jung und Alt im Dorf zu erhalten, wurde ein Dorfladen aufgebaut. Der Betrieb wird durch eine Genossenschaft sichergestellt, um die Nachhaltigkeit zu gewährleisten. Des Weiteren ist geplant, in dem Gebäude im 1. Stock und Dachgeschoss ein Wohnprojekt für Senioren einzurichten (Fertig 2015). Aus diesen Initiativen ist ebenfalls die Idee einer Nachbarschaftshilfe für den Ort hervorgegangen.
83417 Kirchanschöring	Gemeindeentwicklungskonzept Kirchanschöring „Leben und Wirtschaften in Kirchanschöring"	Gemeinde Kirchanschöring	Die Gemeinde Kirchanschöring hat 2013 ein Gemeindeentwicklungskonzept gestartet, mit dem Ziel ein Leitbild und eine Strategie für eine nachhaltige und ganzheitlich angelegte Zukunftsentwicklung zu schaffen. Es wurden Leitprojekte und Sofortmaßnahmen erarbeitet, unter anderem wurde ein Haus der Begegnung mit Sozialbüro und zahlreichen Veranstaltungen und Hilfeangeboten realisiert und ein Regionalladen konzipiert.
83533 Edling	Aktionskreis Edling Kultur und Heimat e.V.	Aktionskreis Edling Kultur und Heimat e.V.	1989 wurde beim Kiesabbau ein 20ot schwerer Findling gefunden. In gemeinsamer Arbeit des Vereins wurde aus anderen Findlingen ein Freilufttheater gebaut und das Gelände rund um den Stein wurde angepasst. Seit vielen Jahren werden hier kulturelle Veranstaltungen und Feste im Sommer ausgerichtet, im Winter finden diese im Bürgerhaus „Krippnerhaus" statt.

84152 Mengkofen	Erfolgreiche Methoden zur Integration älterer Menschen in kleinen Ortschaften	Arbeitskreis „Aktiv im Alter"	Auf der Basis eines landkreisweiten Leitbilds für Senioren wurde zunächst in Mengkofen ein Arbeitskreis „Aktiv im Alter" gegründet. Dieser fördert die Seniorenarbeit (Veranstaltungen, Treffs, Angebote für pflegende Angehörige, Alt & Jung). Ausweitung auf die Ortsteile der Gemeinde.
84529 Tittmoning, OT Asten	Sanierung und Betreibung der Dorfwirtschaft mit Gründung einer Dorfgenossenschaft	Dorfwirtschaft Asten eG	Um die Dorfwirtschaft zu erhalten, wurde eine Genossenschaft gegründet. Durch ehrenamtliche Arbeit, Förderungen und Einlagen der Bürger in die Genossenschaft konnte das Gebäude saniert werden. Ein Wirt wurde gefunden, 22 Arbeitsplätze und Platz für die ortsansässigen Vereine wurden geschaffen.
85465 Langenpreising	Ortsmitte Langenpreising mit Bürgerhaus, Dorfladen, Ortsgestaltung	Gemeinde in Zusammenarbeit mit den Arbeitskreisen	In Langenpreising sollen auf einem zentral gelegenen Grundstück ein Treffpunkt und ein Wohnangebot für Bürgerinnen und Bürger und somit eine neue Dorfmitte entstehen. Dabei sollen barrierefreie Wohnungen, eine ambulant betreute Wohngemeinschaft, ein ehrenamtlich geführtes Café und Platz für Veranstaltungen von Vereinen und Initiativen geschaffen werden. Ebenso soll ein Dorfladen entstehen.
85664 Hohenlinden	Modellstudie „Älterwerden auf dem Lande – in der Nähe von München …" in interkommunaler Zusammenarbeit	Gemeinde Hohenlinden	Vier Gemeinden setzten sich mit dem demografischen Wandel und dessen Herausforderungen auseinander. Es wird eine Modellstudie durchgeführt, welche in einem „integrierten städtebaulich-sozialen Konzept" endet. Dies enthält Strategien und Projekte für die künftige Ortsentwicklung.
86157 Augsburg	mittendrin – lebenswerte Alternative für betreuungsbedürftige Menschen im ländlichen Raum	Katrin & Detlev Ihlenfeldt	Konzeptionelle Idee für ein gemeinschaftsorientiertes Wohnprojekt für Menschen, die aufgrund von körperlichen oder psychischen Einschränkungen nicht mehr alleine wohnen wollen oder können. Alltägliche Hilfeleistungen kommen von anderen Personen (Familien, Singles) aus dem Haus oder der näheren Umgebung, diese werden von sachkundigen Helfern unterstützt. Die Initiative geht von Privatpersonen aus.
86919 Utting	Füreinander da sein	Verein FÜREINANDER e.V.	Der Verein unterstützt Bürger, die auch bei altersbedingten Einschränkungen weiterhin ein selbstbestimmtes Leben zu Hause führen möchten. Dabei bietet der Verein Beratung für Senioren und Angehörige an, einen Helferkreis, Schulungen für Helfer uvm. Ebenso unterhält der Verein einen Bürgertreff, welcher Raum für Initiativen und Gruppen bietet.
87647 Markt Unterthingau	Erhalt des Häringer-Heimathauses sowie Aufbau und Pflege der Ortsgeschichte	Förderverein Häringer-Heimathaus Unterthingau e.V.	Der Verein saniert mit Hilfe von ehrenamtlich engagierten Bürgern das denkmalgeschützte Heimathaus. Im neu entstandenen Saal werden Ausstellungen, Veranstaltungen und Trauungen durchgeführt.

Liste der Wettbewerbsbeiträge

PLZ / Ort	Thema	Träger	Kurzbeschreibung
87653 VG Eggenthal	Landärztliche Versorgung im ländlichen Raum	Verwaltungsgemeinschaft Eggenthal	Zwei Ärzte der Nachbargemeinden Friesenried und Baisweil haben die Gemeinde auf die Nachfolgerproblematik aufmerksam gemacht. Als Lösung wurde angedacht, in der Verwaltungsgemeinschaft ein Ärztehaus zu schaffen, welches nahe einer Zahnarztpraxis angesiedelt werden soll.
87657 Görisried	Festival „Go to Gö"	Gemeinde Görisried	Die Idee zum Festival entstand nach einem Fußballturnier mit den Bewohnern der örtlichen Asylbewerberunterkunft (500 Personen). Das Event entwickelte sich weiter zu einem internationalen Fußballturnier mit Festzelt bis hin zu einem Rockfestival mit bis zu 5.000 Besuchern. Viele der Ortsbewohner engagieren sich bei Planung und Durchführung.
87657 Görisried	Hopfenzupfmarkt	Gemeinde Görisried	Am letzten Samstag im August findet der Görisrieder Hopfenzupfmarkt statt. Neben den Marktständen von regionalen Betrieben finden auch Handwerksvorführungen und ein Hopfenzupfwettbewerb statt. Ebenso gibt es die Allgäuer Biermeile, bei welcher die regionalen Brauereien ihr Bier ausschenken.
87733 Markt Rettenbach, OT Eutenhausen	„Haus der Gemeinschaft"	Verein zur Förderung der Gemeinschaft e.V.	In Eutenhausen wurde auf Wunsch der Bevölkerung nach der Schließung wichtiger Infrastruktureinrichtungen wie Schule, Gastwirtschaft und der örtlichen Bank die „Neue Schule" als „Haus der Gemeinschaft" geschaffen. Es ist eine Begegnungsstätte für Jung und Alt und Treffpunkt des Vereins „Zur Förderung der Gemeinschaft", der für die Nutzung zuständig ist. Das Haus wurde mit Hilfe von zahlreichen Ehrenamtlichen aus- und umgebaut.
88483 Burgrieden	Allengerechtes Wohnen Burgrieden	Bürgerstiftung Burgrieden	In Burgrieden entsteht ein Wohnprojekt, dessen Gestaltung in einem intensiven Beteiligungsprozess von den Bürgern geplant worden ist. So wird im Ortszentrum barrierefreier Wohnraum für alle Generationen geschaffen, Gemeinschaftsräume entstehen, ebenso eine Anlaufstelle Kontakt & Rat. Zudem soll es für hilfebedürftige Bürger der Gemeinde Hilfsdienstleistungen geben.
88634 Herdwangen-Schönach	Konzept für ambulant betreute Wohn-Pflege-Gemeinschaften mit Betreutem Wohnen im ländlichen und städtischen Bereich	Soziale und familiäre Hilfe e.V.	Privatperson hat ein Konzept für eine ambulant betreute Wohn-Pflege-Gemeinschaft mit Betreutem Wohnen entwickelt, welche sowohl auf den städtischen, als auch auf den ländlichen Bereich zu übertragen ist. Zielgruppen sind Familien, Behinderte und pflege- und betreuungsbedürftige Menschen. Auch soll die Wohngemeinschaft offen für die Nachbarschaft sein.

POSTLEITZAHLEN 90000

PLZ / Ort	Projekt	Träger	Beschreibung
90596 Schwanstetten	Dorfladen „Unser Markt"	„Unser Markt" in Schwanstetten UG	Nachdem der letzte Lebensmittelmarkt in Schwanstetten geschlossen wurde, haben engagierte Bürger die Idee des Dorfladens entwickelt und umgesetzt. Dieser wurde in Form einer Genossenschaft gegründet, derzeit gibt es ca. 150 stille Gesellschafter. Das Sortiment des Ladens setzt vor allem auf regionale Produkte, inzwischen wurde der Laden um ein Café, eine Poststelle und eine Annahme für die Reinigung erweitert.
90613 Großhabersdorf	Ehrenamtliche Alltagsbegleiter in Großhabersdorf	Gemeinde Großhabersdorf	Die Gemeinde Großhabersdorf bietet ihren Bürgern an, sich kostenfrei zu ehrenamtlichen Alltagsbegleitern in der Seniorenarbeit ausbilden lassen. So soll erreicht werden, dass Senioren möglichst lange und selbstbestimmt zu Hause wohnen bleiben können.
91088 Bubenreuth	Bubenreuth 4.0	Gemeinde Bubenreuth	Im Einzugsbereich von Erlangen herrscht ein erheblicher Siedlungsdruck der zunehmend auf Bubenreuth ausstrahlt. Wie damit umgegangen wird, wird nun breit in der Öffentlichkeitsarbeit diskutiert, um ein Leitbild zu schaffen, welches der Politik die Richtung vorgibt. Bubenreuth ist Fallbeispiel für Landstädte im Umfeld der Kernzone der Metropolregion Nürnberg.
91235 Velden	Café „Vergiss mein nicht"	Stadt Velden und Diakonisches Werk Altdorf-Hersbruck-Neumarkt e.V.	Im Café „Vergiss mein nicht" begegnen sich Menschen mit und ohne Demenz an einem vertrauten Ort, im Gasthaus Taber im Stadtkern Velden. Ein Team aus Ehrenamtlichen der NBH Veldener Netz und eine Fachkraft betreuen die Treffen. Dabei werden verschiedene Programmpunkte wie Gymnastik, Singen, Brettspiele etc. angeboten.
91327 Gößweinstein	Wiedereröffnung des Höhenschwimmbads Gößweinstein	Förderverein Höhenschwimmbad	1996 wurde das Schwimmbad in Gößweinstein geschlossen. Der Förderverein hat es weiterhin gepflegt, um den völligen Zerfall zu verhindern. Er hat Veranstaltungen durchgeführt und eine größere Summe Geld gesammelt. So konnte das Bad mit einem Pflanzenfilter wiedereröffnet werden, ein Pächter und die Gemeinde haben ebenfalls Geld investiert. Der Eintritt in das Freibad ist frei, es wurde ein Treffpunkt für die Bürger geschaffen.
91474 Langenfeld	Langenfeld – Aufbruch in die Zukunft	Gemeinde Langenfeld	Die Dorflinde Langenfeld (MGH) liegt im Ortskern und ist Anlauf- und Begegnungspunkt für alle Bürger der Gemeinde. Im Juni 2014 wurde das Angebot um ein Mehrgenerationenwohnen und einer Tagespflege erweitert.

PLZ / Ort	Thema	Träger	Kurzbeschreibung
91719 Markt Heidenheim am Hahnenkamm	Kloster Heidenheim: Neues Leben in alten Mauern	Zweckverband Kloster Heidenheim	Die Gemeinde und Region ist seit Abzug des Bundeswehrstandortes durch eine rückläufige Entwicklung geprägt. Dies soll durch die Neubelebung des Klosters gestoppt und umgekehrt werden. Im Kloster soll hierzu eine Bildungs-, Begegnungs- und Dokumentationsstätte entstehen, die dem Ort Attraktivität und Aufmerksamkeit verleiht. Derzeit läuft ein Testprogramm mit verschiedenen Veranstaltungen, die sich an der Historie der Region und des Klosters orientieren.
91731 Langfurth	Dorfladen Langfurth eG	Dorfladen Langfurth eG	In der Gemeinde wurde nach der Schließung des letzten Lebensmittelladens die Genossenschaft „Dorfladen Langfurth eG" gegründet, um die Nahversorgung im Ort zu erhalten. Der Dorfladen hat neue Arbeitsplätze geschaffen und bezieht u.a. regionale Produkte. Die Gemeinde besitzt ebenfalls Anteile.
92278 Illschwang	Aufbau eines Bürgerhauses in Illschwang	Mehrgenerationenhaus Illschwang	Der Diakonieverein ist Träger des MGHs in Illschwang und konnte nun durch die Anmietung einer Immobilie im Ortskern des Dorfes ein Bürgerhaus verwirklichen. So können die Angebote des MGHs ausgebaut werden, Schwerpunkt liegt dabei auf einer Vernetzung der Aktivitäten mit den Angeboten der örtlichen Vereine, Kirchen, ortsansässigen Betriebe, Kindergarten und Schule.
92361 Berngau	Kommunales Generationen-Netzwerk Berngau	Gemeinde Berngau	Durch die Nähe zu Neumarkt in der Oberpfalz kann Berngau einen hohen Zuzug verzeichnen, sodass sich damit auch die sozialen Strukturen im Dorf rasch verändern. Um auf diesen Prozess zu reagieren, wurde das Generationennetzwerk aufgebaut. Dies soll durch aktive Vernetzung mit anderen Einrichtungen (Kirche, Vereine etc.) einer Abwanderung der jungen Altersgruppe entgegenwirken und die Integration der Neubürger verbessern.
92439 Bodenwöhr	Natur- und Kulturwochen am Hammersee	Gemeinde Bodenwöhr	Ziel der Natur- und Kulturwochen ist es, die kulturelle Identität des historisch gewachsenen Standortes der Eisenverhüttung und -verarbeitung Bodenwöhr knapp 40 Jahre nach der Schließung des Werkes und 130 Jahre nach Beendigung des Eisenbergbaus zu erhalten. Die Veranstaltungsreihe besteht aus Musik, Information, Kabarett und Kleintheater mit dem Thema Hütten- und Bergwerksgeschichte.

94347 Ascha	Dorfbackofen	Interessensgemeinschaft Dorfbackofen	In der Gemeinde Ascha wurde in einem Obstlehrgarten ein Dorfbackofen mit viel Eigenleistung erbaut. Dieser steht jedem Bürger zur Verfügung. Durch gemeinsames Backen wird altes Wissen über das Brotbacken weitergegeben und der Zusammenhalt gestärkt.
95355 Presseck, OT Heinersreuth	Öko-Energie-Landwerke Heinersreuth GmbH & Co. KG	Willibald Gareiß und Öko-Energie-Landwerke Heinersreuth GmbH & Co. KG	Die Idee, das kleine Dorf mit Bioenergie und Wärme aus Hackschnitzeln zu versorgen, stieß auf reges Interesse bei den Bürgern. So wurde eine Scheune zum Blockheizkraftwerk umgebaut und 32 Haushalte an das Wärmenetz angeschlossen. Beim Bau des Kraftwerkes und der Verlegung des Nahwärmenetzes wurde zudem viel ehrenamtliche Hilfe geleistet.
95356 Grafengehaig	Dorfladen „Unner Lädla"	Markt Grafengehaig	Ab 2006 gab es im Markt Grafengehaig keine Einkaufsmöglichkeit mehr. Im Hinblick auf die vielen, teilweise mobilitätseingeschränkten älteren Bürger wurde über einen Dorfladen nachgedacht. Es wurde ein Businessplan erstellt, über 100 Personen haben sich finanziell beteiligt und mit Hilfe von vielen Ehrenamtlichen konnte 2010 der Dorfladen mit Café und Treffpunkt eröffnet werden. Ebenso werden jährliche Feste organisiert.
95499 Harsdorf	Gesundheitsbahnhof Harsdorf	Gemeinde Harsdorf	In der Gemeinde Harsdorf wurde das ehemalige Bahnhofsgebäude zu einer Arztpraxis, einer Physiotherapiepraxis und zwei barrierefreien Wohnungen ausgebaut.
95689 Fuchsmühl, OT Herzogöd	„Unser Dorf soll schöner werden – unser Dorf hat Zukunft" – die wohltuende Einfachheit – Dorfentwicklungskonzept Herzogöd	Verein für Ökologie und Kultur in Herzogöd e.V.	Seit ca. 20 Jahren verfolgt die Dorfgemeinschaft in Herzogöd, ein Dorf mit 38 Einwohnern, eine ortsverträgliche Entwicklung. Hierzu zählen zahlreiche Aktionen aus den Bereichen Wirtschaft, Soziales und Baugestaltung, was zu einem Zuzug von Neubürgern führte. Zu bemerken sind: Gestaltung des Dorfplatzes, Sicherung von Baudenkmälern.
95697 Nagel	Kräuterdorf Nagel	Gemeinde Nagel	Um die Infrastruktur des Ortes zu erhalten und den Fremdenverkehr zu fördern, hat sich die Gemeinde Nagel dem Thema „Kräuter" gewidmet. Es wurden verschiedene Kräutergärten errichtet, ein leerstehendes Haus zum „Haus der Kräuter" saniert mit Platz für Seminare, Tagungen und Kochkurse. Ebenso hat sich eine Gruppe Nagler Bürgerinnen zu Kräuterführerinnen ausbilden lassen.

PLZ / Ort	Thema	Träger	Kurzbeschreibung
95707 Markt Thiersheim	Thiersheimer Apfel- und Gartenmarkt	Markt Thiersheim	Jährlich wird in Thiersheim ein Apfel- und Gartenmarkt mit wechselnden Themen organisiert. Hierzu werden in ehrenamtlicher Tätigkeit seltene und ausgefallene Pflanzensorten angebaut und beim Markt ausgestellt. Ebenso haben die regionalen Betriebe und Vereine die Möglichkeit, ihre Erzeugnisse auszustellen und zu verkaufen.
96269 Großheirath	Großheirath – eine Gemeinde trotzt dem demografischen Wandel	Gemeinde Großheirat	Um der Abwanderung entgegenzuwirken und die Lebensqualität zu erhalten, wurden in der Gemeinde Großheirath verschiedene Projekte entworfen und umgesetzt. Beispiele sind: Leerstandsmanagement von Häusern, Betreuung von Klein- und Schulkindern, Angebote für Jugendliche, Integration von Neubürgern, Seniorenkonzept, Kultur- und Heimatpflege uvm.
96361 Steinbach am Wald	„Lebensqualität für Generationen"	BRK Kreisverband Kronach und Gemeinde Steinbach am Wald	„Lebensqualität für Generationen" ist eine Kooperation des BRK KV Kronach, der Gemeinde, des Landkreises Kronach, der Regierung von Oberfranken sowie regionalen Unternehmen. Aufbau einer Anlaufstelle, die Betreuungslösungen zur Vereinbarkeit von Familie und Beruf berät und organisiert, beispielsweise Kinderbetreuung bis 22 Uhr und Hilfen für pflegende Angehörige. Viele Angebote werden auch in Zusammenarbeit mit örtlichen Vereinen durchgeführt.
96369 Weißenbrunn	Erhalt des Freibades unter neuer Trägerschaft	Schwimmbadfreunde Weißenbrunn e.V.	Das Freibad in Weißenbrunn sollte nach 70-jähriger Laufzeit aus Kostengründen geschlossen werden. Um den für die Dorfgemeinschaft wichtigen Freizeitort und Treffpunkt zu erhalten, wurde ein Verein gegründet, welcher nun den Betrieb des Freibades übernommen hat. Dies wird durch die Bürger in ehrenamtlicher Arbeit übernommen.
96450 Coburg	Zusammen leben – Wohnen und Leben für ältere Menschen im Landkreis Coburg	Landratsamt Coburg	Im Landkreis Coburg wurde das Projekt „Zusammen leben – Wohnen in Familien für ältere Menschen im Landkreis Coburg" gestartet. Dabei nehmen Familien Senioren auf, die nicht mehr alleine leben wollen oder können und integrieren sie in ihr Familienleben. Durch eine Fachstelle werden die Familien weitergebildet, der Kontakt zu den Senioren wird aufgebaut und auch bei Problemen steht die Fachstelle beratend zur Seite.

PLZ Ort	Projekttitel	Träger	Beschreibung
97215 Uffenheim	Altstadtmarkt – genial zentral Uffenheim	Projektgruppe des Altstadtmarktes	Nachdem in der Altstadt von Uffenheim die letzte Einkaufsmöglichkeit geschlossen hatte, überlegte eine Gruppe aktiver Bürger, ein Nahversorgungsgeschäft zu errichten. Im Vorfeld wurden öffentliche Veranstaltungen sowie eine Bürgerbefragung durchgeführt, welche das große Interesse an diesem Laden aufzeigten. Es wurde eine Beteiligungsgesellschaft gegründet, im Juli der Markt eröffnet. Beim Sortiment des Marktes wird viel Wert auf regionale Produkte gelegt.
97215 Uffenheim	Regional Versorgt – Energie und Nahversorgung in Bürgerhand eG	Regional Versorgt – Energie und Nahversorgung in Bürgerhand eG	Ziel der Genossenschaft ist es, regionale Versorgungsstrukturen aufzubauen und zu erhalten, um die Lebensqualität der Menschen im ländlichen Raum zu stärken. Projekte waren u.a. die Anschaffung eines Gemeinschaftsautos in Emskirchen, von Dach-Fotovoltaikanlagen bei Privatpersonen, die Gründung des Altstadtmarktes in Uffenheim oder die Beteiligung des Dorfladens in Ipsheim. In Zukunft sollen verstärkt auch soziale Themen (Kinder, Senioren, Mehrgenerationenprojekte) aufgegriffen werden.
97285 Röttingen	Junges Leben in alten Gemäuern	Stadt Röttingen	In Röttingen gibt es bereits mehrere Ansätze, um den Wegzug zu stoppen. U.a. wurde eine alte Scheune mit Hilfe der Städtebauförderung zu einem Indoor-Spielplatz für Kinder umgebaut. Ziel war es, die Stadt Röttingen für junge Familien attraktiv zu gestalten und das Gebäude zu erhalten. Es besteht bereits ein Haus der Generationen.
97318 Buchbrunn (VG Kitzingen)	Errichtung und Betreibung eines Dorfladens	Gemeinde Buchbrunn, Verwaltungsgemeinschaft Kitzingen	Nachdem im Dorf das letzte Lebensmittelgeschäft geschlossen hatte, wurde im Rahmen der Dorferneuerung der Beschluss gefasst, einen Dorfladen in Form einer Genossenschaft zu errichten. Um eine finanzielle Grundlage zu schaffen, zeichneten viele Bürger Anteile, brachten sich als ehrenamtliche Helfer beim Bau ein, es wurde bei Festen Kaffee und Kuchen zugunsten des Dorfladens verkauft und auch bestimmten die Bürger, welcher Bäcker und Metzger ausgewählt wurde.
97342 Markt Obernbreit	Ehemalige Synagoge Obernbreit – Ort des Erinnerns und der Begegnung	Träger- und Förderverein ehemalige Synagoge Obernbreit	Eine Initiative von mehreren Bürgern erwarb die ehemalige Synagoge, welche als Scheune und Reparaturwerkstatt genutzt wurde, und baute diese um. Der Treffpunkt und Ort des Erinnerns wird nun für kulturelle Veranstaltungen genutzt.
97461 Hofheim in Unterfranken	Hofheimer Land – eine Allianz für lebendige Ortsmitten	Hofheimer Land e.V.	Die Hofheimer Allianz ist ein Zusammenschluss von sieben Gemeinden mit dem Ziel, eine Strategie umzusetzen, um gemeinsam ihre Zukunft und die weitere Entwicklung des Hofheimer Landes selber zu gestalten.

PLZ / Ort	Thema	Träger	Kurzbeschreibung
97478 Knetzgau, OT Westheim	„Zur alten Tankstelle" – offener Treff der Dorfgemeinschaft	Gemeinde Knetzgau	Mit Hilfe von ehrenamtlicher Arbeit wurde in Knetzgau ein Dorfgemeinschaftshaus errichtet und bietet nun einen Treffpunkt für Jung und Alt. Angeboten werden u.a. ein Café, ein Freizeittreff mit Computerraum, haushaltsnahe Dienstleistungen und regelmäßige Veranstaltungen wie Vorträge. Das Programm wird von Ehrenamtlichen gestaltet und betreut.
97491 Aidhausen	Mehrgenerationenwerkstatt mit Dorfladen	Beirat Aidhäuser Dorflädle UG	In Aidhausen wurde im Ortskern ein Dorfladen mit einer Mehrgenerationenwerkstatt gegründet. Hier wird eine große Anzahl von sozialen und kulturellen Angeboten organisiert.
97645 Ostheim v. d. Rhön	Von damals bis heute vereint es die Leute: „Bewahren, erhalten und die Heimat gestalten!"	Kirchenburgfreunde Ostheim v. d. Rhön e.V.	In der Stadt Ostheim v. d. Rhön befindet sich eine historisch einmalige Kirchenburg. Die Kirche wurde saniert, den Bürgern war jedoch klar, dass auch die Burganlage zu erhalten ist. So wurde der Verein Kirchenburgfreunde Ostheim v. d. Rhön gegründet. Ziel ist, die Kirchenburganlage mit Leben zu füllen. Seitdem wurde ein Museum eröffnet, die Anlage zugänglich für Touristen gemacht, ebenso werden verschiedene Veranstaltungen wie Blumenmärkte durchgeführt. Höhepunkt im Jahr 2014 war das Historienspiel.
97705 Burkardroth, OT Stralsbach	Ein Ort im Wandel – eine Schule für alle	Förderverein Dorfgemeinschaft Stralsbach e.V.	Ab Sommer 2011 stand im Ortsteil Stralsbach die Schule aus den 1960er-Jahren leer. Viele Bürger waren daran interessiert, die Schule für die Dorfgemeinschaft zu erhalten, so wurde ein Förderverein gegründet. Mit Hilfe des LEADER-Programms, Zuschüssen durch den Markt Burkardroth und Eigenleistungen des Vereins konnten bereits Teile der Schule renoviert und für zahlreiche Veranstaltungen genutzt werden.
97711 Thundorf i. Ufr.	Dorfgemeinschaft Thundorf i. Ufr. e.V.	Dorfgemeinschaft Thundorf i. Ufr. e.V.	In Thundorf wurde mit Hilfe von ehrenamtlichem Engagement (4000 Arbeitsstunden) und ortsansässigen Firmen eine neue Festhalle gebaut, welche mit dem Kindergarten, dem Wasserschloss und dem Gemeinde Back- und Brauhaus den neuen Ortsmittelpunkt bildet. Der Verein „Dorfgemeinschaft Thundorf i. Ufr. e.V.", welchem auch die Ortsvereine angehören, soll nun die Festhalle mit Leben füllen.

97723 Oberthulba, OT Thulba	Begegnungsgarten Thulba	Markt Oberthulba	Als in Thulba die letzte Dorfwirtschaft geschlossen hatte, wurde in Form des Begegnungsgartens mit Hilfe von Ehrenamtlichen ein neuer Treffpunkt für alle Generationen geschaffen. Dieser wird sowohl vom Kindergarten genutzt, als auch von den verschiedenen Vereinen des Ortes. Die ehemalige Milchsammelstelle wurde umgestaltet und mit Toilette und Vereinsraum ausgestattet.
97877 Wertheim, OT Kembach	Dorfkaffee Kembach	Ortsverwaltung / Kultur- und Verschönerungsverein Kembach (KVVK)	Das Rathaus in Kembach ist ortsbildprägend und soll zu einem neuen Dorfmittelpunkt umgebaut werden. Dies war ein großer Wunsch der Bürger, nachdem die Läden und somit auch die Treffpunkte im Ort geschlossen wurden. So sollen im Rathaus künftig Veranstaltungen von Jung und Alt durchgeführt werden, im benachbarten, ehemaligen Bankgebäude sollen ein Lagerraum sowie ein Verkaufsraum für Produkte des täglichen Bedarfs entstehen.
99713 Ebeleben	Seniorenbegegnungsstätte „Alte Schule" Ebeleben	Diakonieverein „Novalis"	Wöchentlich treffen sich 25 bis 30 Senioren in der Seniorenbegegnungsstätte, dabei werden sowohl Spiele angeboten als auch Gedächtnistrainings oder Vorträge. Aus diesem Seniorentreff haben sich Initiativen gebildet, die sich für das Dorfleben und die Kommunikation zwischen den Generationen engagieren. Beispielsweise übernehmen die Senioren ehrenamtlich den Kassendienst beim örtlichen Freibad.
99765 Heringen, OT Windehausen	Unsere Stiftung	Stiftung Interessentenwald Windehausen	Nach der Wende wurde ein Waldgebiet an die Gemeinde zurückgegeben und für dessen Erhalt eine Stiftung gegründet. So können durch die Bewirtschaftung des Waldes sowie der Zustiftung auf lange Sicht finanzielle Mittel für den Ort und das Gemeinwesen bereitstehen. So werden Gelder z.B. für den Naturschutz, die Umweltbildung, die örtliche Kita, Seniorenweihnachtsfeiern oder die Feuerwehr zur Verfügung gestellt.
99955 Kirchheilingen, VG Bad Tennstedt	Altersgerecht Wohnen und Wiederbelebung der ländlichen Bausubstanz	Stiftung „Landleben"	In der Stiftung Landleben haben sich die vier Nachbargemeinden Kirchheilingen, Blankenburg, Sundhausen und Tottleben zusammengeschlossen. Ziele der Stiftung sind u.a. die Heimat lebens- und liebenswert zu machen, ein attraktives Wohnumfeld für Jung und Alt zu schaffen und eine Unterstützung bei Erziehung und Bildung zu gewährleisten.

Autoren, Abbildungshinweise

STEFAN KRÄMER

Dr. phil., Diplom-Soziologe, Mitglied im Berufsverband Deutscher Soziologinnen und Soziologen (BDS), in der Deutschen Akademie für Städtebau und Landesplanung (DASL) und im Deutschen Werkbund Baden-Württemberg (DWB-BW).

Studium, mehrjährige Lehr- und Forschungstätigkeit sowie Promotion an der Universität Mannheim im Bereich der Methoden empirischer Sozialforschung und der Stadtsoziologie. Heute stellvertretender Geschäftsführer in der Wüstenrot Stiftung mit Arbeitsschwerpunkten zu folgenden Themen: Demografischer Wandel, Wohnen im Alter, Wohnen in der Stadt, Baugemeinschaften und gemeinschaftliche Wohnformen, Jugend und gebaute Umwelt, Zukunftsperspektiven kleiner Gemeinden, Wohnungsmarktentwicklungen.

DIETER KREUZ

Diplom-Soziologe. Seit 1984 zusammen mit Sabine Wenng Leitung der Arbeitsgruppe für Sozialplanung und Altersforschung GbR in München, ab 2001 Leitung der Fachberatung für kommunal geführte Alten- und Pflegeheime in Bayern im Auftrag des Bayerischen Städte- und Gemeindetags. Untersuchungen und Planungen für Bund, Länder und Gemeinden und für private Auftraggeber im Bereich ältere und behinderte Menschen. Untersuchungen zu Auswirkungen demografischer Entwicklungen in Landkreisen und Gemeinden. Konzipierung und Entwicklung Betreuter Wohnanlagen und Pflegeeinrichtungen sowie ambulant betreuter Wohngemeinschaften für Demenzbetroffene.

SABINE WENNG

Diplom-Geografin, Diplom-Psychogerontologin. Seit 1984 zusammen mit Dieter Kreuz Leitung der Arbeitsgruppe für Sozialplanung und Altersforschung GbR in München mit den Arbeitsschwerpunkten: Versorgung älterer Menschen und von Menschen mit Behinderungen, Entwicklung von Seniorenpolitischen Gesamtkonzepten, Konzeptentwicklungen zum Betreuten Wohnen und zum Betreuten Wohnen zu Hause und Begleitforschung von innovativen Projekten in der Altenhilfe. Seit 2006 Leitung der Koordinationsstelle Wohnen im Alter im Auftrag des Bayerischen Staatsministeriums für Arbeit und Sozialordnung, Familie und Frauen.

ANJA PREUSS

Geografin, Bachelor of Science. Arbeitet seit 2010 als wissenschaftliche Mitarbeiterin bei der Arbeitsgruppe für Sozialplanung und Altersforschung GbR in München. Arbeitsschwerpunkt ist die Entwicklung von seniorenpolitischen Gesamtkonzepten.

Die vorliegende Publikation wurde von den vier Autorinnen und Autoren gemeinsam erarbeitet und verfasst.

Die Begründungen der Jury für die Vergabe von Preis, Auszeichnungen und Anerkennungen wurden von den Mitgliedern des Preisgerichts gemeinsam formuliert und verabschiedet.

ABBILDUNGSHINWEISE

Die Abbildungen in dieser Publikation stammen überwiegend aus den zum Wettbewerb eingereichten Unterlagen oder wurden der Wüstenrot Stiftung von den Vertretern der dokumentierten Initiativen und Projekten für diesen Zweck zur Verfügung gestellt. Ein Teil der Abbildungen entstand bei den Besuchen vor Ort durch Dr. Stefan Krämer, Dieter Kreuz, Sabine Wenng und Anja Preuß.

Alle Abbildungen erscheinen mit freundlicher Zustimmung der Rechteinhaber. Eine andere Verwendung als zum unmittelbaren Zweck der Dokumentation der Wettbewerbsergebnisse durch die Wüstenrot Stiftung ist nicht gestattet, sondern bedarf der gesonderten Zustimmung der Urheber.